Moritz Adler

Wenn du den Frieden willst,
bereite Frieden vor

edition pace | Band 23

Regal: Pazifisten & Antimilitaristen
aus jüdischen Familien 3

Herausgegeben von Peter Bürger

In Kooperation mit dem
Lebenshaus Schwäbische Alb

Moritz Adler

Wenn du den Frieden willst, bereite Frieden vor

Texte wider den Krieg
1868 – 1899

edition pace

Diese Buchausgabe
folgt der schon erschienenen
Digitalversion des Online-Regals
beim Lebenshaus Schwäbische Alb e. V.

Moritz Adler

WENN DU DEN FRIEDEN WILLST, BEREITE FRIEDEN VOR

Texte wider den Krieg 1868 – 1899

edition pace (Gründungsreihe) Band 23
Regal: Pazifisten & Antimilitaristen aus jüdischen Familien | 3

Herausgegeben & bearbeitet von Peter Bürger
Umschlagmotiv nach: Relief „Friedenstauben",
Dresden-Altstadt (SchiDD) | commons.wikimedia.org

Verlag: BoD · Books on Demand GmbH, In de Tarpen 42,
22848 Norderstedt | Druck: Libri Plureos GmbH,
Friedensallee 273, 22763 Hamburg

ISBN: 978-3-7597-9450-5

Inhalt

Vorbemerkungen
zu den Friedensschriften von
Moritz Adler

„Seit Menschengedenken, sagen diese hochweisen Herren, habe es Kriege gegeben, also müsse es auch ferner Kriege geben, so lange die Menschen eben Menschen sind, und es könnten auch in den spätesten Zeiten Menschen ohne Kriege gar nicht gedacht werden. – Dieses Argument … hieße, alle Fortschrittsfähigkeit der Menschheit in Abrede stellen" (Moritz Adler 1868; →S. 40).

„Bösen Dämonen vergleichbar, in fürchterlicher Mannigfaltigkeit aufgestapelt, starren sie uns überall entgegen, die kleinen, die zierlichen Mordmaschinen bis zu den plumpen Ungetümen, deren einmalige Benützung (?!) ein Vermögen verschlingt und Hunderte von Menschenleben und mit saurem Fleiß erworbene Güter begräbt" (Moritz Adler 1893; →S. 185).

Schon immer – seit Urzeiten, so verkünden es mit stolzem Selbstbewusstsein die akademischen oder autodidaktischen Militärphilosophen, sei der ‚Krieg' notwendiger Bestandteil der menschlichen Geschichte gewesen, und Kants Programm eines immerwährenden Friedens werde nie mehr sein als ein Hirngespinst. Doch seit dem 19. Jahrhundert hat sich in rasanten Schritten eine qualitativ wie quantitativ völlig neuartige Entwicklung hin zum Totalen Krieg vollzogen. Im Nordamerikanischen Bürgerkrieg 1861-1865 etwa zeigte der moderne, *industriell* geführte Krieg bereits vor aller Welt seine abgründige Fratze. Die jedes Vorstellungsvermögen übersteigende Optimierung der Vernichtungsmethoden sowie die Instrumentalisierung aller Sektoren und Ressourcen des gesellschaftlichen Lebens für den Totmach-Apparat der hunderttausendfachen Menschenschlächtereien[1] bewirkten bei den ‚Lenkern' der Völkerwelt

---

[1] Moritz Adler betont 1868: „Es wird ganz so oder vielmehr mit tausendfach verbesserten Mordinstrumenten, nach moderner Taktik, in größeren Massen geschlagen, verstümmelt und getödtet als in frühern Zeiten; Tausende und Tausende schmerzverzerrte Leichen bedecken das Schlachtfeld" (→S. 34). Auch mit

keine nachhaltige Erschütterung. Die klügsten Köpfe unserer Gattung wissen nicht erst seit der Bombe über Hiroshima, dass sich die Beibehaltung der militärischen Heilslehre mit einem Fortbestehen des ‚homo sapiens' nicht vereinbaren lässt. Es gilt aber bis zur Stunde: ‚Geist' und ‚Macht' bleiben getrennt.

1868 ist in Österreich Moritz Adler als scharfer Kritiker der Institution des Krieges, des – besonders extrem in Preußen[2] waltenden – Militarismus, der Hochrüstung und der Allgemeinen Wehrpflicht hervorgetreten. Sein zunächst anonym veröffentlichtes Votum für eine neue Friedensordnung auf der Grundlage eines ‚Europäischen Staatentribunals' weist ihn als einen wirklichen Pionier des neueren (Rechts-)Pazifismus im deutschsprachigen Raum aus. Erst 1889 – also zwei Jahrzehnte später – erschien Bertha von Suttners Roman: „Die Waffen nieder!" Die Gründung der Österreichischen Friedensgesellschaft erfolgte dann im Jahr 1890.

Biographie und Friedensengagement

Viel ist aus der vorliegenden Literatur über Persönlichkeit und Werdegang von Moritz Adler nicht zu erfahren. Geboren wurde er am 3. September 1831 in Habern/Böhmen; für den Geburtsort sind keine archivarischen Nachweise zu Trägern des Namens ‚Adler' im Zeitraum 1790-1844 überliefert.[3] 1862 heiratete er Karoline Levit (geb. 1842 in Pilsen, gest. 1897 in Wien), die wie er ‚mosaischen Glaubens' war.[4] Bezogen auf Adlers „Stellung zum Judentum" führt das Lexi-

---

Blick auf die globalen Folgen in einer extrem ‚vernetzen' Welt voller gegenseitiger Abhängigkeiten gilt: „Ein Krieg der Jetztzeit ist darum also eine unendlich größere Versündigung an dem Genius menschlichen Fortschritts und menschlicher Sittlichkeit als ein Krieg in frühern Zeiten" (→S. 35).

[2] Scharf vermerkt Adler 1868: „Wahrlich, wenn je ein Krieg gerecht gewesen, so wäre es ein Krieg von ganz Europa gegen diese preußische Partei, nicht gegen das preußische Volk, gewesen, gegen jene Partei, die aller Civilisation zum Trotz, in ‚Eisen und Blut' die Hauptfactoren ihrer auswärtigen Politik gefunden zu haben glaubt, und die den ganzen Continent, Freund wie Feind, zwingt mitten in Frieden in Waffen zu starren" (→S. 43).

[3] Vgl. Renate HEUER: „Moritz, Adler". In: Archiv Bibliographia Judaica. Lexikon deutsch-jüdischer Autoren, Band 1. München u. a.: Saur 1992, S. 68-69.

[4] Ebd., S. 68.

kon deutsch-jüdischer Autoren folgende Passage seines Briefes an L. A. Frankl (Wien, 26.4.1888) an: „Das Gedicht ‚Mahnung' hat mir heute in seiner lieblichen Wehmut und tiefen Innerlichkeit noch mehr ans Herz gegriffen als gestern, und wohl noch nie hat unser Stamm eine edlere Verherrlichung und eine wahre Apologie erfahren, als in dem tief bedeutsamen Symbol ‚echter Judenbaum'."[5]

Zum Werdegang teilt Franz Brümmer mit: Moritz Adler „besuchte die Gymnasien in Iglau u. Prag und studierte darauf an den Universitäten in Prag u. Wien Rechts- u. Staatswissenschaften, wie auch antike und moderne Sprachen und Literatur. Er behielt seinen Wohnsitz in Wien und war hier als Schriftsteller besonders nach der Richtung hin tätig, daß er stets die Philosophie der Geschichte, des Rechts und der Institutionen auf das Problem des weltrechtlich zu schützenden internationalen Friedens anwandte. Er war dann auch, besonders in den Jahren 1890–1900, ein fleißiger Mitarbeiter der Zeitschrift ‚Die Waffen nieder!' u. veröffentlichte schon 1868 sein bekanntes Werk ‚Der Krieg, die Kongreßidee und die allgemeine Wehrpflicht'. – [Dichterische] S[chrift]: *Die Opale* (Idealist[isches]. M[ärchen].), 1901."[6]

Im Februar 1907 zeigt die ‚Friedens-Warte' den Tod von Moritz Adler an: „Die Oesterreichische Friedengesellschaft hat abermals einen Verlust erlitten. Unser langjähriges Mitglied, der bekannte Schriftsteller Moritz Adler, ist am 25. v. M. verschieden. Ueber sein Wirken in unserer Bewegung wird im Hauptteile berichtet. Der Verstorbene hinterliess unserer Gesellschaft ein Legat von 200 Kronen."[7] Der Nachruf in der gleichen Ausgabe lautet: „Am 25. Januar [1907] starb zu Wien nach langem, schweren Leiden Moritz Adler, einer der ältesten und genialsten Verfechter des Friedensgedankens in deutschen Landen. Er wurde 1831 zu Habern in Böhmen geboren. Bereits mit 20 Jahren war er ein Anhänger der Friedensidee. Im Jahre

---

[5] Zitat ebd.

[6] Franz BRÜMMER: Lexikon der deutschen Dichter und Prosaisten vom Beginn des 19. Jahrhunderts bis zur Gegenwart. Band 1. Sechste Auflage. Leipzig 1913, S. 33: ‚Adler, Moritz' (Personeneintrag). – Das genannte Märchen ‚Die Opale' (1901) brauchen wir im Zusammenhang mit Adlers Friedensschriften nicht heranzuziehen.

[7] *Mitteilungen der Oesterreichischen Friedensgesellschaft.* In: Die Friedens-Warte, 9. Jg. (1907), Nr. 2 (Februar), S. 40.

1868 veröffentlichte er anonym ein Buch: ‚Der Krieg, die Kongressidee und die allgemeine Wehrpflicht im Lichte der Aufklärung unserer Zeit von einem Freunde der Wahrheit'. Er widerlegte darin die verschiedenen Gründe für die Notwendigkeit des Krieges. ‚Der wahre innere Grund der Kriege ist das Gesetz der Veränderungsund Fortschrittsbedürftigkeit aller menschlichen Institutionen, also auch der Staatenbildung'. Er forderte (1868 !) ein Völkertribunal für Europa, welches als permanenter Kongress auch die Exekutive hat und die Unfügsamen bekriegt. Das Buch dürfte mit den am 16. September 1868 in Prag versammelt gewesenen Philosophenkongress, der zahlreiche Resolutionen im Sinne der Friedensidee fasste, in irgendwelchem Zusammenhange stehen. Jedenfalls hat Adler ein Anrecht darauf, unter den Vorläufern der neueren Friedensbewegung gerechnet zu werden, die ja gerade in deutschen Ländern nicht so zahlreich sind. – Später (1892) veröffentlichte er noch eine Broschüre: ‚Offenes Sendschreiben an Professor Billroth', wozu Baronin Suttner die Vorrede schrieb. Allgemein bekannt sind seine geistvollen Aufsätze, die er jahrelang in der Revue ‚Die Waffen nieder!' veröffentlichte. In seinem Nachlass befindet sich ein umfangreiches Werk: ‚Zur Philosophie des Friedens', das hoffentlich der Öffentlichkeit nicht lange vorenthalten bleiben wird. – Die moderne Friedensbewegung verliert an Adler einen ihrer geistreichsten, schärfsten und konsequentesten Vertreter. Dies wird ihm ein ehrendes Andenken in der Geschichte dieser Bewegung sichern."[8]

Der vorliegende Band enthält die beiden selbstständigen Veröffentlichungen von 1868 und 1892 sowie eine Auswahl der Aufsätze für die Zeitschrift der von M. Adler verehrten Bertha von Suttner.

„Der Krieg, die Congreßidee und die allgemeine Wehrpflicht" (1868)

Im September 1867 wurde die demokratisch – d. h. links – ausgerichtete „Ligue de la Paix et de la Liberté" (Internationale Liga für Frieden und Freiheit) gegründet.[9] Im Jahr darauf erschien Adlers ano-

---

[8] *Moritz Adler* † (Nachruf)". In: Die Friedens-Warte. Zeitschrift für internationale Verständigung, 9. Jahrgang, Heft 2, Zürich 1907, S. 37.

[9] Vgl. Andreas VOLKMER: Kriegsverhütung und Friedenssicherung durch Internationale Organisation. Deutsche Ideen und Pläne 1815 –1871. (= Inaugural-Dis-

nyme Schrift „*Der Krieg, die Congreßidee und die allgemeine Wehrpflicht*" (1868). Doch Moritz Adler, so betont Andreas Volkmer, „distanziert sich ausdrücklich von den revolutionären Bestrebungen der Friedens- und Freiheitsliga und legt einen – nach eigenen Worten – konservativen Organisations-Plan vor. Der von ihm vorgeschlagene europäischer Rechtsschutzverein habe gerade den Zweck, Revolutionen und Kriege zu verhindern. Gleichwohl suchte Adler den Kontakt zu Gustav Vogt, dem Präsidenten der Genfer Liga, und machte Werbung in eigener Sache. Tatsächlich druckten die ‚*Vereinigten Staaten von Europa*' eine ausführliche Rezension von Adlers Schrift. Dabei würdigte Vogt zwar die ‚*treffenden Gedanken*' Adlers über das Unrecht des Krieges, doch mit den ‚*politischen Betrachtungen über den rechten Weg zum rechten Ziel*' konnte er sich nicht einverstanden erklären."[10] Zum Kernanliegen der Friedensvision des Österreichers im Jahr 1868 schreibt Volkmer:

„Das europäische Staatentribunal sollte nach Adler folgende drei Befugnisse erhalten: Erstens das Recht, die Größe und die Intensität der Militärmacht der europäischen Staaten zu fixieren. Laut Adler war hierbei zu beachten, dass in normalen Zeiten lediglich auf das Bedürfnis der inneren Sicherheit der einzelnen Staaten Rücksicht genommen werden musste, da ‚*die äußere Sicherheit der Staaten ja durch den Bestand des Tribunals garantirt*' sei. […] Zweitens das Recht der Exekutions- und Kriegserklärung von Seiten der europäischen Gesamtheit gegen einen oder mehrere revolutionäre Staaten. Revolutionär wäre ein Staat entweder ‚*durch Auflehnung und Nichtausführung der richterlichen Congreßentscheidungen*', oder aber ‚*durch bedrohliche Ueberschreitung des ihm vom europäischen Rechtsverein zugestandenen Maßes von militärischer Machtentwicklung*'. […] In solchen Fällen würde die Bundesbehörde ein Bundesheer bilden und einen Bundesfeldherrn zwecks Durchführung des Exekutionskrieges ernennen. Die dritte Aufgabe bestünde schließlich in der ‚*Leitung, Erziehung und Bevormundung der ganzen übrigen Menschheit im Sinne des wahren Christenthums, des Fortschritts und der Humanität*.' […] Adler glaubte nämlich, dass sich über kurz oder lang auch die zivilisierten

---

sertation zur Erlangung des Grades eines Doktors der Philosophie des Fachbereichs Geschichte und Kulturwissenschaften der Philipps-Universität Marburg. Marburg 2012, S. 246-252.

[10] Ebd., S. 244 (vgl. dort zu Moritz Adler den ganzen Abschnitt S. 240-246).

Staaten der neuen Welt, insbesondere die Vereinigten Staaten von Nordamerika und Brasilien, einem solchen europäischen Rechtsverein anschließen wollten. Somit würde dieser Verein irgendwann die ganze zivilisierte Welt umfassen. Wenn aber nun ‚*ein einigendes Band gemeinsamen Rechtsschutzes diese Gesammtmacht und Civilisation aller christlichen Staaten*' umschließe und dadurch die ganze zivilisierte Welt weitgehend von der Last der Kriege befreie, dann würden wiederum Kräfte frei, um den übrigen Teilen der Menschheit Zivilisation und Kultur zukommen zu lassen. [...] Zur Bewältigung dieser Aufgabe sollten sogenannte ‚*Kultur- und Aufsichtstationen*' gegründet und über die ganze Welt verbreitet werden. [...] Mittels dieser Stationen sollten die zivilisierten Staaten über all die kulturlosen Staaten und rohen Völker in der Welt wachen und im Falle eines Ausbruchs von Gräuel oder barbarischer Zustände vom Recht der humanitären Intervention Gebrauch machen."[11]

Nichts jedoch liegt Adler ferner als einen zentralistischen „Staatscoloß gründen zu wollen, der dem größten der jetzigen Großstaaten an Ausdehnung und Bevölkerung zehnfach überlegen wäre. Die bloße Erinnerung an den babylonischen Thurmbau müßte sie von solchem Beginnen zurückhalten" (→S. 71). Aber eine *nicht* auf der Durchführung von „Exekutionskriegen" der Staatengemeinschaft – also letztlich auf Waffengewalt – basierende Friedensordnung kommt noch nicht ins Blickfeld, wie auch erhebliche Problemfelder (u. a. bezogen auf die Wahrung der Volkssouveränität und das Prinzip der Nichteinmischung im Völkerrecht) ausgeblendet bleiben. In seiner ersten Friedensschrift teilt Moritz Adler schließlich noch die maßlose wie völlig unbegründete Überheblichkeit der später so genannten ‚westlichen Zivilisation':

„Der Frieden, der einst Burg- und Stadtfrieden, dann Landfrieden und später Reichsfrieden war, will nun wieder eine höhere Einheit umfassen, will Weltfrieden werden! denn Weltfrieden ist er, sobald er nur der Frieden unseres Welttheils geworden ist, des Welttheils, der durch Macht und Civilisation von der Vorsehung selbst, gleichsam zum Erzieher, Lehrer und Herrscher der übrigen Welttheile berufen ist" (→S. 55-56). – „So viel aber ist gewiß, daß, wäre er [der

---

[11] Ebd., S. 245-246.

Frieden als Institution] einmal zur Thatsache geworden, die Reife der europäischen Menschheit dadurch unendlich gewinnen müßte; denn Reife in diesem Falle wäre eben Brüderlichkeit, Einigkeit, Verschmelzung der Nationen und Tilgung allen Racenhasses" (→S. 60). – Ein Problembewusstsein hinsichtlich der Ausbildung eines sich „humanitär" gebärdenden globalen Interventionismus fehlt vollständig: „Wie der gereifte Mann überlegen ist dem unmündigen Kinde, eben so überlegen ist die Macht und christliche Cultur Europa's und Nordamerika's der Macht und Civilisation der ganzen übrigen Menschheit. [...] Staaten wie Marocco, Abyssinien, China oder Japan als Staaten im europäischen Sinne betrachten und sich jeder Einmischung in ihre innern Angelegenheiten und Streitigkeiten enthalten zu wollen, ist geradezu verkehrt und himmelschreiend egoistisch! Solche Staaten und Völker sich selbst zu überlassen, heißt sich zum Mitschuldigen ihrer Barbarei, ihres Despotismus, ihrer Menschenschlächtereien und Kindermorde machen. Hier ist Einmischung nicht blos erlaubt, sondern geradezu geboten" (→S. 75-76).

Die vollständig irrationalen Auf- bzw. Wettrüstungsspiralen (mit ihren destruktiven ökonomischen, sozialen und politischen Folgen) sowie die Allgemeine Wehrpflicht führen Adler zufolge hin zu einem Zustand des „bewaffneten Friedens", der alles andere als Frieden in sich birgt: „Wie die Dinge noch heute stehen, bildet der Krieg und nicht der Frieden die Grundinstitution des europäischen Staatensystems. Der Krieg ist faktisch eigentlich in Permanenz erklärt; der bewaffnete Friede, den der Sprachgebrauch irrig und schlechtweg Friede nennt, ist eigentlich kein Frieden, sondern nur ein Waffenstillstand" (→S. 51). Die „gesammte Menschheit" kann „keinen gefährlicheren Feind haben [...] als die Massenheere, die soeben unsern ganzen Welttheil unter dem Beifall der urtheilslosen Menge in ein großes, bewaffnetes Feldlager verwandeln" (→S. 126).

Offenes Sendschreiben an Professor Theodor Billroth (1892)

Im Jahr 1892 veröffentlicht Moritz Adler sein mit einem Vorwort der Baronin Bertha von Suttner versehenes ‚Offenes Sendschreiben' (→S. 131-155) an den berühmten Medizinprofessor und herausragenden Chirurgen Theodor Billroth (1829-1894). Dieser hatte unter

Beifall der Presse und der Kriegsministerien im Vorjahr Maßnahmen für eine durchgreifend bessere medizinische Vorsorge mit Blick auf die Erfordernisse des im 19. Jahrhundert revolutionierten Militärwesens vorgeschlagen. Doch auf diese Weise, so Adler, kann man die „möglicherweise bevorstehenden Massenkriege" der Zukunft nicht verhindern, sondern nur begünstigen. Das Ideal der vorauseilenden humanitären Linderung von Kriegsleiden fördert in Wirklichkeit das Programm ‚Krieg'. Die Kritik wird vorgetragen als fiktive Rede eines Arztes, der sich dem Ansinnen der Betreiber des Zukunftskrieges entzieht: „[D]roht der Krieg mit seinem Harpyengefolge – dann fragen wir uns vor Allem als Menschen, Staatsbürger, Weltbürger und als Ärzte – ob der Krieg eine Notwendigkeit – ob er noch heute eine unvermeidliche Notwendigkeit, – wie vor Jahrhunderten und Jahrtausenden [ist], und, wenn wir diese Frage vor unserem Gewissen und bestem Wissen nicht zu bejahen vermögen, dann gehen wir hin und schließen uns einer Friedensgesellschaft an mit Kopf und Herz, mit Wort und That" (→S. 138-139).

Besonders pointiert wird Moritz Adler diesen Ansatz noch einmal in einem Aphorismus des gleichen Jahres vortragen: „Rothes Kreuz … Ja, aber, wenn ich dem Staate im Frieden den schönsten Sanitätstrain schenke, warum nicht lieber gleich eine Batterie Kanonen? Beides ist unentbehrlicher Bestandtheil des Kriegsorganismus, beides drückt Zustimmung und Vertrauen zu dem vielleicht noch gar nicht im Amte stehenden Minister aus, der den Zukunftskrieg einfädeln und inscenieren wird, beides macht als Ausdruck der Stimmung und Gefasstheit des Volkes Lust zum Kriege, beides hilft, ‚zu Verwundende' schaffen, – und bei all dem ist das bischen Verbandzeug dann ein jämmerlicher Trost für das arme Opfer des Krieges" (→S. 158).

An anderer Stelle heißt es 1897: „von Boguslawski verewigte sich damit, dass er dem Kriege ‚die Fortschritte der Chirurgie' in's Habenconto setzt, woraus natürlich zu folgern, dass das bei Glatteis übliche Bestreuen des Trottoirs als ein der Chirurgie abträglicher Missbrauch abgestellt werden sollte" (→S. 214). – Nicht hin zu einer optimierten Kriegsverwundeten-Versorgung ergeht der Ruf des österreichischen Schriftstellers. Sein Leitgedanke lautet durchgehend: „Si vis pacem, para pacem" (Wenn du *Frieden* willst, bereite den *Frieden* – nicht den Krieg – vor).

Die im vorliegenden Band dargebotene Auswahl von Beiträgen für die Zeitschrift „Die Waffen nieder!" vermittelt Einblicke in Themenschauplätze und Anschauungen des letzten Lebensjahrzehnts von Moritz Adler: Aphorismen (1892); Randglossen (1893); Der Krieg, eine Elementarkatastrophe? (1893); Si vis pacem para bellum (1893); Kriegssport und Sportskrieg (1893); Der babylonische Thurmbau und die politischen Grenzen (1895); Das Credo eines Friedensfreundes (1885/1895); Kriegsapotheose und Darwinismus (1897); Das Verhältniss der deutschen Socialdemokratie zu Krieg und Rüstung (1898); Nicolaitische Friedensperspectiven (1899); Abrüstung und Entrüstung (1899); Die wahren Gründe des Krieges als Institution und ein Ministerium für Frieden und Fortschritt (1898/99).

Wundern müssen wir uns nicht über den alltäglichen Militarismus, da doch „schon das Lesebuch der Volksschule den Erfolg der Schlauheit und Gewalt bei Gründung großer Reiche im vorbildlichen Sinne zu preisen bezweckt" (→S. 205). Noch immer wendet sich Moritz Adler im Alter gegen blutige Revolutionen, und die Friedensfrage behält für ihn durchaus Vorrang gegenüber der sozialen Frage. Doch sein Einsatz gilt den „hungernden Enterbten, denen der Löffel Bettelnahrung von der unsichtbaren Gespensterhand der ewigen Rüstung von den lechzenden Lippen gerissen wird" (→S. 239). 1898 wünscht Adler, dass „die Socialdemokratie und die Friedenspartei aller Länder und Zungen" einen gemeinsamen Weg gehen, und schreibt: „Jeder denkende Friedensfreund ist eo ipso Socialist, und anerkennt, dass der Socialismus die unendlich wichtigere, großartigere und umfassendere Organisation in's Leben zu führen berufen ist. Er weiß aber auch, dass seine Aufgabe die dringendere ist und den Vortritt beanspruchen darf und muss. [...] anstatt der fehlenden Arbeit und des Brotes muss sich das Volk weiter mit den entgegenstarrenden Bajonetten seiner eigenen Söhne abspeisen lassen. [...] Und darum sollen Demokraten und Socialdemokraten vor Allem [die] Abschaffung von Krieg und Rüstung, d. h. das Staaten- oder Welttribunal erkämpfen helfen" (→S. 251 und 252-253).

Hinsichtlich „des zu Hamburg im Oktober 1897 abgehaltenen Parteitages der sozialdemokratischen Partei Deutschlands" muss Adler indessen erkennen, „dass die socialdemokratische Partei wohl schimpft, aber kauft, d. h. der Regierung für Krieg und Rüstung unter allen möglichen Vorwänden und Selbsttäuschungen die allerschätzenswerthesten Dienste leistet. Eine Opposition – wie bestellt!" (→S. 224). Nur wenige Redebeiträge von Genossen der – weithin übrigens ‚russophoben' – Partei verdienen ein Lob (→S. 222-223): „Wir wollen den vollen und ganzen Frieden ... Deshalb haben wir nicht dafür zu sorgen, die Soldaten mit Kanonen zu versorgen, damit sie nicht so gefährdet sind, sondern wir haben dafür zu sorgen, dass sie überhaupt nicht mehr dieser Gefahr ausgesetzt sind" (Sozialdemokrat Peus aus Dessau). – „Der Krieg, ob er gegen Frankreich, ob er gegen Russland geführt wird, er richtet sich in letzter Linie gegen das arbeitende Volk, und dem müssen wir entgegentreten. ... Wer die Actionsfähigkeit der Armeen stärkt, stärkt den Kampf gegen das Proletariat, und das müssen wir ablehnen" (Katzenstein).

Den nachfolgenden Ausführungen Adlers vom November 1898 könnten heute die wenigen noch verbliebenen organisierten Anti-Kriegs-Kräfte die Anregung entnehmen, bei anstehenden Parlamentswahlen endlich mit großer Dringlichkeit die Forderung nach Einrichtung eines *Friedensministeriums* vorzutragen: „Ist es nicht beschämend unlogisch, dass jede Großmacht zwei mit hunderten Millionen ausgestattete Ministerien für den Krieg zu Lande und zur See besitzt, für den Krieg, den man in den Thronreden und Botschaften zu hassen behauptet; und nicht eine einzige Million für den Frieden aufwendet, den man doch liebt und um die Wette preist, und den man offenbar auf dem direkten Wege, durch ein verschwindendes Opfer für ihn, weit sicherer, dauerhafter und edler haben könnte, als auf dem indirekten Wege über Krieg, permanente Rüstung, Spionage und Diplomatie. Denn dass die Ministerien des Äußeren nichts anderes als Affiliierte der Kriegsministerien sind, die den letzteren hauptsächlich ihren Bedarf an Rüstungspressionen ... beizustellen haben, das lehrt gerade die neueste Geschichte und Tagesgeschichte auf jedem ihrer Blätter. Ein Ministerium für Frieden und Fortschritt würde uns mit der Zeit vom Ministerium des Krieges erlösen ..." (→S. 258-259).

Düsseldorf, September 2024   Peter Bürger

Der Krieg, die Congreßidee und die allgemeine Wehrpflicht im Lichte der Aufklärung und Humanität unserer Zeit

Allen Freunden des Fortschrittes gewidmet
von einem Freunde der Wahrheit.
[*Moritz Adler*][1]
1868

Motto: HERDER über Kaiser Leopold II (als Großfürst von Toscana):
„Er hat seit einer Reihe von Jahren bessere Beschäftigungen
eines Regenten kennen lernen, als zu Friedenszeiten ein einfältiges
Puppenspiel mit menschlichen Maschinen treiben, die man zu
Kriegszeiten oft für und wider nichts aufopfert."

VORWORT

Der Kampf des Fortschritts gegen die Herrschaft des Vorurtheils bildet den wahren, den eigentlichen Inhalt der Weltgeschichte. Schnelle Siege der Wahrheit über das Vorurtheil gehören zu den seltensten Ereignissen der Geschichte, und gewöhnlich sind seine ersten Bekämpfer auch seine Märtyrer geworden. –

Das Märtyrerthum unserer Zeit für die Vertheidiger jener Fortschrittsideen, die unabhängig von der Schablone und dem Vorurtheil des Tages, das Gute wollen und den Fortschritt anstreben, besteht in Hohn, Spott und Verlachung; ein Märtyrerthum, welches gewöhnlich auch jene höchsten und edelsten Geister scheuen, die für das Wohl und den Fortschritt der Menschheit zehn Tode zu sterben bereit wären.

---

[1] Textquelle | Moritz ADLER: *Der Krieg, die Congreßidee und die allgemeine Wehrpflicht im Lichte der Aufklärung und Humanität unserer Zeit* allen Freunden des Fortschrittes gewidmet von einem Freunde der Wahrheit. Prag: Verlag von A. G. Steinhauser 1868. [93 Seiten]. – Die Gliederungs-Stichworte auf den Randspalten werden in der vorliegenden Darbietung des Werkes fortgelassen.

Der Verfasser dieser anspruchslosen Schrift ist weit entfernt von der Überschätzung, sich jener erlesenen Schaar von Edlen beizählen zu wollen; doch besitzt er einen Muth der Überzeugung, der sich nur vor wahren und bewiesenen Gegengründen beugt, dagegen aber gepanzert ist, gegen die spitzesten Pfeile von tausend Sarcasmen, wenn nur der Witz und nicht die Wahrheit diese Pfeile geschärft hat.

Wie ich die heutige Journalistik, den Einfluß, den sie ausübt, und die Partei-Ansichten kenne, von denen sie in conservativem und fortschrittlichem Sinne beherrscht wird, kann ich meiner Schrift ein Prognostikon mit aller Sicherheit stellen.

Es ist gerade kein lockendes und lohnendes Prognostikon!

Meine Schrift wird entweder von der Tagespublizistik todtgeschwiegen werden, was jedenfalls das Bequemste ist, um neuen oder unbequemen Ansichten jede mögliche Wirksamkeit zu entziehen; oder sie wird, ohne die Mühe einer wirklichen Widerlegung, mit einer Notiz abgethan werden, in welcher eines der Worte „Utopie" „Schwärmerei" „Millennium" „Rationalismus und Cosmopolitismus" sich in jeder Zeile vorfinden dürften. Wenn's hoch gehen sollte, so wird die Kritik dahin lauten, daß das Werkchen herzlich wohlgemeint aber vollkommen unpraktisch in seiner Tendenz sei.

Du siehst, freundlicher Leser, wenn Du trotz solcher Anempfehlung meine Schrift zur Hand nimmst, daß ich durchaus nicht der Mann der Illusionen bin. Du frägst mich, warum ich also eine Schrift, von der ich mir selbst so wenig praktischen Erfolg verspreche, doch der Öffentlichkeit übergeben habe?

Meine Antwort liegt nahe. Du selbst, mein freundlicher Leser bist meine Rechtfertigung! Denn, wenn ich das Glück habe, auch nur bei Dir, einzig und allein, den Muth des selbstständigen Denkens gegen ein Vorurtheil zu entfesseln, welches, wie der Geier des Prometheus an dem Glück der Menschheit zehrt, dann bin ich schon reich, unendlich reich belohnt!

Du bist vielleicht ein Lehrer, ein Führer der Menschheit, Deinem beredten Wort lauschen vielleicht im Hörsaal, im Gotteshause, in der Volksvertretung Tausende von aufmerksamen und vertrauenden Hörern.

Und gehört Dein Dasein einer bescheidenern Sphäre der menschlichen Gesellschaft an, so hast Du doch Weib und Kind, Bruder oder Schwester, Freund oder Freundin, die gern auf Deine Lebensansichten hören und die an Deiner gereiftern Weltanschauung gerne die ihrige bilden. Und so wie immer weitere und weitere Kreise die Stelle umschreiben, wo soeben ein Stein in's Wasser gesunken, so verpflanzt sich auch die Bewegung in immer weitere Fernen, welche eine neue Idee dem ursprünglich engsten Kreise mitgetheilt hat. Und dann habe ich ja auch mit dieser Schrift einem Bedürfniß meines Herzens und meines Geistes genügt, habe dem Drang genügt, im Namen der Menschheit zu protestiren, gegen all' das selbstgeschaffene Unglück der Kriege, der verzehrenden Rüstungen und der Massenheere, die sich heute, wie drohende Sphynxe der Cultur und dem Fortschritt der Menschheit entgegenstellen.

Wenn dereinst diese Schrift, die heute vielleicht unbeachtete und ungelesene, im Moder und Staube einer alten Bibliothek einem Forscher künftiger, lichterer Jahrhunderte, in die Hände fällt, dann wird, das ist meine stolze Überzeugung, dieser Protest gegen die grausamen und unmenschlichen Absurditäten unserer Zeit, unserem Jahrhunderte zur Ehre und theilweisen Rechtfertigung gereichen, und der späte Enkel wird uns bemitleiden, statt uns zu verachten und ungehört zu verdammen.

I.

DIE MACHT UND DAS WALTEN DES VORURTHEILS IN DER GESCHICHTE

Der menschliche Fortschritt trägt ein wahres Janushaupt zur Schau, das eine Antlitz vom Morgenroth künftiger Zeiten bestrahlt, und verklärt vom Ausdrucke immer wachsender Gottähnlichkeit, das andere in trüber Versunkenheit nach rückwärts schauend, und von denselben Leidenschaften zerwühlt, die über vergangene Jahrhunderte ihre Geißel geschwungen.

Die Fortschritte der naturforschenden Wissenschaften in ihrer Anwendung auf's praktische Leben, die so großartig und erfolgreich auftretenden Erfindungen, deren Zeugen wir täglich sind, sie bieten dem Philanthropen das frohe Schauspiel, wie sich täglich des Menschen Kraft und Geist, mit wachsender Energie von der Last der

Materie befreit, und von lähmenden Fesseln erlöst, neuen Zielen der menschlichen Entwickelung entgegenschreitet. So ist gerade der so viel verschrieene Materialismus unserer Tage wesentlich antimaterialistisch, indem er durch fortwährend erleichterte Befriedigung der materiellen Bedürfnisse, den geistigen Aufschwung ermöglicht, wie wir denn auch in der That das reichste Füllhorn von Segnungen der Humanität und Freiheit gerade dort erblicken, wo im Wohlstand und im Behagen größerer Bevölkerungsschichten, der geeignete Boden für diese edelsten Blüthen der menschlichen Cultur vorbereitet war. Auf Belege für diese Wahrheit braucht wohl nicht erst hingewiesen zu werden, – Belgien, Holland, England und das jugendlich vorwärtsstürmende Nordamerika sind leuchtende Beispiele und Vorbilder.

Nicht der Materialismus, sondern der stets mißverstandene Idealismus hat den größten Theil des Unheils über die Welt gebracht, und dieselbe zum irdischen Jammerthal gemacht.

Hätte in Spanien der gesunde, materialistische, auf Arbeit, Erwerb, Genuß gerichtete Sinn der Engländer vorgeherrscht, seine Gefilde wären gewiß ein lachendes, irdisches Paradies geworden; der finstere, ascetische Mönchsgeist aber, seine Eingebungen aus einem fanatischen Idealismus schöpfend, verwies stets das glück- und freudebedürftige Menschenherz an den Himmel, und bedeckte dafür die gesegnete Erde Spaniens und Brabants mit den lodernden Scheiterhaufen der Inquisition. Für solche unsterbliche Verdienste ist ja eben jetzt in unseren aufgeklärten Tagen die Heiligsprechung eines der grausamsten und blutdürstigsten Inquisitoren, des Pater Pedro von Arbues erfolgt!

Was nützt es nun aber, daß heutzutage in unzähligen Geschichtswerken, Romanen, Leitartikeln und Feuilletons, die Tendenz und das Wirken der Inquisition täglich schärfer und bitterer, tausendstimmig verurtheilt wird? Mit Schiller kann man heute von der Inquisition sagen: „Es rinnet der Thränen vergeblicher Lauf, die Klage, sie wecket die Todten nicht auf." – Die Asche der unschuldig Gefolterten und Gemordeten, ruht noch unversöhnt in derselben Erde, in welcher unter prachtvollen Monumenten die Reste ihrer Peiniger schlafen, und in der ewigen Stadt der sieben Hügel haust noch heute das altersgraue Gespenst der Inquisition, die mordgewohnten Krallen in der Jesuitensoutane verbergend.

Das ist eben das wahrhaft Tragische und Grauenhafte bei all' den Tausenden von Siegen, welche die Geschichte des Vorurtheils in ihr finsteres Buch verzeichnet hat, daß die laute und allgemeine Opposition gegen dasselbe immer erst dann eintrat, wenn es sich ohnehin bereits überlebt hatte, und die Opposition selbst schon fast gegenstandslos geworden war. Aus tausend Federn, aus hunderttausend Pressen sehen wir gewöhnlich mit größtem Pathos gegen Zustände eifern, die längst der Vergangenheit angehören und auf die Gegenwart von keinem oder nur geringem practischen Einfluß sind; dafür aber rührt sich keine Hand und keine Lippe, wo es sich noch rechtzeitig um energische Verdammung und Verurtheilung von Mißbräuchen und Zuständen handelt, durch welche vor unsern Augen die Blüthe eines ganzen Geschlechtes geknickt und dem menschlichen Fortschritte tausend überflüssige Hemmnisse entgegengethürmt werden.

Bei dieser Art von verspäteter Opposition haben sich nun von des jeher die ärgsten Feinde menschlicher Glückseligkeit, das Vorurtheil und seine Kämpen sehr wohl befunden, und haben sich ein Jedes, um mit Mephisto zu sprechen, „sein Ränzlein angemästet."

Das herrschende Vorurtheil herrschte eben jederzeit nicht blos physisch in der Welt, sondern auch geistig in den meisten Köpfen der Zeitgenossen, und auf die wenigen erleuchteten Denker, deren Verstand sich gegen den siegreichen Aberwitz auflehnte, machte die Betrachtung von der zu ihrer Zeit scheinbaren Unbesiegbarkeit und der oft tausendjährigen Herrschaft des Vorurtheils und des Unsinns, einen eben so lähmenden, vernichtenden Eindruck, als ihn der Sage zufolge der versteinernde Blick des Basilisken ausübt.

Die zwei so unscheinbaren Sätze: *„Es ist nun einmal so"* und *„So war es immer und so wird es immer sein"*, haben einen guten Theil des ganzen Jammers verschuldet, der die Menschheit bedrückt; denn sie haben in den meisten Fällen den besten Köpfen und den edelsten Herzen aller Jahrhunderte so gewaltig imponirt, daß sie an der Möglichkeit des Anderswerden verzweifelten und sich in das Schweigen stumpfer Resignation hüllten. Ja, wir sehen dieses den Menschengeist erniedrigende Schauspiel sogar in Zeiten sich wiederholen, wo im Gegensatze zu anderen Epochen vollste Freiheit der Meinungsäußerung herrscht, und wo daher das so leicht als Zustimmung gedeutete Schweigen der Bessern und der Denker sich nicht durch eigentliche Gefahr entschuldigen läßt, wie sie in finstern Zeiten dem freien Worte drohte.

Dieses Verstummen jeder Opposition, dieses willen- und protestlose Hinnehmen von Zuständen und Ereignissen, die, verderbenschwanger für das Allgemeine wie für den Einzelnen, jeden gebildeten Geist und jedes fühlende Herz zu der energischesten Bekämpfung herausfordern, wäre nun wahrhaft unerklärlich, wenn es nicht in zwei Factoren seine ausreichende Begründung fände; und diese sind, einmal die scheinbare Unfruchtbarkeit jeder Discussion und dann die Scheu vor dem Lächerlichwerden, wenn man es wagt, einem in Millionen und Millionen von Köpfen erbgesessenen Vorurtheil entgegenzutreten. *„Le ridicule tue"* sagt der Franzose, und das denkt mit ihm der große Haufe aller andern Nationen. –

Der Weise dagegen, der wahre Mensch und Menschenfreund soll nur Scheu haben vor dem Erröthenmüssen vor sich selber, nicht aber vor dem Lächeln und selbst vor dem Hohne einer urtheilslosen Menge, von der es heute noch heißt wie vor 18 Jahrhunderten: „Herr, vergib ihnen, denn sie wissen nicht, was sie thun!"

Wir leben heute in einer Zeit, wo die religiöse Idee in allen höher civilisirten Staaten im Großen und Ganzen die Schlacken des Fanatismus abgestreift hat, und wo sie beginnt, durch stärkere Betonung und Hervorkehrung ihres *moralischen* Gehalts, ein wahrer Segen für die Menschheit zu werden.

Das religiöse Vorurtheil, das schrecklichste von allen Vorurtheilen, dessen Molochdienste das Glück von Millionen durch Jahrhunderte als Hekatombe fiel; in unsern lichtern Tagen sehen wir es gebrochen, und die Sonne der Toleranz geht nach jahrtausendlanger Nacht siegend auf, am Horizonte der Menschheit.

Dafür aber sehen wir ein anderes, ewig unheilgebärendes Vorurtheil gerade in unsern Tagen in seiner vollsten Blüthe stehen, *das Vorurtheil über die internationalen Verhältnisse des europäischen Staatensystem's und das damit zusammenhängende Vorurtheil über Krieg und Frieden.*

Wir haben hier ein Beispiel von zwei an und für sich gleich gefährlichen Vorurtheilen; allein die Herrschaft des einen hat sich jetzt nahezu überlebt, wodurch es gegenwärtig relativ ungefährlich ist, die Herrschaft des andern dagegen, befindet sich gerade heutzutage im Zenith ihrer todbringenden Wirksamkeit.

So berechtigt nun auch heutzutage die Opposition des Denkers und Menschenfreundes, gegen ersteres Vorurtheil ist, so muß doch der Charakter dieser Opposition als ein mehr theoretischer und praktisch nicht so dringlicher betrachtet werden; denn kein Vernünftiger, kein politisch Zurechnungsfähiger wird heute es versuchen, ernstlich für die blutigen Thorheiten und Ausschreitungen der Inquisition, der Religionskriege u. dgl. einzustehen.

Ganz anders verhält es sich augenscheinlich mit der Opposition gegen das jetzt in der civilisirten Welt herrschende System von Krieg und Frieden. – Diese Opposition ist eben vorwiegend *praktischer* Natur, denn sie richtet sich einerseits gegen ein verkörpertes Absurdes, welches jetzt allmächtig die zwischenstaatlichen Verhältnisse beherrscht, und anderseits gegen ein wahres Chaos verworrener und falscher Begriffe in den Köpfen der weit überwiegenden Mehrzahl unserer Zeitgenossen.

Diese Opposition nun gegen den Alpdruck des Krieges und des daraus entspringenden Militarismus wäre zweifelsohne in unserer so schwer heimgesuchten Zeit so dringlich als nur irgend denkbar, und um so fruchtbringender, als in unserer Zeit der öffentlichen Meinung, der anerkanntermaßen sechsten Großmacht nichts unmöglich ist, was sie ernstlich, klar und consequent will.

Was zeigt uns aber statt dessen ein Blick auf die Journalistik, auf die zeitgenößische Literatur und auf die Volksvertretungen derjenigen Staaten des Welttheils, in welchen der Constitualismus [sic] entweder herrscht oder doch den größten Einfluß ausübt?

Es läßt sich da nun gewiß nicht läugnen, will man unpartheiisch sein, daß im Großen und Ganzen den Planen der Regierungen von Seiten der öffentlichen Meinung und ihrer Organe fast keine Opposition, keine ernstliche Bekämpfung entgegentritt. Den Druck, das verderbensschwangere Herannahen eines neuen, eisernen Zeitalters empfindet wohl Jedermann, der Große wie der Kleine, Resignation der Gelehrte wie der Ungelehrte. Allein so wie man gewöhnt ist, irgend eine furchtbare, entfesselte Naturgewalt, gegen die alles Widerstreben unnütz, mit stummer, zagender Resignation über sich ergehen zu lassen, so handeln die Menschen auch in diesem Falle!

Wie einem unvermeidlich hereinbrechenden Sturm, geben sie dem heranziehenden Militarismus, ohne Kampf und die Hände in den Schooß gelegt, die aufkeimenden Saaten ihrer Civilisation Preis!

Sehr natürlich! Die Majorität, der große Haufe der Unwissenden und Nichtdenkenden ahnt eben gar nicht, daß es irgend anders sein könnte, so lange es so und nicht anders ist. Wie für Voltaires *Candide* ist für die Massen stets diese Welt, wie sie eben ist, die möglichst beste Welt.

Die Wissenden und Denkenden dagegen wissen und fühlen gar wohl, daß das, was sich vorbereitet, der Menschheit zum Fluche, und nicht zum Segen, gereichen müsse; daß Vorurtheil und Menschenhaß sich wieder, wenn auch in neuer Maske, verbünden, um den menschlichen Fortschritt durch die furchtbarsten Hemmnisse aufzuhalten. Allein, die Erleuchtetesten selbst halten es für völlig nutzlos, gegen einen Gegner anzukämpfen, der stets die Mächtigsten der Mächtigen überwunden, und der selbst seit jeher nur durch eine einzige Macht bezwungen worden, durch die Macht der Zeit.

Allein, bedenken wir nur recht wohl, was in dem Worte liegt, die Bekämpfung eines siegreichen Vorurtheils blos der Macht der Zeit zu überlassen! Bedenken wir, daß „Zeit", wo es sich um moralische Fortschritte der Menschheit handelte, stets mindestens einige Jahrhunderte, wo nicht, ein Jahrtausend bedeutete, das heißt also Jahrhunderte, während deren, Millionen und Millionen von Menschenleben, vom gütigen Schöpfer zum Glück und zur freien Entwicklung bestimmt und ausgerüstet, nutzlos verkümmern und oft schon in ihren Keimen dem Untergange geweiht werden mußten.

Nehmen wir als großartigstes und naheliegendes Beispiel aus der Weltgeschichte abermals das bereits erwähnte Vorurtheil des Glaubenszwanges, dessen siegreiche Herrschaft ja den Hauptinhalt der Geschichte des sogenannten Mittelalters bildet. – Seine ascendente Richtung in der Geschichte beginnt mit den Kreuzzügen im 11ten Jahrhundert, und seine verderbliche unumschränkte Herrschaft währt bis zum Reformationszeitalter im Beginne des 16ten Jahrhunderts; volle fünf Jahrhunderte also beherrschte dieses schrecklichste aller Vorurtheile die europäische Welt vollständig, durchdrang es alle Verhältnisse, knickte es jeden Fortschrittskeim, und schien es mit seinen gewaltigen, nächtlichen Fittigen eine ewige Nacht zu verbürgen, das Durchdringen eines jeden Lichtstrahls unmöglich zu machen.

Die Zeit, dieser allmächtige Besieger alles Vergänglichen, ist nun freilich auch dieses Vorurtheils Herr geworden. – Mit dem Reformationszeitalter begann der Kampf, dessen Nachspiel nur in unsern Tagen wir noch miterleben; der Sieg aber der ist längst entschieden, das Prinzip der Glaubensfreiheit pflanzt täglich neue Banner auf die Zinnen, von welchen bisher stolz und anscheinend unnahbar, die Fahnen der Unduldsamkeit, des Glaubenshasses geweht haben.

Allein das ist ja eben das Tieftraurige bei dieser Betrachtung, daß ein halbes Jahrtausend der Finsterniß, des Hasses, der Unwissenheit, ein halbes Jahrtausend voll gräulicher Religionskriege, voll lodernder Scheiterhaufen und Inquisitionsjammers, über die Menschheit dahinziehen mußte, bevor der Boden für die Saat der Reformation und der Glaubensfreiheit überhaupt geeignet geworden war. Hätte es auch im Beginne der verfolgungssüchtigen und intoleranten Tendenzen der römischen Kirche, erleuchtete Denker gegeben, und es gab ihrer gewiß, welche sich von dem Walten der Verfolgungswuth und des Glaubenszwangs, selbst für die römische Kirche, nichts Gutes und nur Böses versprechen konnten; so sahen sie doch augenscheinlich, daß, wenn sie ihre Stimme gegen den damals jugendlich vorwärtsstürmenden Fanatismus erheben würden, dieselbe ungehört in der Wüste hätte verhallen müssen.

Denn der kirchliche Fanatismus jener finsteren Zeiten war eben ein ganz anderer als der Fanatismus späterer, aufgeklärterer Tage, der Jetztzeit zum Beispiel. Der Fanatismus des Mittelalters, dieß heuchlerische Zeugniß läßt sich ihm nicht verweigern, war im Großen und Ganzen, ein aufrichtiger, von Innen kommender, so zu sagen ein ehrlicher Fanatismus. Dränger und Unterdrückte, die Henker und ihre Opfer waren gleichmäßig von fanatischen Glaubensideen durchdrungen, und, wo sich irgend das Blatt wendete, und die Ketzer siegreich wurden, da wurden auch augenblicklich Verfolger aus den Verfolgten, und Unterdrücker aus den Unterdrückten. Der Kampf drehte sich damals nur um dogmatische Glaubenssätze, nicht aber um das Prinzip der *Glaubensfreiheit selbst*, für welches den Schlachtopfern der römischen Inquisition, wenn sie die Macht in ihren Händen gehabt hätten, das Verständniß ebenso sehr abging, als ihren Bedrängern. Gespenster und Hexenglauben waren allgemein verbreitet, der Unglückliche, der als Hexenmeister zum Flammentod verurtheilt war, suchte wohl gewiß individuell, die Schuld am Verbrechen der Hexerei von sich abzuwälzen, hegte aber innerlich gewiß keinen Zweifel daran, daß es überhaupt Hexen und

Zauberwesen gebe, weßhalb auch zu diesem Argument sicherlich kein der Hexerei Angeklagter seine Zuflucht genommen haben wird.

Welch' ganz verschiedenen Character dagegen trägt der kirchliche Fanatismus der Jetztzeit! Keinem denkenden Menschen kann es heutzutage einfallen, ernstlich an die *Ehrlichkeit* d. h. an die, nur *inneren* Motiven der Überzeugung, entstammende Existenz dieses Fanatismus zu glauben. Die Prinzipien der Glaubensfreiheit, der Gleichstellung der Religionen sind eben in der zweiten Hälfte unseres Jahrhunderts, so zu sagen in unsere moralische und geistige Athmosphäre übergangen, und wo wir nun der Intoleranz der Verfolgungssucht gegen Andersgläubige begegnen, da wissen wir sofort, daß wir es mit Ausgeburten des materiellen Interesses, niedrigen Hasses und Neides und überzeugungsloser, scheinheiliger Heuchelei zu thun haben!

Wenn wir daher eine Parallele ziehen zwischen einem religiösen Fanatiker des 15ten und einem Fanatiker des 19ten Jahrhunderts, so wird bei unpartheiischer Prüfung der Vortheil gewiß auf Seiten des ersteren sich zeigen, wenn der erstere auch thatsächlich und geschichtlich mehr geschadet und mehr Menschenglück vernichtet hat, als der letztere. Der erstere hat eben, dem Geiste seiner Zeit gemäß, wahrscheinlich nach seiner besten innern Überzeugung gehandelt, und hatte nur, dem finsteren Genius seiner Zeit gemäß, mehr Macht und Mittel zu schaden; während der heuchlerische Fanatiker der Jetztzeit, eines äußern materiellen Interesses wegen, die bessere Überzeugung mit Füßen tritt, die er als Kind seines Jahrhundertes in seinem Innern trägt, wobei ihn nur eben der aufgeklärte Geist dieses Jahrhunderts daran hindert, dem Fortschritt und dem Glück der Menschheit durch Thaten, anstatt durch bloße Worte und Sophismen schädlich zu werden.

Nachdem nun im Vorstehenden die Macht und das Walten des Vorurtheils, in den Wurzeln seiner Kraft mit Beziehung auf den Gegenstand dieser Schrift blos gelegt worden ist, widme ich die nächste Betrachtung einer prüfenden Beurtheilung der bisherigen Art der Geschichtsschreibung, die ja naturgemäß, je nach Auffassung oder Inhalt, den sie sich aneignet, die stärkste Stütze, oder der siegreichste Gegner des Vorurtheils wird.

II.

ÜBER DIE BISHERIGE ART DER GESCHICHTSSCHREIBUNG

Clio, die ernste Muse mit den Tafeln und dem Erzgriffel, ist schon so oft von berufenen und unberufenen Jüngern gepriesen worden, daß ihr Ruhm durch das Einstimmen meiner Feder in den allgemeinen Chorus nicht mehr gewinnen könnte. – Das Lob dieser Muse ist also weniger der Zweck dieser Zeilen, als vielmehr der Tadel, den mir die meisten ihrer Jünger zu verdienen scheinen.

„Die Weltgeschichte ist das Weltgericht," sagt herrlich unser großer Schiller, und es wäre ein unberechenbares Glück für die ganze Menschheit, wenn diese große Wahrheit stets der unwandelbare Polarstern für das geistige Auge der Geschichtsschreiber gewesen wäre. – Ist doch nichts natürlicher, als der große Einfluß, den die Schilderung vergangener Zeiten mit ihren wichtigen Begebenheiten, hervorragenden Männern und folgenschweren Thaten auf Geist, Gemüth und Nacheiferung derjenigen ausüben muß, die nun ihrerseits selbst wieder dazu berufen sind, Geschichte zu machen. Bezeichnend ist in dieser Richtung die Sage von Alexander dem Großen, den die homerischen Epopöen auf seinen Kriegszügen überall begleiteten, der sie des Nachts unter seinem Kopfkissen hatte, und dessen Charakter sich am besten in dem auf seinem indischen Zuge gemachten Ausspruch spiegelt: „O Athener, Ihr wisset nicht, welche Mühe ich mir gebe, von Euch gelobt zu werden."

So entzündet sich der Ruhmesdurst eines Alexander an dem homerischen Achill, die Ruhmsucht eines Cäsar an den Thaten Alexanders, und Napoleon I. wird wieder geistig der Sohn des römischen Cäsar.

Zwischen der Geschichte und den Thaten, die sie in ihre Bücher verzeichnet, herrscht ein ewiger, sich immer wieder neu erzeugender Zusammenhang; die That, welche sie lobpreisend auf die Nachwelt bringt, wird oft die Mutter einer andern, ähnlichen That, jeder Kranz, jeder Lorbeer, den sie um die Stirne eines Gefeierten flicht, wird Nacheiferer wecken *zum Guten oder Bösen!*

Darin liegt nun eben die unendliche Wichtigkeit, der unberechenbare Einfluß der Geschichte auf Bildung, Erziehung und Veredlung der ganzen Menschheit, wenn sie mit kundiger Hand zu sichten versteht die ewigen Vorbilder, in deren Leben, Wirken und

Streben, die Ideen des Wahren, Guten und Schönen sich, weithin leuchtend verkörperten, von dem großen Troß der Alltagsmenschen auf Thronen und Kanzeln.

Der wahre Geschichtsschreiber, wie er sein soll, muß also einen heiligen Ernst besitzen, muß durchglüht sein von den Ideen der Sittlichkeit und des Fortschrittes, der Veredlung, Einigung und Beglückung der *ganzen Menschheit*, nicht blos einzelner *Staaten*, und er muß unerbittlich und unerschrocken, ohne Furcht und Scheu vor den Menschen und ihren Vorurtheilen, den Maßstab des Gewissens und der Moral anlegen, an die Menschen und an die Thaten auf den Höhen der Völker; und nur dasjenige darf er an menschlichen Handlungen, Werken und Einrichtungen preisen und als nachahmungswürdiges Vorbild der Nachwelt überliefern, was vor jenem Maßstab humaner Cultur, *dem einzig und ewig wahren*, zu bestehen vermag.

Wo lebte nun, wo lebt der Geschichtsschreiber, der dieser Schilderung entspräche? Tacitus aus der Römer-, Babington Macaulay und Thomas Buckle aus der modernen Welt, sind die einzigen großen Namen, in welche[n] der Geschichtsschreibung die Ahnung ihres wahren und hohen Berufes zu *dämmern* beginnt.

Der wahre Geschichtsschreiber ist nebst dem Publicisten im höheren Sinn, par exellence der Erzieher der Menschheit, *sein* ist das schwere Priesteramt des Rechts und der Wahrheit, und wie dem Todtengericht der alten Egyptier, gehört ihm das Urtheil über den nützlichen oder schädlichen Einfluß, den diese oder jene bewunderte That, dieser oder jene *sogenannte große Mann*, auf Mit- und Nachwelt, auf Sittlichkeit und Entwicklung der Menschheit ausgeübt haben.

Er muß sich daher auch selbst vor Allem über Ziele und Zwecke der Menschheit und ihrer fortschreitenden Entwicklung völlig klar sein; nur was den göttlichen Zweck der sittlichen Weltordnung den *Fortschritt* fördert, darf ihm als groß und gut, was ihn hemmt, muß ihm als schlecht und verwerflich gelten, insoferne die Förderung oder die Hemmung von den Menschen ausgeht. Sein Forscherauge muß nicht allein den zurückgelegten Weg überschauen, nicht allein entscheiden können, ob man sich auf dem rechten oder – auf einem Abwege befinde oder befand; sein klarer Blick muß viel mehr auch, durch Nacht und Nebel der Zukunft vorwärts dringend' stets das ferndämmernde Ziel erblicken, und den geradesten, kürzesten Weg anzudeuten wissen, um es sicher und glücklich zu erreichen. Nur wen die Vorsehung zum Wohle der Menschheit *geistig* so ausgerüstet und begabt hat, der ist zum Geschichtsschreiber in der hohen und edlen Bedeutung des Wortes berufen.

Wer solche Gaben, solch' tiefes Gefühl für Sittlichkeit und Fortschritt, solche Festigkeit des Charakters und solch' ungetrübten, klaren Geistesblick nicht besitzt, der wird entweder nur ein mechanisch zusammengestoppeltes Sammelwerk von Namen und Thatsachen liefern, welchem in sittlicher Beziehung jeder innere Werth mangelt; oder er wird sich zum Herold verjährter Anschauungen, eingewurzelter Irrthümer und veralteter Vorurtheile machen, er wird abgelebten Ansichten und Ideen höchstens ein neumodisches Mäntelchen umhängen, und wird sie so für den wahren Denker, je nach dem Grade ihrer Schädlichkeit, nur um so possirlicher und widerwärtiger gestalten, die große Masse jedoch wird er irreführen und wird so unendlich großen Schaden stiften, wo er der Mit- und Nachwelt hätte so unendlich nützen können. Ich spreche ein hartes Wort gelassen aber wohlüberlegt aus, wenn ich behaupte, daß von den Geschichtswerken aller Zungen und Nationen, nur eine verschwindend kleine Minorität, sich der Einreihung unter die genannten zwei Kategorien entzieht; denn die Geschichtswerke aller Völker bestehen entweder in Sammelwerken von chronologischen Daten, Facten und Nomenclaturen ohne allen sonstigen, innern Werth, oder aus solchen Werken, in denen man wohl durch Annahme einer pragmatischen und raisonnirenden Methode das Streben nach Höherem zu erkennen gegeben hat, die es aber doch durchgängig nicht über die hergebrachten Auffassungen der Partei hinausbringen, welcher die Verfasser angehörten, weil dieselben eben, ohne den einzig wahren Maßstab des sittlichen Fortschrittsprincips, an ihre große Aufgabe herangetreten waren.

Die wenigsten Historiker scheinen es auch nur zu ahnen, daß sie vorzüglich deshalb berufen sind, die Ereignisse, Zustände und Einrichtungen der Gegenwart oder der Vergangenheit zu erzählen und auf die Nachwelt zu bringen, um *dieselben aus den unverrückbaren Standpunkten der Sittlichkeits- und Fortschritts-Idee zu beurtheilen,* und sie den künftigen Generationen als nacheiferungswürdige Vorbilder oder verabscheuungswürdige Schreckbilder zu überliefern. Der wahre Geschichtsschreiber muß bei jedem Worte, das er schreibt, sich dessen bewußt bleiben, daß er ein Lehrer, ein Führer der gesammten Menschheit auf der Bahn des Fortschritts zum Ideal ist, sein Gewissen muß sich die große Verantwortlichkeit klar machen, daß nach Jahrhunderten noch Tausende von empfänglichen Gemüthern, von strebsamen Geistern in seiner Darstellung, oft unbewußt, den Leitfaden ihres eigenen Wirkens erhalten werden.

Ein solcher Historiker wird vor Allem ein echt philosophisch gebildeter Geist sein müssen; nicht etwa geschult nach den Schablonen der Schulphilosophien; denn ein solcher wird diese Schablonen auch wieder auf die Geschichte übertragen, und an solchen Geschichtswerken nach der Schablone gab es schon bisher eher Überfluß als Mangel. Treffend charakterisirt ein Göthe'sches Epigramm diese Art von Geistern mit den Worten:

„Alles erklärt sich wohl, so sagt' mir ein Schüler aus jenen
Theorien, die uns weislich der Meister gelehrt;
Habt Ihr einmal das Kreuz von Holze tüchtig gezimmert,
Paßt ein lebendiger Leib freilich zur Strafe daran."

Ebensowenig kann man sich mit jener sehr billigen philosophirenden Manier der Geschichtsschreibung einverstanden erklären, welche mit der tiefsinnigsten Miene von der Welt in das oft zufällige Nacheinander der Facta stets einen Causalnexus hineinzuprakticiren versteht, für welche das „Post" stets das „Propter" in sich begreift, und welche Altmeister Göthe im Faust treffend satyrisch gegeißelt hat.

„Der Philosoph, der tritt herein,
Und beweist Euch, es müßt' so sein:
Das Erste wär' so, das Zweite so
Und drum das Dritte und Vierte so,
Und wenn das Erst' und Zweit' nicht wär,
Das Dritt' und Viert' wär' nimmermehr."

Wohl aber fehlt bisher allen Culturvölkern der alten sowohl als der modernen Welt, ein Historiker, der mit seinem Blick das Große und Ganze der menschlichen Entwicklung zu übersehen fähig, die einzelnen Zeiträume, die Ereignisse und Zustände bestimmter Epochen, nicht als etwas Abgeschlossenes und Fertiges aufgefaßt hätte, sondern der es vielmehr verstanden hätte, dieselben in ihren Beziehungen und Folgen für das Glück der Menschheit, und unter den Gesichtspunkten des Fortschritts und der Sittlichkeit, aufzufassen und darzustellen.

Wahrer Fortschritt und Sittlichkeit, zwei Begriffe, die in Bezug auf die Entwicklung der Menschheit ganz zusammenfallen, sind für den wahren, philosophischen Historiker der Polarstern die Magnetnadel auf dem Weltmeer der Geschichte, das einzige und Hauptcriterium für Lob und Tadel, die seine Feder ausspricht.

Nur den Mann, der dem wahren Fortschritt nach bester Kraft und mit Aufopferung seiner selbst, zum Durchbruch und zum Siege in der Geschichte verholfen, wird er groß, gut und sittlich nennen, und nur jenes Ereigniß, welches diesen Fortschritt befördert und unterstützt hat, wird er als ein glückliches für die Menschheit preisen.

Würde also Geschichte geschrieben, wie sie sollte, und von den wahrhaft dazu Berufenen, so würde es in Bezug auf die Tendenz der Geschichtsschreibung keine Parteien sondern nur *die eine Partei des Fortschritts* geben. – Denn es gibt *eben nur einen Fortschritt*, der zugleich Ausdruck und Verkörperung der Sittlichkeit in der Entwicklung der Menschheit ist, *wie es nur eine Wahrheit* gibt.

Die Forderungen der Sittlichkeit, die Ziele des Fortschritts sind in den unverdorbenen, menschlichen Geist von der leitenden Vorsehung der Menschheit gepflanzt, wie das unbedingte Gefallen des menschlichen Auges an körperlich schönen Formen und Linien.

Für den denkenden Menschenfreund ist es überhaupt eben so traurig als merkwürdig, zu beobachten, welche Macht gerade das Absurde, d. h. das den Gesetzen der gesunden Vernunft geradezu Widersprechende, in den Zuständen der Völker und der gesammten Menschheit repräsentirt.

Die große Masse wird sich eben nie ganz von der Herrschaft des Vorurtheils emancipiren; denn die große Masse, keuchend und seufzend unter der Last eines kampf- und sorgenvollen Lebens, denkt nicht, hat keine Zeit zum Denken, und hat auch richtig zu denken nie gelernt.

Um so gebieterischer tritt an die Führer der Menschheit, an den Geschichtsschreiber und Politiker vor allen Andern die Pflicht heran, nicht zu den Vorurtheilen der großen Menge herabzusteigen, sondern vielmehr die Massen zur Klarheit und Wahrheit ihres eigenen Denkens zu erheben.

Der Geschichtsschreiber, der fähig sein soll, die Mit- und Nachwelt von dem bösen Dämon „Vorurtheil" zu befreien, muß diesen größten Feind der Menschheit und menschlichen Glücks vor Allem im eigenen Herzen bekämpft und besiegt haben; *nur wer bereits sich selbst befreit hat, kann hoffen, dereinst auch das Werkzeug zur Befreiung Anderer zu werden.*

III.
DER KRIEG, DAS EUROPÄISCHE STAATENSYSTEM UND DIE CONGREßIDEE

„Krieg oder Frieden" ist die Losung auf diesem Gebiete heute noch wie vor Jahrtausenden, auf deren Barbarei der durch Religion, Wissenschaft und Philosophie veredelte Weltbürger des 19ten Jahrhunderts mitleidig stolz zurückzublicken, gewohnt ist.

Krieg, das heißt Gewalt über Recht, Mord und Verwüstung statt Überlegung und Versöhnung! Krieg, das heißt, das Privilegium der Rohheit, des Mordes und der blutigen Gewalt, welches man dem Einzelnen entzieht, dieses schreckliche, entehrende Privilegium, geltend gemacht für den *Staat,* der die Verkörperung alles Wahren, Guten und Edlen sein sollte, was in den Herzen der Menschen lebt, dessen Principien und Institutionen das leuchtende Vorbild sein sollten, für das gesammte Denken, Fühlen, Thun und Lassen der Bürger.

Das complicirte Staatensystem des heutigen Europa erinnert in vielfacher Beziehung im Großen an das alte Hellas mit seinem Gewimmel von größeren und kleineren Staaten und Volksstämmen, dessen Geschichte ein wahres Paradepferd für die Lobpreisungen so vieler bewundernder Historiker geworden ist.

Gedanken und ziellose Männer haben seit jeher die gedanken- und ziellosen Kriege der Griechen unter einander, die so genannten Hegemoniekriege mit breiter vorbildlicher Wichtigkeit behandelt und glaubten besonders, in den ausführlichsten Schilderungen derselben das beste, geistige Material für die Erziehung junger Weltbürger zu besitzen.

Es versteht sich von selbst, daß es nicht meine Absicht sein kann, die Wichtigkeit und Herrlichkeit griechischer Schöpfungen in Kunst und Wissenschaft für Mit- und Nachwelt in Abrede zu stellen. Nein, Griechenlands Bildner, Denker, Dichter und Weise werden ewig das Interesse selbst der vorgeschrittensten Zeitalter fesseln.

Allein, das abscheuliche Übermaß von Haß, Hader, Neid und Zwietracht zwischen all' den kleinen Staaten, Städten, Dörfern und Weilern des gepriesenen Hellas, dieser ewige Sturm in einem Glas Wasser, diese unzähligen zweck- und gedankenlosen Kriege, zwischen nachbarlichen und verwandten Stämmen, die, um sich zu behaupten, nach Vereinigung statt nach der Herrschaft hätten streben müssen; dieß Alles ist wahrlich der unmäßigen und liebenden Bewunderung nicht werth, die ihm noch immer zu Theil wird, wenn es auch noch so sophistisch mit den blendenden Namen Patriotismus, Heldenthum und drgl. verbrämt wird.

Die griechischen und römischen Historiker, denen der Staat die höchste irdische Potenz war, sind rücksichtlich einer derartigen Auffassung noch eher zu entschuldigen; sie waren eben vom Wahne ihrer Zeit befangen.

Anders verhält es sich mit den Forschern unserer Zeit. – Das Christenthum, d. h. sein wahrer Genius, vereint mit der Philosophie, arbeitet unaufhaltsam daran, dem engen Staats- und Nationalitätsbegriff die Idee der Menschheit zu substituiren, und eine Verbrüderung der Staaten und Völker anzubahnen, die früher oder später zur Einigung und zur Einheit führen wird. Es ist daher traurig, unphilosophisch sowohl als unchristlich, wenn man der zarten Jugend schon, die Geschichte der griechischen Kämpfe um die Herrschaft im Lichte eines nachahmungswürdigen Vorbildes, zur geistigen Nahrung bietet.

Die Historiker, welche die unzählige Menge von Kriegen, Schlachten und Fehden des Häufleins Griechen untereinander, in verklärender Weise beschreiben, haben sich eben selbst über die wahren Begriffe des Krieges und des Patriotismus keine Klarheit verschafft und halfen darum die Jahrhunderte alten conventionellen Lügen und Irrthümer fortpflanzen.

Ja wohl conventionnelle Lügen sind sie, alle diese Phrasen von

Heldenthum, Patriotismus und Ähnlichem, insofern man durch sie seit Olim's Zeiten den häßlichen Molochdienst des Krieges zu beschönigen sucht; Phrasen ohne allen geistigen Inhalt und Werth, und die sich doch, mit Göthe zu sprechen, wie eine ewige Krankheit forterben, die wie ein Mehlthau sich auf die Blüthe ganzer Generationen legen, und das größte und gefährlichste Hemmniß sind, welches die sittliche und fortschrittliche Entwicklung der Menschheit auf ihrer Bahn zu bekämpfen findet.

Wir leben, Gott sei Dank, in einer Zeit, wo jedem halbwegs entwickelten Geiste mehr oder weniger, der innere Widerspruch klar wird, in welchem die Idee des Krieges zur sonstigen Fortgeschrittenheit und Civilisation unseres Zeitalters steht. Allein was nützt das? Das Absurde, der Unsinn, der nun einmal die Weihe Jahrtausende langer Praxis für sich hat, gibt seine geheiligten Rechte nicht so leichten Kaufs auf, und so wird denn heute, wie vor tausend Jahren, bei dem ersten, besten nichtswürdigen Anlaß, munter darauf losgekriegt, losgeschlagen, losgeschlachtet.

Es wird ganz so oder vielmehr mit tausendfach verbesserten Mordinstrumenten, nach moderner Taktik, in größeren Massen geschlagen, verstümmelt und getödtet, als in frühern Zeiten; Tausende und Tausende schmerzverzerrte Leichen bedecken das Schlachtfeld vor den Thoren der eingeäscherten Stadt, ein paar Quadratmeilen Landes gehören wieder für die nächsten fünf oder zehn Jahre unter die Oberhoheit des siegreichen Staates, bis der frühere Besitzer etwa die Kraft gewonnen hat, sich dieselben wieder zurück zu annectiren.

Der Feldmarschalllieutenant X wird Feldzeugmeister, der Lieutnant Y avancirt zum Hauptmann, die Journale haben Stoff für interessante, auch illustrirte Darstellungen vom Schlachtfeld, der Müßiggängerpöbel der großen Städte labt sich an den frischen, nagelneuen Telegrammen von so und so viel tausend Gefallenen, Gefangenen, schwer und leicht Verwundeten, die Höfe erhalten tägliche Depeschen und ausgezeichnete Schlachtenbilder, um deren willen eigens große Künstler an den Schauplatz des Grauens gesandt werden, und diese Schlachtenbilder werden dann als Ruhmesdenkmäler den Nationalmuseen übergeben, als ewiges Zeugniß dafür, daß es den Landeskindern gelungen, mehr sogenannte Feinde zu erschlagen und zu verstümmeln, als ihrer selbst gefallen sind; wie man etwa in Dahomey die öffentlichen Gebäude mit den Schädeln der erschlagenen Feinde verziert. – O, du göttliches, unter all' diesen Verzerrungen kaum wiederzuerkennendes Urbild der Menschheit!

Die Kriege des Alterthums, ja selbst die des Mittelalters verdienen den Kriegen der Gegenwart gegenüber tausendfache Entschuldigung.

Im Alterthum, so wie im Mittelalter gab es noch kein europäisches Staatensystem im heutigen Sinne des Wortes.

Ganz abgesehen von der Cultur- und Humanitätsidee, die von dem Begriff des modernen Staats unzutrennlich, den Krieg heutzutage als tausendfachen Gräuel brandmarkt, bildete jeder Staat ehedem eine Welt für sich, ein abgeschlossenes Ganzes, im Gegensatze zu dem Staate der Jetztzeit, der sich in Folge vorgeschrittenen Verkehres und nie geahnter Communicationsmittel, tausendfach nur als Theil eines größern Ganzen fühlt, mit dem er durch zahllose wichtige Lebensinteressen zusammenhängt.

Wenn jetzt, mit Göthe's Philister zu sprechen, „hinten weit in der Türkei die Völker aufeinanderschlagen", so ist dieß heutzutage kein ruhiger Gesprächsstoff mehr, an Sonn- und Feiertagen, zu Nutz und Frommen spießbürgerlicher Kannengießerei; die bloße Nachricht von einem Aufstande, einer kriegerischen Bewegung im Orient oder in Amerika, genügt heutzutage, um in fernen Zonen das industrielle und mercantile System des ganzen Welttheils zu erschüttern, große Rüstungen hervorzurufen, und oft der zündende Funke für eine allgemeine Conflagration zu werden.

Ein Krieg der Jetztzeit ist darum also eine unendlich größere Versündigung an dem Genius menschlichen Fortschritts und menschlicher Sittlichkeit als ein Krieg in frühern Zeiten, weil er theils gegenüber der überall siegreichen Aufklärung als ein *furchtbarer Anachronismus* erscheint und weil er anderseits unendlich größere, auf's Engste zusammenhängende, und über den ganzen Erdtheil vertheilte Interessen in Frage stellt, als seine Vorgänger. Wer erinnert sich nicht noch, der furchtbar leidenden Industriebevölkerungen von ganz Europa, vorzüglich der englischen, während des amerikanischen Bürgerkrieges, denen dieser Krieg fast eben so harte Wunden schlug, als den amerikanischen Bevölkerungen selbst.

Bedenkt man nun aber ferner, daß in dem heutigen civilisirten Europa der beste Theil von Gut und Blut, von productiven und rüstigen Kräften, den stehenden Heeren geopfert wird, die der stets drohende Krieg mit seinen immer nur waffenstillstandsähnlichen Friedensintervallen nöthig macht; dann begreift man leicht, daß es der wichtigste sociale Fortschritt der europäischen Menschheit wäre, das Wort „Krieg" aus dem Wörterbuche der civilisirten Sprachen zu streichen, und sich selbst gemeinsam einen ewigen Frieden als oberste Institution des gesammten Welttheils zu garantiren; nicht den stets bedrohten, *weil nur durch die Gewalt geschützten Frieden*, sondern den völkerrechtlich geschützten Frieden, dessen Bürgen sämmtliche civilisirten Staaten, und dessen Tribunal ein permanenter Congreß derselben zu sein hätten.

Ein solcher Frieden unter dessen Schirm Kunst, Industrie, Wissenschaft und Fortschritt an ihrem Beglückungswerk der Menschheit ungestört arbeiten könnten, ein Frieden, während dessen die einzelnen Staaten ihr Hauptaugenmerk nicht darauf richten würden, ihren Nachbaren durch maß- und ziellose Vergrößerung ihrer Armeen und Zerstörungsmittel zu imponiren, ein solcher Frieden liegt heutzutage im Geiste des wahren geläuterten Socialismus und ist das beste, das einzige Präventivmittel gegen die schrecklichen Ausschreitungen dieser auf den Trümmern veralteter Weltordnung einherschreitenden und weltverjüngenden Idee.

Es bedarf wahrlich nur wenigen Aufwands an logischem Verstande und menschlichem Gefühl, um all' die abgebrauchten, ungereimten und herzlosen Sophismen zu widerlegen, welche von sogenannten Philosophen, von officiellen und nicht officiellen Staatsweisen, Historikern und Publicisten für den Krieg in's Feld gestellt worden sind.

Ich will die wichtigsten, weit verbreitetsten der Sophismen hier näher beleuchten, welche man seit jeher *für* die Nothwendigkeit und Berechtigung der Kriege anzuführen sich gewöhnt hat. – Gar manche dieser für den Krieg oft gehörten und gelesenen Gründe wäre man versucht, für nur scherzhaft gemeint zu halten, wenn sie nicht meist mit feierlichem Pomp und imponirendem Ernst vorgetragen würden, und wenn sie nicht eine, nur zu oft durch Blutbäder bewiesene Macht, auf die Gedanken- und Thatenwelt der Gegenwart ausübten.

Es hat, so unglaublich es klingt, Politiker und Statistiker gegeben, wie der Engländer Malthus z. B., die sich nicht entblödeten zu behaupten, daß, wenn es keine Kriege gäbe, die Bevölkerungen in erschreckendem Maße überhand nehmen würden; dieser Übervölkerungsgefahr werde vorzüglich durch Kriege vorgebeugt.

So sehr man sich diesem Grunde gegenüber zu einer ironischen Replik versucht fühlen möchte, so will ich doch Herrn Malthus und Consorten die unverdiente Ehre einer ernsten Widerlegung zu theil werden lassen.

Sie besteht ganz einfach darin, daß Gottes weise Weltordnung das Schreckbild einer Übervölkerung gerade dann am wenigsten zur Wirklichkeit werden läßt, wenn die Menschen, treu dem göttlichen Gebot der Liebe, *keine Kriege führen.* Zwar ist es wahr, daß der Friede die Länder *bevölkert,* der Krieg sie entvölkert. Allein es ist eben so wahr, daß in einem Lande, das sich die Segnungen eines langen wahrhaft geschützten Friedens erhält, oft die zehnfache Anzahl glücklicher Menschen sich des Lebens erfreuen kann, als in einem eben so großen, aber von den Schrecknissen des Krieges oft verwüsteten Lande; und das *letztere,* nicht aber das *erstere* Land wird *übervölkert* genannt werden müssen. Überhaupt, *wo und wann* die Menschen ihrer Aufgabe nachstreben, durch Wissenschaft, Kultur und *Frieden* den wahren Fortschritt zu erzielen, da fand und findet stets noch dieses Streben die beste Belohnung in und durch sich selbst, da wird die Productionskraft der guten Mutter Erde eine wahrhaft unberechenbare, wie wir ja auch heute bereits in vielen europäischen Ländern die Bevölkerung seit einem Jahrhundert verdoppelt und verdreifacht antreffen; wobei noch wesentlich zu berücksichtigen [ist], daß die Summe der geistigen, wie materiellen Lebensgenüsse eine unendlich größere geworden, und daß zu denselben immer breitere Schichten der Gesammtbevölkerung herangezogen werden sind. Also der Krieg und nicht der *Frieden* ist thatsächlich als der Übervölkerung günstig anzusehen.

Wäre dem aber wirklich so, nehmen wir an, daß die Natur, die selbst reißende Thiere nicht mit ihres Gleichen kämpfen läßt, gerade beim Menschen eine Ausnahme gemacht und die Bedingung seiner Existenz an den Kampf mit und an die Vertilgung von seines Gleichen geknüpft hätte: würde daraus schon folgen, daß die Menschen ein Recht haben, die ihnen drohende Gefahr der Übervölkerung zu anticipiren und ihr durch ein Mittel zu begegnen, das ja eben so schrecklich ist, als es der wirkliche Eintritt der gefürchteten Gefahr wäre? Denn, was kann Schlimmeres geschehen, wenn wirklich dereinst Übervölkerung eintritt, als, daß die Menschen sich, um des lieben Brodes willen, untereinander bekämpfen würden? Die Logik also, daß Kriege *das für* sich haben, daß durch sie der Übervölkerung gesteuert werde, ist genau dieselbe, wie wenn Jemand sich selbst umbrächte, weil er ja ohnehin später einmal sterben müsse.[2]

Ein oft gehörter und von gläubigen, nicht selbstprüfenden Geistern oft nachgebeteter Grund für den Krieg ist der, daß der Krieg im Plane des großen Ganzen ein nothwendiger und berechtigter Factor sei; denn er sei, wie ein großes Naturereigniß, wie Wetterschlag, Überschwemmung, Erdbeben, Pest in der Natur selbst gegründet und *zwar in der Natur des Menschen* selbst.

Ich will diesen Satz zugeben, obwohl ich ihn für nichts weniger als richtig halte, so wie ich auch nie umhin konnte, gegen den bekannten Satz aus der Bibel „Schlecht ist des Menschen Herz von Jugend an" im Stillen zu protestiren.

Allein, wenn nun der Krieg wirklich in der menschlichen Natur begründet wäre, folgt etwa daraus, daß das menschliche Geschlecht trotz geläuterter Religionen, trotz fortschreitender Cultur und Sittlichkeit, vertheilt sein soll, diesen häßlichen Schandfleck roher, fin-

---

[2] *Anmerkung*: Malthus Thomas Robert, berühmter brittischer Volks- und Staatswirthschaftslehrer geboren 1766 zu Rockery, Professor der Geschichte und politischen Oekonomie am Collegium der ostindischen Compagnie zu Hayleyburg, bereiste im Jahre 1800 den Continent und stellte überall Untersuchungen über die Bevölkerungs-Verhältnisse an, deren Frucht sein berühmtes Werk „*Essay on the principles of population*" (5. Aufl. 3 Bände London 1817) wurde. Die von ihm in ein System zusammengereihten, kühnen und paradoxen Behauptungen machten ungeheueres Aufsehen. Die wichtigste derselben war, daß Malthus, wie schon vor ihm der Schotte Wallace, der Engländer Townshend und der Italiener Ricci, behauptete, daß die Vermehrung der Bevölkerung mit der Vermehrung der Subsistenzmittel keinen gleichen Schritt halte. Die Bevölkerung wachse in arithmetischer Progression von 20 zu 20 Jahren wie 1, 2, 4, 8, 16, während die Hilfsmittel der Unterhaltung nur in dem Verhältnisse wie 1, 2, 3, 4, 5 steigen sollten. Er schloß daraus, im grellen Gegensatz zu den Ansichten über Perfectibilität des Menschengeschlechtes vieler deutscher und französischer Philosophen, daß die Staaten, im Interesse des Ganzen, das Wachsthum der Bevölkerungen beschränken und auf das Maß der Existenzmittel zurückführen müssen. Die Thatsachen widerlegen übrigens seine allgemeinen Grundsätze am besten, die durchgängig nur auf abstracten, sophistisch zusammengestellten Zahlenverhältnissen beruhen. Am gründlichsten hat ihn widerlegt M. Th. Sadler in „*the law of population*" (2 Bde. London 1830). Er starb zu Bath 1834. –

sterer Zeitalter, durch die lichten Räume seiner spätern Entwicklungsbahnen mit sich fortzuschleppen! Es wäre dieß offenbar geradeso, als wenn man heutzutage die gottesdienstlichen Menschenopfer beibehalten wollte, mit welchen in den frühesten Zeiten die Völker ihre Gottheit zu verehren pflegten, oder als wenn man die *Auto-da-fé's* der mittelalterlichen Inquisition *in majorem Dei gloriam* für eine ewige und unumstößliche Institution des menschlichen Geistes ansehen wollte. Die menschenopfernden Heidenpriester und die ketzerverbrennenden Inquisitoren, haben ihre Institutionen *ihrerzeit,* auch ganz gewiß, als in der menschlichen Natur gegründet ausgegeben, gerade so, wie es heute die Vertheidiger des Krieges thun, und der Umstand, daß es *zufälligerweise noch heute* Kriege gibt, während Menschenopfer und *Auto-da-fé's* nur mehr der Geschichte angehören, ändert an der *innern* Natur der ganzen Frage offenbar nicht das Geringste. –

So wie die Sonne in der physischen Welt nicht gleichzeitig für alle Regionen einer Hemisphäre aufgeht, so wie der Tag hier früher und dort später, aber überall endlich gewiß anbricht: so kann auch die geistige Sonne der Aufklärung nicht *gleichzeitig* all' die dunkeln Tiefen des Menschengeistes bestrahlen und erhellen. Der Tag der religiösen Aufklärung und Duldsamkeit hat auch Jahrtausende auf sich warten lassen, aber er ist doch gekommen; der Tag der politischen Aufklärung, der Brüderlichkeit und Verbrüderung der Menschen wird eben so gewiß kommen, wenn auch heute noch das Gespenst des Krieges seine dunklen Fittige über die Geister ausbreitet.

Eine Überschwemmung, eine Pest sind gewiß Erscheinungen, deren Auftreten sich auf ewige Naturgefetze gründet, und ist der Mensch nicht doch berechtigt, ja verpflichtet, sich gegen ihr schädliches Wüthen zu schützen? Hat etwa der große Franklin gegen das Naturgesetz gefrevelt, als er der wilden Naturkraft des Blitzes ihr Geheimniß ablauschte, und sie unschädlich machte? Ist nicht die Bekämpfung schlechter Regungen, Triebe und Neigungen des menschlichen Gemüthes die sittliche Hauptaufgabe des Lebens, und sollte etwa gerade nur der traurige Hang zum Kriege, wenn er schon wirklich von der Natur in die Menschenbrust gepflanzt ist, *unbegreiflicherweise* das Privilegium der Unantastbarkeit, der Unverletzlichkeit genießen?

Nicht schwerer zu widerlegen ist ein weiteres Argument, wodurch die Anhänger und Verehrer des Krieges die Nothwendigkeit und den Fortbestand desselben für ewige Zeiten zu beweisen glauben. Seit Menschengedenken, sagen diese hochweisen Herren, habe es Kriege gegeben, also müsse es auch ferner Kriege geben, so lange die Menschen eben Menschen sind, und es können auch in den spätesten Zeiten Menschen ohne Kriege, gar nicht gedacht werden.

Dieses Argument ist offenbar nicht um ein Haar besser als das vorige; denn es liegt auf der Hand, daß es hieße, alle Fortschrittsfähigkeit der Menschheit in Abrede stellen, wenn man aus dem Umstande, daß sich die Menschheit *bisher* von dem furchtbaren Unglück und Laster des Krieges nicht zu befreien vermochte, die Folgerung ziehen wollte, daß diese Erlösung darum auch nicht milderν, aufgeklärtern und sittlichern Zeitaltern vorbehalten sein könne. Hieße dieß nicht geradezu an der Menschheit verzweifeln und die Idee einer auf Sittlichkeit und Fortschritt beruhenden Weltordnung läugnen? Und zeigt nicht gerade im Gegentheil die Erfahrung, daß die Kriege in der That mit den Fortschritten der Kultur im Großen und Ganzen menschlicher, milder und auch seltener geworden sind, wie denn auch in unserem Jahrhundert in Europa eine Friedenspause von über vierzig Jahren eingetreten, während weder die alte Welt noch das mittelalterliche Europa sich je eines so langen Friedenszeitraumes zu erfreuen hatte.

Noch vor hundert Jahren hätten unsere Vorfahren gewiß denjenigen für einen Utopisten oder Phantasten gehalten, der ihnen gesagt hätte, daß ihre Urenkel statt der Pferde den Dampf vor ihre Wagen spannen und statt der Post den Blitz als schnellstes Correspondenzmittel benützen würden. Und doch hätte der Mann, der dieß und Ähnliches prophezeiet hätte, vollkommen Recht gehabt. Der Mann, der zu den Zeiten der Hexen- und Ketzerprozesse, einem eingefleischten und überzeugten Hexen- oder Ketzerverfolger gesagt hätte, es würde dereinst keine solchen Prozesse mehr geben, und mit ihnen würden auch die Hexenmeister und Ketzer selbst verschwunden sein; ein solcher Mann hätte gewiß keinen Glauben gefunden und doch sehen wir schon heute, daß der bornirteste Mensch einen Hexenmeister, einen Taschenspieler und einen Ketzer, einen Andersgläubigen zu nennen weiß, mit welchen Benennungen er aber nicht mehr den geringsten, verächtlichen Nebenbegriff von ehedem verbindet.

Die Verehrer des Krieges, die den Begriff „Krieg" von dem Begriff „Mensch" für unzertrennlich halten, vergessen eben, daß der Mensch während der Entwicklungs-Phasen der Menschheit wohl immer Mensch, aber nicht unverändert *derselbe* bleibt. Das Kind ist Mensch und der gereifte Mann ist es auch; ist der Mann aber darum derselbe, der das Kind war? Denkt, fühlt, handelt der Mann, wie das Kind gehandelt, gefühlt, gedacht hat? Umfaßt nicht das Wort Mensch eine ganze, unendliche Kulturscala, innerhalb deren für den Buschneger wie für einen Alexander Humbold Platz ist? Ist nicht heute die *durchschnittliche* Bildungs- und Wissenssphäre eine höhere als sie es vor Jahrhunderten selbst in den gelehrten Klassen war, und weiß nicht heute ein Kind mehr von Electricität und Magnetismus, als seinerzeit ein Newton oder ein Leibniz wußte und wissen konnte? Muß aber zugegeben werden, daß der Mensch in den verschiedenen Perioden der geschichtlichen Entwicklung nicht derselbe bleibt, sondern im Großen und Ganzen trotz temporärer Rückschritte materiell und geistig stets fortschreitet: so kann auch nicht in Abrede gestellt werden, daß die entwickeltere, in Kultur und Wissenschaft fortgeschrittene Menschheit, gewiß sich anders organisiren, anders dichten, trachten und handeln werde, als sie dieß in früheren Zeiten, unter wesentlich andern Prämissen gethan hatte. So wie der Durchschnittsmensch des 19. Jahrhunderts, wenn ich mich so ausdrücken darf, ganz anders fühlt, denkt und handelt als der Angehörige des neunten oder zehnten Jahrhunderts nach Christus, eben so wird ganz gewiß jedes kommende Jahrhundert den Thaten und der Organisation der Menschheit einen neuen und individuellen Stempel aufprägen. – Der Mensch wird also bis an's Ende der Zeiten zwar nur Mensch bleiben, aber sein geistiger Horizont wird ein ganz anderer geworden sein, und er wird ganz gewiß dereinst die Schrecknisse und die Absurdität des Krieges, als Mittel zur Herstellung der gestörten Rechtsordnung, in demselben Lichte erblicken, in welchem uns heutzutage Menschenopfer, Hexen- und Ketzerverbrennungen erscheinen.

Scheinbar etwas mehr Sinn hat ein anderes Argument, welches die Lobredner des Krieges aus der angeblichen Nützlichkeit des Krieges schöpfen. Diese edlen Utilitätspolitiker peroriren gewöhnlich wunderschön gegen den *„faulen Frieden"* und als faul gilt ihnen immer gerade der Frieden, dem sie *„einen frischen, frohen, fröhlichen*

Krieg" zu substituiren wünschen. Der Friede wird von diesen Herren stereotyp mit einem *„stehenden* Sumpf" verglichen, in welchen, zum Glück seiner Bewohner, hin und wieder ein tüchtiges Donnerwetter darein fahren muß, damit die stehenden Wasser aufgerüttelt werden, um in Fluß und gesunde Bewegung zu gerathen. – Der „frische, frohe und fröhliche Krieg" dagegen kräftige die Völker, er sei gleichsam als ein Leib und Seele stärkendes Bad zu betrachten, durch welches vorzüglich die Jugend, dieser edelste Theil der Nationen gegen Entnervung und Verweichlichung geschützt werde.

Diese Klasse von Utilitätspolitikern ist heutzutage in den maßgebenden Kreisen besonders zahl- und einflußreich; sie erblickt in einem, alle wehrhaften Elemente des Volkes in sich vereinenden Nationalheere, nicht bloß eine Schutzwehr gegen den äußern Feind, sondern die beste Kraft- und Bildungsschule für's Volk, sie acceptirt daher nie den wahren, sondern stets nur den bis an die Zähne bewaffneten Frieden, opfert dadurch alljährlich unberechenbare Summen von Geld und produktiven Kräften, und zwingt auf diese Weise bei dem heutigen Stande unserer internationalen Verhältnisse, die andern Mächte, ihr Beispiel zu befolgen. Diese Partei ist namentlich die herrschende in Preußen, und sie ist es, die in einer Antwortdepesche auf einen französischen Entwaffnungsvorschlag nach Beendigung der Luxemburger Affaire offenherzig erklärte, *Preußen könne nie und nimmer entwaffnen, indem es sein Heer*, abgesehen von allen Offensiv- und Defensivzwecken, *als Bildungsschule der Nation betrachtet*, die es seinen Bevölkerungen weder entziehen noch verkümmern dürfe. Artikel ähnlichen Geistes und Sinnes brachte damals auch die Norddeutsche Ztg.

Die Folge dieser königl. preußischen Bildungsschule blieb nicht lange aus; Frankreich errichtete trotz der energischesten Opposition seiner Bevölkerung, sofort eine ähnliche Bildungsschule d. h. es verdreifachte seine Armee; Oesterreich[3] und fast alle andern Staaten des Continents gingen hin und thaten das Gleiche. Wie hätten sie auch so grausam sein können, ihren treuen Völkern eine Bildungsschule *nicht* zu gönnen, die dem Staat der Intelligenz so wohl be-

---

[3] Oesterreich hat seinen provisorischen Wehrgesetzentwurf wieder zurückgezogen und es bleibt abzuwarten, was eine nahe Zukunft in dieser Richtung bringen wird.

kommen hatte! So wird in nächster Zukunft jedes männliche Individuum des europäischen Continents zwischen 20 und 50 Jahren Bildungsschüler irgend eines „herrlichen" Kriegsheeres, und zwar, *nolens volens*, Soldat sein, in einer Zeit, die sich schmeichelt, politische Freiheit errungen zu haben, und in der es in der That fast so viele Parlamente gibt, als Staaten.

Wahrlich wenn je ein Krieg gerecht gewesen, so wäre es ein Krieg von ganz Europa gegen diese preußische Partei, nicht gegen das preußische Volk, gewesen, gegen jene Partei, die aller Civilisation zum Trotz, in „Eisen und Blut" die Hauptfactoren ihrer auswärtigen Politik, gefunden zu haben glaubt, und die den ganzen Continent, Freund wie Feind, zwingt mitten in Frieden in Waffen zu starren.

Für diese Utilitätspolitiker, die so gerne in dem *Blutbade* des Krieges das *Verjüngungsbad* der Völker erblicken, wird also auf gut Jesuitisch das Mittel durch den Zweck geheiligt und es ist nur schade, daß wir aus der Geschichte lernen, daß selbst dieser so theuer geförderte Zweck durch Kriege eben *nicht erreicht wird*. Oesterreich hatte seit dem Jahre 1848 fünf große Kriege geführt, Preußen seit 50 Jahren einen einzigen, in Schleswig-Holstein; war nun Oesterreich durch die vielen Kriege gekräftigt, Preußen durch den langen Frieden geschwächt worden? Offenbar fand das Gegentheil statt; die weit kriegsgeübtern und erfahrenern, aber materiell erschöpften und verarmten Osterreicher unterlagen im Kampfe gegen die besser genährten, besser bewaffneten, körperlich schon kräftiger angelegten Preußen. Nicht der Krieg, der Friede kräftigt Staaten und Völker, denn der Friede schafft Bildung und Wohlstand, der Krieg hinterläßt Leichen und Verstümmelte, die wohl Beide keine Elemente der Kräftigung oder Verjüngung eines Staates sind; er hinterläßt ferner eine durch die Gewöhnung an Blutvergießen und menschliches Elend verhärtete Soldateska, die, ob siegreich oder geschlagen ein gleich gefährliches Element für die Ruhe und das Glück des Staates bildet.

Aber selbst, wenn zugegeben würde, daß die Mannhaftigkeit, die Kraft und Gesundheit der Bevölkerungen durch kriegerische Organisation gewinnen, so wäre ja ein solcher Opportunitätszweck auf eine unschuldigere Weise zu erreichen, als durch die immer und immer wiederkehrenden Kriege, durch dieses periodische Darbringen menschlicher Hekatomben, durch dieses nicht enden wollende Vergießen von Strömen Menschenblutes!

Müssen doch Exercitien, Märsche und Manoeuvres oft glücklicherweise *durch ganze Jahrzehnte* zur Erreichung obiger Zwecke genügen, und es ist also nicht abzusehen, warum denn auf einmal wieder der Krieg d. h. das massenweise Tödten zahlloser Menschen, obligat werden sollte, um das Resultat der Abhärtung und Kräftigung *einer einzelnen Generation* zu erzielen?

Dieß sind so ziemlich die stärksten unter den Scheingründen, mit denen man sich zu allen Zeiten, die unsrige nicht ausgenommen, mit wahrhaft trostloser Naivität, die Nothwendigkeit und Unausweichlichkeit der Kriege hat aufdisputiren lassen. So hat sich das Vorurtheil nach und nach in ein feststehendes Dogma, in ein unantastbares Axiom verknöchert, zu dessen Schutze sich gleichzeitig tausende von sonst oft feindlichen Interessen verbündet die Hände reichen. Am Ende frug man dabei gar nicht mehr nach Gründen oder Gegengründen, das Vorurtheil herrschte immer unumschränkter über die Geister, und verfehlte nicht, eine theilweise, neue Barbarei über die Menschheit heraufzubeschwören.

Ertönte ja einmal die Stimme eines Mahners oder Warners, so verhallte sie entweder ungehört in der Wüste, oder der arme Utopist, denn wer Anderer als ein Utopist wäre so unpraktisch gegen den Krieg zu sprechen, wurde bemitleidet und belächelt. Gehört, bewundert ja belohnt wäre er worden, wenn er seine Feder oder seine Stimme dem Dienste jenes blutigen Vorurtheiles gewidmet, wenn er tausendjährige Irrthümer, in modernem Phrasengewand, als allerneueste Weisheit aufgetischt, kurz wenn er den schlimmsten Leidenschaften der Fürsten und Völker, der *Eroberungssucht* und dem *Racenhaß* geschmeichelt hätte!

Wahrhaft betrübend für den denkenden Menschen ist es, wenn er selbst in den Schriften sonst großer und menschenfreundlicher Männer die ängstliche Scheu wahrnimmt, mit der sie sich vor jeder allzuschroffen Opposition gegen das herrschende Vorurtheil in Acht nehmen. Es ist oft, als wenn man zwischen den Zeilen die Entschuldigung des Verfassers lesen könnte: „Lieber Leser, ich denke zwar über Krieg und Kriegstendenzen, Eroberungen und ungeheuere Rüstungen gerade so wie Du; aber heute läßt sich über das Alles noch nicht so offen sprechen. Vielleicht in zehn, vielleicht in fünfzig oder auch in hundert Jahren, wird die Zeit gekommen sein, heute aber ist sie noch nicht da. – Ich meine es mit den Menschen, wie Du sonst aus meinen Werken sehen mußt, herzlich gut, aber ‚*Le ridicule tue*‘ *und mich verlachen zu lassen, dazu fehlt mir der Muth.*"

Diese Klasse von sonst wohlmeinenden Historikern und Publizisten, die aus lauter Respect vor der Macht des Vorurtheils, den Muth ihrer eigenen Meinung nicht hat, ladet oft die Schuld schwerer Unterlassungssünden auf ihr Gewissen, indem sie ihre bessere Einsicht zum Schweigen verurtheilt. Die Furcht, als unpraktisch, als utopistisch verlacht zu werden, läßt die Stimme ihres Gewissens, ihrer Überzeugung verstummen. Sie sprechen zu sich, wie Mephisto zum Faust. „Was willst Du Dich das Stroh zu dreschen plagen? / Das Beste, was Du wissen kannst, darfst Du den Buben doch nicht sagen"; sie sagen sich, die Zeit sei noch nicht gekommen, wo man die Wahrheit sagen dürfe, und so lassen sie's denn gehen, wie's eben gehen will und kann.

Aber wann soll denn eigentlich diese Zeit kommen, wenn sie heute noch nicht gekommen wäre, wo die Aufklärung und politische Freiheit täglich auf dem ganzen Continent Fortschritte machen, und wo Eisenbahnen und Telegraphen die beste Friedenspropaganda predigen, indem sie die früher streng geschiedenen Völker nicht blos einander räumlich nähern, sondern durch eine permanente Völkerwanderung durch- und untereinander mischen! Wie! Heute sollte es zu früh sein, die Verwerflichkeit des Krieges zu erklären und den Frieden zur *Grundinstitution* eines Welttheils zu machen, dessen Völker eine ihnen gemeinsame Civilisation besiegen, und deren Wohlstand und Glück durch ihre täglich vermehrten Beziehungen immer *solidarischer* werden! Heute, wo durch den ungeahnt regen Verkehr, durch die zwischen allen europäischen Staaten gestattete Freizügigkeit, durch die häufigen Aus- und Einwanderungen, Wechselheirathen und so vieles Andere, die Schroffheit der Nationalcharactere immer mehr gemildert, die Besonderheiten immer mehr *nivellirt* werden, und die Völker immer mehr in eine einzige, große Familie zu verschmelzen scheinen, da sollte ein elendes Vorurtheil davon abschrecken, der Menschheit den Frieden zu erringen, nach dem sie lechzt!

Nun und nimmermehr! Hat Socrates den Giftbecher, hat Christus den Kreuzestod und Luther Lebensgefahr und Gefangenschaft nicht gescheuet, um der Menschheit das Geschenk großer Wahrheiten nicht vorzuenthalten, so ziemt es einem Menschen- und Wahrheitsfreunde unseres aufgeklärtern Jahrhunderts um so weniger, sich dem Despotismus eines verjährten und blutigen Vorurtheils aus bloßer Furcht vor ungerechter Verspottung zu unterwerfen. Befreiung und Erlösung aus solchen schmählichen Banden, muß das Losungswort eines jeden Ehrenmannes, eines jeden Menschenfreundes unserer Zeit werden!

Indem ich in den vorhergehenden Ausführungen die Vertheidiger des Krieges zu widerlegen versuchte, habe ich in denselben zugleich die wichtigsten Gründe niedergelegt, die gegen den Krieg, als Wiederhersteller der zwischen den Staaten gestörten Rechtsordnung sprechen. – Ich habe diese Gründe den unwandelbaren Gesetzen der Logik, der Moral, und des Fortschritts entnommen und glaube gezeigt zu haben, daß die Idee, die wichtigsten Interessen der Staaten durch eine, auf bloße, rohe Gewalt gegründete Machtentscheidung zu regeln, unlogisch, unsittlich, unchristlich und fortschrittswidrig ist, und daher weder der menschlichen Würde noch der sonstigen Aufklärung unserer Zeit entspricht.

Allein auch von vielen großen, edlen Männern, auf deren Worte sonst die Menschheit wie auf ein Evangelium lauschte, ist der Krieg schon auf's Härteste verurtheilt worden und doch, trotz so großer Fortschritte auf so vielen andern Gebieten der öffentlichen Moral, wie wenig hat ihr Wort gerade gegen den Krieg vermocht! Um die Mitte des 17. Jahrhunderts wurde in England von George Fox die christliche Gesellschaft der Freunde gegründet, gewöhnlich Quäker oder Zitterer genannt von dem Ausspruch ihres Gründers vor Gericht: „Zittere vor dem Worten des Herrn!" Ihre strenge, christliche Moral strebt einer Alles umfaßenden Ausübung der allgemeinen Gesetz der Wahrheit und Liebe nach; sie *untersagt* ihnen vorzüglich die Leistung von Kriegsdiensten und Kriegssteuern. Die Secte, obschon in England und Nordamerika sehr verbreitet und sich sonst hoher Achtung und Ansehens erfreuend, vermochte ihren friedensfreundlichen Doctrinen doch keinen praktischen Eingang zu verschaffen. Die englischen Friedensfreunde, die in die Fußtapfen der Quäker traten, und mit Wort und That für den Frieden kämpften, waren nicht glücklicher als jene, ernteten für ihr edles Streben Hohn und Spott, und wurden in den Augen der großen Masse, durch den kriegerischen Character der zweiten Hälfte unseres Jahrhunderts völlig ad absurdum geführt.

Wir wissen aus der Geschichte, daß es die Lieblingsidee und der Lebensinhalt des edlen Heinrich des Vierten von Frankreich und seines Ministers Sully war, die Gründung eines europäischen Staatensystems vorzubereiten, welches den Krieg ausschließen sollte, und welches er die christliche, europäische Republik nannte. Der Dolchstoß des Fanatikers Ravaillac zerstörte das Project in dem Augenblicke, wo Heinrich eben alle Vorbereitungen getroffen hatte, um es in's praktische Leben einzuführen.

Der Abbé Charles de St. Pierre, der durch strenge Sittlichkeit, und furchtlose politische Rechtlichkeit ausgezeichnete Schriftsteller, führte die Idee Heinrich des Vierten in seinem *„Projet de paix perpetuelle"* aus (3 Bände Utrecht 1713) und entwickelte das Project eines europäischen Amphiktyonengerichtes, welches jeden Krieg unmöglich machen sollte. Es sollte ein Tribunal mit 19 Stimmen für alle christlichen europäischen großen und für die kleinern, alliirten Mächte geben, und diesem Tribunal einzig und allein Executiv-Rechte bei Streitigkeiten zwischen den Regierungen oder zwischen den Regierungen und ihren Völkern eingeräumt werden.

Der große Philosoph J. J. Rousseau hat unter seinen Schriften einen Auszug aus dem Werke vom Abbé de St. Pierre und eine Würdigung desselben hinterlassen. Beide Schriften sind wahre Meisterwerke, von begeisterter Hingebung für die Ideen St. Pierre's erfüllt, und würden es verdienen durch besondere Vorträge dem größeren Publicum zugänglich gemacht zu werden, so lange die Welt von der Geißel des Krieges nicht erlöst ist. Rousseau sagt darin bezeichnend von den Gegnern St. Pierrés: „Was werden sie also thun, um ihn zu widerlegen? Was sie immer gethan haben; sie werden ihn lächerlich machen." Als Beleg dafür, daß der Sieger oft nicht besser daran ist, als der Besiegte, citirt er eine Stelle aus einem Briefe Hannibal's an die Karthager, wo es heißt: „Ich habe die Römer geschlagen, schicket mir Truppen, ich habe Italien Steuern auferlegt, schicket mir Geld."

St. Pierre und Rousseau sind die ersten Staatsphilosophen, die sich nicht damit begnügten, gegen den Krieg sich bloß auf die Negation zu beschränken, die vielmehr, mit positiven Ideen über *das* auftraten, was an die Stelle des Krieges zu treten hätte, wenn sich die Menschheit dereinst von ihm befreien würde.

Allein diese beiden großen Denker, ihrem republikanischen Grundcharakter getreu, haben die Gründe der Kriege mit allzugroßem Pessimismus gegen die Fürsten, ausschließlich aus dem Verschulden, aus der Eroberungssucht, den Capricen und Launen des Fürsten und ihrer Rathgeber hergeleitet. Diese Auffassungsweise muß wohl in Anbetracht der Zeiten, während deren jene Männer lebten, erklärlich gefunden werden; sie ist aber darum nichts destoweniger eine einseitige und darum ungerechte. Dieser Auffassungsweise entsprechend, macht sich St. Pierre denn auch von der Wirksamkeit seines Tribunals, von dem Zwecke desselben und von der Natur des ewigen Friedens einen ganz falschen Begriff. Da er die meisten Kriege seiner Zeit, so wie Rousseau, in der That aus Cabinetsintriguen und Eroberungstendenzen der Fürsten entspringen sah, so glaubte er hieraus richtig folgern zu können, daß das europäische Tribunal vor allem die Eroberungskriege unmöglich machen müsse. Damit dieß möglich werde, muß das Tribunal den Besitzstand der 19 paciscirenden Mächte auf der Basis des *Uti possidetis* für immer garantiren, wie etwa der Grundbesitz eines Individuums durch Eintragung in das Grundbuch den Charakter der Unantastbarkeit erlangt. Es muß daher Streitigkeiten, wo es sich, von Erbfolgefragen abgesehen, um Besitzverhältnisse, um veränderte Ländergruppirungen zwischen verschiedenen Staaten handelt, principiell, auch in späteren Zeiten abweisen. Jede Veränderung des Besitzstandes der 19 zusammentretenden Staaten, wobei ein Theil gewinnen, der andere verlieren würde, gilt ihm als Ausfluß einer Eroberungstendenz; denn um den Besitzstand eben für ewige Zeiten zu garantiren, und auf diese Weise die Eroberungskriege unmöglich zu machen, ist ja das Tribunal gegründet worden. Mit der Unveränderlichkeit des Besitzstandes der Staaten, steht und fällt das Tribunal St. Pierrés, welcher der Eroberungssucht der einzelnen Staaten durch dasselbe einen festen Damm sehen wollte. Darin liegt aber auch der kranke Punkt des ganzen System's. Die Unveränderlichkeit des Besitzstandes zur Grundlage einer Institution machen, heißt einem Naturgesetze den Krieg erklären, welches sich rücksichtlich der Länder- und Staatengruppirungen mit derselben Macht geltend macht, wie auf allen übrigen Gebieten der menschlichen Entwicklung, dem Gesetz der Veränderung, des Wechsels!

Ein solches Tribunal, welches sich im Vorhinein in solch' schroffen Widerspruch zur menschlichen Natur setzt, die allen ihren Schöpfungen ja den Stempel nicht der Unveränderlichkeit, der Stabilität, sondern vielmehr den der Veränderlichkeit ja der *Veränderungsbedürftigkeit* aufprägt, mußte und muß von jedem denkenden Menschen als wohlmeinende Utopie, aber doch immer nur als Utopie, betrachtet werden.

Das war und ist eben noch jetzt, seit jeher der große Fehler in der Taktik der Friedensfreunde, und das ist der Schlüssel zu den so geringen Erfolgen ihrer gerechten Sache, daß sie die inneren Gründe der Kriege gar oft mit den äußern Veranlassungen derselben verwechseln. So wie der Abbé von St. Pierre leiten sie die Kriege ausschließlich aus den bösen Leidenschaften, und besonders aus der Vergrößerungssucht der Fürsten und Völker her, und glauben der guten Sache hinreichend gedient zu haben, wenn sie die Schrecknisse der Kriege eindringlich schildern, die segensreichen Folgen des Friedens enthusiastisch darstellen, und auf die Eroberer, seien es nun die Fürsten oder die Völker selber, den Fluch der Menschheit und die Blitze des Himmels herabbeschwören.

Das war und ist noch heute ein gar verhängnißvoller Irrthum, der sich gerade in der Jetztzeit an der Menschheit doppelt bitter rächt.

Die bösen Leidenschaften, die Eroberungssucht der Fürsten, der Racenhaß der Völker haben wohl auch häufig Krieg veranlaßt, aber die *ausschließliche* und *eigentliche* Quelle desselben sind sie nie gewesen. Die Grundursache der Kriege liegt viel tiefer, denn sie liegt in einem unerbittlichen Grundgesetze der menschlichen Natur selbst, in dem Gesetze der Veränderungs- und Fortschrittsbedürftigkeit aller von Menschen geschaffenen Institutionen, also auch der Staatenbildungen. Jede von Menschen in's Leben gerufene Institution, und hätte sie zur Zeit ihres Entstehens noch so wohlthätig gewirkt, verliert ihre Nützlichkeit und kann ein *Fluch* statt eines *Segens* der Menschheit werden, wenn sie nicht mit den sie umgebenden Veränderungen aller andern materiellen und moralischen Factoren gleichen Schritt hält, mit andern Worten, wenn sie sich nicht dem allgemeinen Fortschrittsbedürfniß unterwirft, wenn sie nicht sich selbst gegenüber reformatorisch zu Werke geht.

Als größtes Unglück der Menschheit muß es deshalb betrachtet werden, daß die meisten und wichtigsten Institutionen, auf histori-

schem Wege geworden, fast immer im Laufe der Zeiten in ihren Formen *erstarren und verknöchern*, Formen, aus deren Prokrustesbette
der lebendig fortschreitende Inhalt sich oft, seine Fesseln sprengend,
mit Gewalt befreien muß, wenn sein frisches und unaufhaltsames
Wachsthum nicht verkrüppeln soll. Diesen erstarrten, Geist und Leben einzwängenden Formen, gilt der überaus treffende Sarkasmus
des Mephisto, wenn er zum Schüler sagt:

„Es erben sich Gesetz' und Rechte
Wie eine ew'ge Krankheit fort;
Vernunft wird Unsinn, Wohlthat Plage;
Weh Dir, daß Du ein Enkel bist."

Zu den einschneidendst wichtigen Institutionen der Menschheit, die
das Wohl und Wehe des Einzelnen wie der Gesammtheit berühren,
gehören nun die verschiedenen territorialen Staatenbildungen; sie
sind wie jede andere, oder richtiger mehr als jede andere Institution,
Wandlungen und Veränderungen unterworfen, weil sie eben mehr
als jede andere Institution, mit den in stetem Fluß begriffenen historischen Verhältnissen, in lebendigem Zusammenhang stehen.

Eine bestimmte territoriale Staatenbildung kann, so wie eine andere sociale Institution, eine Religion, eine Liturgie für eine gewisse
Zeit sehr wohlthätig wirken; hundert Jahre später können die Vortheile sich schon in Nachtheile verwandelt haben, und *nach weitern*
hundert Jahren kann dieselbe Staatenbildung für das eigene, wie für die
benachbarten Völker höchst schädlich, ja unerträglich geworden sein.

Ist es einmal dahin gekommen so ist nur ein Zweifaches möglich.
Die unerträglich gewordene Institution wird entweder den immer
zahlreicher und wuchtiger gegen sie anstürmenden Interessen erlie-
gen, oder sie muß *a priori* in sich selbst ein Organ besitzen, welches
die Fähigkeit besitzt, sie gleichsam zu verjüngen, das heißt, sie mit
der neuen Zeit, mit den geänderten Verhältnissen der Welt, in deren
Mitte sie leben und wirken muß, in Harmonie zu bringen.

Auf die verschiedenen Staatenbildungen einer Zeit angewendet,
wenn diese Staatenbildungen sich überlebt haben, d. i. der Bedingung ersprießlicher Zusammengehörigkeit nicht mehr entsprechen
können, heißt dieses Zweifache, entweder *Krieg* und *Revolution*, oder
permanenter, internationaler Congreß, vor dessen Forum jede unlöslich

gewordene Streitigkeit zwischen Völkern und Regierungen und zwischen den einzelnen Staaten selbst gehört; Streitigkeiten, für deren Lösung, wie die Geschichte lehrt, man bisher kein anderes Mittel gekannt und angewandt hat, als Waffengewalt in Revolutionen oder Kriegen.

Der permanente, internationale Congreß der europäischen Staaten ist also jenes, über dem ganzen europäischen Staatensystem stehende, öffentliche Organ, mittelst dessen das Gesetz des Fortschritts, auf die *innern und äußern* Beziehungen und Abgränzungen der einzelnen Staatsgewalten zu wirken vermag. Er ist gleichsam das *Sicherheitsventil* an dem Mechanismus der großen europäischen Maschine, durch welches allein den oft wiederkehrenden Explosionen roher und blindwaltender Kräfte vorgebeugt werden kann. Ein solches Organ, welches einzig und allein die Functionen des Fortschrittsgesetzes in ein friedliches Bette einzudämmen vermag, fehlte aber stets und fehlt noch heute der europäischen Staatengesammtheit. – Revolutionen und Kriege mußten daher mit derselben Gewißheit von Zeit zu Zeit wiederkehren, mit welcher man von Zeit zu Zeit auf den Eintritt irgend eines gewöhnlichen Naturereignißes rechnen kann, und es ist ein arger und den Interessen des Friedens gerade, besonders schädlicher Irrthum, wenn man in den Kriegen bloße Resultate der Leidenschaft oder Laune von Fürsten oder Völkern erblickt, während sie in Wahrheit in einem Lebensgesetze unserer Staatenbildungen wurzeln, für dessen Wirksamkeit die Bahn freigehalten werden muß, wenn man eben nicht will, daß es sich dieselbe gewaltsam erzwinge.

Wie die Dinge noch heute stehen, bildet der *Krieg und nicht der Frieden* die Grundinstitution des europäischen Staatensystems. Der Krieg ist faktisch eigentlich in Permanenz erklärt; der bewaffnete Friede, den der Sprachgebrauch irrig und schlechtweg Friede nennt, ist eigentlich kein Frieden, sondern nur ein Waffenstillstand zwischen zwei oder mehreren Staaten, während dessen die scheinbar versöhnten Gegner auf dem Kriegsfuß bleiben, ja oft ihre Rüstungen steigern; weil die erste beste, streitige Frage, über die man sich nicht recht vereinigen kann oder will, den latenten Krieg wieder die Oberfläche der Verhältnisse treiben kann und wird.

Es ist einleuchtend, daß ein solcher Zustand der Dinge eine *Anomalie* von den gewöhnlichen Regeln des menschlichen Verstandes und in *sittlicher* Beziehung eine wahre Monstrosität in sich schließt, die sich nur aus der historischen Entstehungsgeschichte des europäischen Staatensystem's erklären läßt. Dieses Staatensystem, wie wir es heute vor uns haben, ist das Produkt einer nahezu anderthalbtausendjährigen, geschichtlichen Entwickelung, die sich für denjenigen, der von der Höhe des 19. Jahrhunderts einen prüfenden Rückblick auf sie wirft, durch gewisse Hauptstadien markirt und abgränzt.

Diesen Hauptstadien begegnen wir, wenn auch nicht als gleichzeitig, in der Geschichte eines jeden noch bestehenden Staates und die Geschichte Deutschlands, Englands, Frankreichs, Italiens, Spaniens, so wie fast aller andern europäischen Staaten, hat übereinstimmend, dieselben prägnant gleichartigen Entwicklungsphasen aufzuweisen, die sich nur durch das Früher oder Später ihres Eintritts von einander unterscheiden.

In dem rohen, aller Cultur und Gesetzlichkeit ermangelnden Zeitalter des sogenannten Faustrechts, schaart sich ein Haufe von Hirten, Jägern und Ackerbauern um einen hellern Kopf und ein paar kräftige Arme. – Der Besitzer dieser beiden Attribute wird der erste *Ritter* seines Geschlechts, seine *Burg* schaut stolz vom Hügel herab, auf die niedern Hütten der *Hörigen*, die er gut oder schlecht regiert, wie's Gott gefällt, und die er, als seine getreuen *Mannen* gelegentlich zur Fehde gegen einen benachbarten Ritter oder zur Abwehr desselben aufbietet, wenn er in Händel mit ihm verwickelt wird, zu deren friedlicher Schlichtung die beiden Gegner von keiner höhern Macht verhalten werden können, da diese höhere Macht noch nicht existirt. – Das sind die Anfänge aller Aristocratien in Europa. –

Ein schwaches Aufdämmern der Cultur beginnt sich zu zeigen, die ersten Anfänge des *Bürgerthums* schützen hinter geschlossenen Mauern ihren Handel, und ihren Gewerbsfleiß gegen die vor den Thoren herrschende Gesetzlosigkeit, und *begründen* das *Städtewesen*. Unter Führung des mächtigsten, tapfersten oder schlauesten Ritters verbindet sich eine Anzahl von Rittern mit Rossen und Reisigen gegen den Übermuth und die Bedrohungen eines andern übermächtigen Ritters aus demselben oder einem benachbarten Umkreise. Der Sieger macht sich selbst zum Fürsten, zum *kleinen Souverain* des Ländchens, das der Schauplatz dieser Kämpfe gewesen; die Städte seines Umkreises huldigen ihm und erkaufen Schutz und Gerechtsame von ihm, durch Tribut an Geld und Mannschaft, die Ritter, die ihm zum Siege verholfen, macht er zu Baronen und Grafen seines Hofes und *belehnt* sie mit Land und Leuten der unterworfenen Ritter. – Im Innern des betreffenden Ländchens oder Landes herrscht nun Frieden, denn es hat einen Herrn, eine Obrigkeit, dafür bekämpfen einander die Fürsten mit Hilfe der Barone und Städte; den[n] sie behaupten, ihre Herrschaft von Gott erhalten zu haben, und anerkennen keinen höheren Richter über sich auf Erden. Wir sind in das Zeitalter der kleinen Souveraine und des Feudalwesens eingetreten. –

Aus den Kämpfen der kleinen Souverainitäten unter einander gehen wieder jene größern, tonangebenden Souverainitäten, jene großen europäischen Monarchien hervor, deren Fortbestand und deren Anwachsen den Hauptinhalt der neuern und neuesten Geschichte unseres Welttheils bildet. In dieser Periode finden wir überall die frühern Souverainitäten immer mehr, nur dem Namen nach, in *bloßer Scheinexistenz*, vegetirend vor, bis sie endlich, wie in Frankreich z. B. ganz verschwinden, oder wie in Deutschland als Mediatisirte und Standesherren, in Spanien als Granden, in England als Lord's die Erinnerung an ihre frühere Größe und Herrschaft fortpflanzen und die moderne Aristokratie der regierenden Höfe bilden. Dieß ist das Zeitalter der großen europäischen Reiche, welchem die Festzeit, die Mitlebenden angehören.

Jedes dieser Stadien war relativ eine Wohlthat zur Zeit seines Eintritts. Die Herrschaft der Ritter war trotz der häufigen Fehden noch immer *besser* für ihre Hörigen, als die tägliche oder stündliche Bedrohung des Schwächern durch den Stärkern unter ihnen gewesen wäre.

Als die ersten Keime der Cultur sich zeigten, als Handel- und Gewerbsfleiß das Bedürfniß des friedlichen Schutzes innerhalb weiterer Gemarkungen unentbehrlich machten, da war auch sofort das Ritterthum mit seinen ewigen Fehden unerträglich geworden, und die kleinen Souverainitäten, die nun alle einzelnen *Burg-* und *Stadtfrieden* zu einem einzigen *Landfrieden* erhoben, waren gewiß zur Zeit ihres Entstehens, bewußt oder unbewußt, wahre Wohlthäter der Menschheit und wurden auch als solche, von dem denkenden Theile der Bevölkerung jener Zeit, mit Beifall begrüßt und unterstützt.

Materielle und geistige Cultur war nun mit der Zeit unter dem Schutze innern Friedens, trotz der zahlreichen äußern Kriege, mächtig emporgeblüht, die gleichartigen Interessen stamm- und sprachverwandter Landschaften, zogen einander immer gewaltiger an, die früher natürliche Schranke der kleinen Souverainitäten war eine künstliche, gewaltsame und unerträgliche geworden; nun kam für jedes Land *hier früher, dort später,* der Mann, der *Eroberer,* der diese störenden Schranken niederriß, der die rivalisirenden Mitfürsten zu besiegten Vasallen machte, der durch Einigung und Einheit des Verwandten und Zusammengehörigen, über ein weites Reich die Segnungen des Rechtschutzes und des innern Friedens verbreitete. Dieser Mann, dieser Eroberer, dieser Gründer eines großen Reiches konnte oft ein Mann von hartem, grausamen und heimtückischen Charakter, er konnte ein Tyrann und Despot sein, und doch muß sein Erscheinen als ein wohlthätiges, als ein segensreiches, von der Geschichte gepriesen werden. Denn, ohne es zu wollen, hat er das Reich, mehr als für sich selbst, für seine Völker, für die Cultur und für den Fortschritt erobert, die frühern *Landfrieden* hat er in den *Reichsfrieden,* in den Frieden eines großen Reiches verwandelt, in dessen weiten Kreisen sich eine ganz andere Civilisation, ein weit reicherer Inhalt des menschlichen Daseins zu entfalten vermag, als innerhalb der engen Gränzen eines immerfort seine Nachbaren bedrohenden und von ihnen ewig bedrohten Duodezstaates. In Italien wie in Deutschland sahen wir diesen Prozeß der Absorption der kleinen Staaten in ein großes Ganze erst in unseren Tagen vor sich gehen.

Aber ach, wo viel Licht, da ist bekanntlich auch viel Schatten und auch die großen europäischen Staatsformationen machen leider keine Ausnahme von der allgemeinen Regel. Sie repräsentieren ohne Frage einen ungeheuern Fortschritt in der Entwicklung der Menschheit und sind ein wahrer Segen im Verhältniß zur frühern Kleinstaaterei.

Ich weiß ganz wohl, was man seit jeher zur Entschuldigung oder Beschönigung der Kleinstaaterei vorzubringen pflegt. Es ist recht gut möglich, daß Toscana oder Hannover unter den vorigen Regierungen besser und schonender administrirt worden sein mögen, als jetzt unter italienischem und preußischem Szepter. Allein, abgesehen davon, daß Beispiele vom Gegentheil wie in Neapel, der Romagna und Kurhessen noch weit häufiger sind, so liegt es auf der Hand, daß es für die Menschheit die größte Wohlthat ist, wenn z. B. im Deutschland auf einem Gebiete von 11.000 Quadratmeilen mit 40 Millionen Einwohnern nur eine einzige Autorität über den äußern Krieg und Frieden zu entscheiden hat, während der innere Friede für dieses weite Territorium für immer garantirt ist; anstatt daß das Recht, sich selbst untereinander, oder die ganze Nation mit fremden Mächten in Krieg zu verwickeln, etwa 36 oder, wie vor dem Wiener Congreß, 365 Souverainitäten zusteht. Läßt sich aus der Geschichte jeder durch Kleinstaaterei zerklüfteten Nation nicht mit Leichtigkeit der Beweis führen, daß die Kleinstaaterei die Quelle ihrer jahrhundertelangen Ohnmacht und Schwäche war? Sind nicht die meisten Kriege zwischen Deutschland und Frankreich, zwischen Deutschland und Italien auf die Intriguen und auf die Sucht der kleinen Fürsten zurückzuführen, die *Fremden* in's Land zu rufen, um mit ihrer Hilfe sich zu vergrößern. Gäbe es keine deutsche Kleinstaaterei, wäre es dann zu dem großen Kriege zwischen Preußen und Oesterreich, zu dem jammervollen Bruderkriege zwischen Deutschen und Deutschen gekommen?

Und doch, so gewiß, als das unser Zeitalter beherrschende System der Bildung von großen Staaten ein Fortschritt ist gegen die Kleinstaaterei, eben so gewiß ist es, daß diesem Großstaatensystem trotzdem düstere Schattenseiten der bedenklichsten Art anhaften, die in seiner geschichtlichen Entwicklung ihre Begründung finden, und die den Horizont der Gegenwart wie der Zukunft, gewitterschwer umwölken.

Die Grundlage dieses europäischen Großstaaten-Systems als Institution ist eine *historische*, sie ruht überall auf dem Kleinstaatensystem der Vergangenheit, die Anschauungen, die Politik der kleinen Staaten sind in die Politik, in die Tendenzen der großen Staaten vererbt worden. – Diese Anschauungen, diese Politik sind fortschrittsfähig, sind *fortschrittsbedürftig*, also wird der Fortschritt kommen, er bleibt *nie auf die Dauer* dort aus, wo das Bedürfniß nach ihm besteht, und die Frage ist nur: Wie und wann wird der Fortschritt kommen?

Worin soll nun, worin muß dieser Fortschritt bestehen? Die Antwort ist ganz einfach. Der Frieden, der einst Burg- und Stadtfrieden, dann Landfrieden und später Reichsfrieden war, will nun wieder eine höhere Einheit umfassen, will Weltfrieden werden! denn Weltfrieden ist er, sobald er nur der Frieden unseres Welttheils geworden ist, des Welttheils, der durch Macht und Civilisation von der Vorsehung selbst, gleichsam zum Erzieher, Lehrer und Herrscher der übrigen Welttheile berufen ist.

Wenn in welchem civivilisirten Staat immer, zwei oder mehrere Individuen zu einer gemeinschaftlichen Erwerbsunternehmung zusammentreten, so ist das Erste, womit sie beginnen, sich unter einander gemeinsame Statuten zu vereinbaren, und der wichtigste Theil dieser Statuten ist wieder jener, in welchem die Gesellschafter den Fall einer zwischen ihnen eintretenden und friedlich unter ihnen nicht zu regelnden Streitfrage voraussetzen, und ausdrücklich erklären, daß sie sich diesem oder jenem bestimmten Tribunal und seinen Entscheidungen unterwerfen. –

Anders als unter dieser Voraussetzung, würde nicht blos kein Staat die Gründung einer solchen Gesellschaft gestatten, sondern kein Mensch von nur mäßigem Verstande würde von einer derartigen Unternehmung etwas Gutes erwarten können. *Jedes Kind* würde einem Verein von Menschen, die ohne bindende Vorsorge für den Fall einer unter ihnen entstehenden Streitigkeit, zusammengetreten wären, voraussagen können, daß an ein ersprießliches Wirken für ihn nicht zu denken sei und daß er sich bald mit Zank, Hader und Schaden für seine einzelnen Mitglieder auflösen werde.

So handeln also einzelne Menschen und so werden sie genöthigt zu handeln, sobald sie zu einander in nähere geschäftliche Beziehung treten. – *Nicht so* handeln die europäischen Mächte und Großmächte, obschon es augenscheinlich ist, daß ihre Beziehungen und Berührungen täglich an Intensität und Wichtigkeit zunehmen, und obschon man doch glauben sollte, daß die Gesammtinteressen eines Vereins von 300 Millionen Menschen wenigstens denselben Grad von Vorsorge und Vorausberechnung erheischen müsse, wie sie den Interessen einer Erwerbsgenossenschaft von einigen Individuen allgemein zu Theil wird.

Worin kann nun der Grund dieses Räthsels liegen? Etwa darin, daß das Große nicht mit demselben Maßstab wie das Kleine zu messen sei und daß das Gesetz, welches Anwendung findet auf einen Verein von Individuen keine Geltung finden könne bei einem Verein von Staaten? Viele halten dieß für die Lösung des Räthsels; allein sie ist offenbar grundfalsch. Die Gesetze der Logik sind eben so durchgreifend und absolut, wie die Lehrsätze der Mathematik. Zweimal zwei ist vier, ob es sich nun um Einheiten, Hunderte, Tausende oder Millionen handelt. Genau ebenso kann ein Verein von zehn oder zwanzig Staaten eine Grundinstitution nicht entbehren, ohne welche ein Verein von 10 oder 20 Individuen nicht zu existiren vermag.

Dagegen kann man nicht etwa einwenden, daß die Erfahrung das Gegentheil beweise, indem ja die europäischen Staaten ohne diese Grundinstitution existiren. – Um ihre Existenz handelt es sich aber hier nicht, sondern um das *Wie* ihrer Existenz. Diese Existenz ist eben nicht *die* eines Vereines von Staaten, sondern die eines *Neben*einanderexistirens verschiedener Staaten, die wohl in tausend und tausendfachen Beziehungen zu einander stehen, die aber doch das Rechtsband eines Vereines nicht umschlingt.

Und die Logik, der gesunde Menschenverstand behalten hier eben ihr volles Recht. *Genau dieselben Fehler*, dieselben Hemmnisse, die sich einstellen würden, bei 10 Individuen, die in wichtigen Rechtsverhältnissen zu einander ständen, ohne durch das Band der Unterwerfung unter den Spruch eines gemeinsamen Gerichtshofes sich vereinigt zu haben, treten auch auf in dem Nebeneinanderleben der europäischen Staaten.

Bei diesen zehn Individuen, die keinen Urtheilsspruch über ihr streitiggewordenes Verhältniß zu einander anerkennen würden und müßten, gäbe es kein wirkliches Recht, keine Rechtssicherheit, Alle müßten immer gegen einander gerüstet dastehen, denn nur die Macht des Stärkern würde zur Geltung gelangen können. – Genau dasselbe geschieht in der europäischen Staatenfamilie, wo das Gefühl der Rechtssicherheit in Bezug auf zwischenstaatliche Fragen und Verhältnisse völlig geschwunden ist, und wo jeder einzelne Staat gerade so viel Recht hat und behält, als er durch sich selbst, oder durch Allianzen, Macht aufzubieten, im Stande ist. Wo irgend eine wichtige, oft auch unwichtige Streitfrage zwischen zwei oder mehreren Mächten auftaucht, über die man sich aus irgend einem Grunde nicht vereinigen zu können glaubt, da wird regelmäßig zur *ultima ratio regum*, zum Krieg gegriffen; und das traurigste an dieser *allerirrationellsten ratio* ist, daß ihre Entscheidungen naturgemäß nie endgiltiger Natur sein können, da sie nur auf Gewalt und Macht beruhen, die Machtverhältnisse sich gar oft ändern und so die mit dem

Gut und Blut von Hunderttausenden bezahlten Entscheidungen wieder in Frage gestellt werden. Gewöhnlich anerkennt nur der Sieger diese Entscheidung des Kriegsglücks als legitim, der Besiegte bestreitet fast immer ihre Legitimität, wie die vielen Prätendenten unserer Zeit und in neuester Zeit der vielbesprochene politische Toast des Königs von Hannover *„auf glückliche, siegreiche Wiederkehr in sein unglückliches Land"* am besten beweisen.

Der Unterschied zwischen Groß und Klein kann es also nicht sein, worauf die räthselhafte Thatsache beruht, daß einer 300 Millionen civilisirter Menschen umfassenden Staatenfamilie ein gemeinsames Rechtsorgan fehlt, ohne welches eine Vereinigung von nur zehn Menschen in die Faustrechtsbarbarei versinken müßte, die heute thatsächlich noch den einzigen Regulator der europäischen Streitfragen bildet.

Gar oft hört man auch die Idee eines solchen gemeinsamen Rechtsorgans für die europäischen Staaten aus dem Grunde als Utopie verurtheilen, weil diese Idee *unausführbar* sei. – Aber wie kann man denn in aller Welt eine Idee als unausführbar verurtheilen, zu deren Ausführung noch gar kein ernstlicher Versuch je unternommen worden ist; denn das, was die Geschichte bisher unter dem Namen der „Congresse" verzeichnete, waren nur temporäre Zusammenkünfte von Monarchen oder ihren Bevollmächtigten, die die Aufgabe hatten, den Resultaten kriegerischer Entscheidungen Form und Sanktionirung zu verleihen, ohne jedoch im Geringsten daran zu denken, den einzelnen Staaten das Recht kriegerischer Selbsthilfe zu nehmen, und ein permanentes europäisches Tribunal mit Executionsgewalt für seine Beschlüsse in's Leben zu rufen. Und bei solchem Sachverhalt wagt man es, das nächste und wichtigste Bedürfniß der Menschheit, der Sittlichkeit und des Fortschritts mit dem Wörtchen „Utopie" abzuthun und glaubt damit Alles gesagt zu haben!

Ebenso gut könnte Jemand, (in unserem Falle ist dieser Jemand die europäische Menschheit), ein Haus bauen und demselben kein Dach aufsetzen. Bewohnte er dann dieses Haus, beklagte er sich über das Eindringen von Wind und Wetter und riethen ihm die Nachbaren, dem Hause doch ein Dach zum Schutze gegen die Unbilden der Witterung aufzusetzen, so würde er dieß, ohne Gründe anzugeben, für *unausführbar*, die wohlmeinenden Rathgeber aber für *Schwärmer* und *Utopisten* erklären. Am Ende fänden sich unter diesen Rathgebern noch Leute, die, wenn sie sähen, daß der sonderbare Hausherr consequent bleibt, und unter immerwährenden Klagen lieber Nässe und Sturm erträgt, als daß er seine fixe Idee von der Unmöglichkeit dieses Daches aufgibt, gleichfalls an diese Unmöglichkeit glauben würden, gerade wie es Leute gibt, die naiv genug sind, zu glauben, das Schutzdach des Friedens sei eine Unmöglichkeit für das Gebäude des europäischen Staatenvereins blos, weil dieses Gebäude zum Unglück seiner Bewohner bis jetzt noch obdachlos dasteht. Diese naiven Leute bedenken eben nicht, daß noch kein Dach von selbst auf dem Hause, das es schützen sollte, emporgewachsen ist, daß vielmehr kein Dach, ohne den Willen und die Thätigkeit des Bauherrn zu Stande kommen kann.

Noch andere glauben, daß es wohl früher oder später zu einem solchen europäischen Tribunal kommen müsse, da es ja augenscheinlich ist, daß Kriege und Kriegsrüstungen gegenwärtig immer mehr das beste Mark Europa's verzehren, und daß Europa auf die Manie der Kriege verzichten müsse, wenn es nicht dem Pauperismus und der Revolution verfallen wolle. Aber jetzt seien die Völker für die Realisirung einer solchen Idee noch nicht reif; Bildung und Cultur müßten erst noch weitere Fortschritte gemacht, den Racenhaß völlig beseitigt haben und so geht es weiter in demselben Tone.

Obschon ich dieses Raisonnement dort bereits widerlegte, wo ich die für den Krieg geltend gemachten Argumente näher beleuchtet habe, so finde ich an dieser Stelle doch noch Einiges zu bemerken. *Reife* oder *Unreife* eines Zeitalters, der Menschheit, eines Volkes ist immer nur ein relativer Begriff; absolut werden wir diese Reife nie finden, denn träte sie ein, so gäbe es nicht blos keine Kriege, sondern keinen Staat, kein Mein und Dein. – Die *relative* Reife eines Zeitalters aber ist immer für große Ideen vorhanden, die sich in großen Institutionen verkörpern und selbst wieder fördernd auf die Reife der Menschheit und Völker zurückwirken, was ja eben ihre wichtigste Aufgabe ist.

Als Christus erschien, war das Zeitalter offenbar reif für ihn; denn die Wirkungen seines Auftretens waren unmittelbar und großartig. Und die Welt war wiederum nicht reif für ihn, sonst hätte er nicht den Kreuzestod sterben müssen. War die Zeit reif für die Reformation? Ja und Nein! *Ja*, denn die Reformation wirkte zündend und weltverjüngend, *nein,* denn sie hatte jahrhundertelange Kämpfe zu bestehen. Aber ihr Erscheinen auf der Weltbühne wurde der Reife des menschlichen Geistes im höchsten Grade förderlich.

Ist die heutige europäische Welt reif für die Idee eines wirklichen Friedens und eines permanenten Friedenstribunals? Ja und Nein! *Ja,* denn alle denkenden Menschenfreunde würden ihm zujauchzen, sobald er statt eines Ideals eine beglückende Wirklichkeit würde. *Nein,* denn er würde nicht ohne heftigen Kampf gegen verjährte Vorurtheile und damit engverknüpfte Sonderinteressen in's Leben treten können!

So viel aber ist gewiß, daß, wäre er einmal zur Thatsache geworden, die Reife der europäischen Menschheit dadurch unendlich gewinnen müßte; denn Reife in diesem Falle wäre eben Brüderlichkeit, Einigkeit, Verschmelzung der Nationen und Tilgung allen Racenhasses. Der Racenhaß insbesondere ist ein prägnanter Beleg für diese Auffassung. Der Racenhaß entsprang und entspringt vorzüglich aus gewaltsamen Unterjochungs-, aus Vertilgungskriegen der einen Nation gegen die andere. Im Munde des Volkes, im Liede des Dichters lebt oft fast unsterblich das Andenken an das Leid fort, das ein Volk dem Andern vor Jahrhunderten bereitet hat; wie erst, wenn neue Kriege, neue Schlachten diese schlecht vernarbten Wunden ganzer Völker wieder aufreißen! Diese ergiebigste Hauptquelle des Racen- und Nationalhasses müßte versiegen, sobald durch ein europäisches Tribunal die Kriege unmöglich geworden. Die frühere Reife der Menschheit verlangen, um ihr dann die Wohlthat des Friedens zu gewähren, heißt die Wirkung mit der Ursache verwechseln. *Gebt der Menschheit gute Institutionen, gebt ihr den Frieden, so kömmt die Reife von selbst; könntet Ihr der Menschheit aber die Reife geben, so würde sie der guten Institutionen überhaupt nicht mehr bedürfen!*

Also weder in dem Unterschiede zwischen der Natur eines kleinen und eines großen Vereines, noch in der Unausführbarkeit der Idee, noch in der Unreife der Menschheit liegt der wahre Grund, weßhalb unser Welttheil noch immer verdammt ist, unter Tantalusqualen, nach einem wirklichen, durch ein europäisches Organ geschützten Frieden, zu lechzen.

Dieser Grund liegt einzig und allein in der früher dargestellten Entwicklungsgeschichte, in der historischen Basis des europäischen Staatensystems.

Wie ich gezeigt habe, sind fast alle heute bestehenden europäischen Staaten aus Agglommerationen kleiner Staaten hervorgegangen. Diese Agglommerationen waren wohl nicht selten das Resultat bloßer Eroberungskriege ohne höhere Zielpunkte, einer ländersüchtigen Arrondirungspolitik, fürstlicher Heirathen und ähnlicher Factoren; *derartige* Agglommerationen haben es in der Weltgeschichte selten zu einer nahmhaften Dauer, und noch weniger zu befriedigenden historischen Ergebnissen gebracht. Denn, da sie blos der Laune der Mächtigen und andern zufälligen Motiven ihre Existenz verdankten, ohne daß auf die innern Wahlverwandschaften oder Antipathien der in ein Ganzes vereinten Elemente Rücksicht genommen worden wäre, da Verwandtes und Gleichartiges oft gewaltsam getrennt, Widerstrebendes und Abstoßendes oft gewaltsam zusammen geschmiedet wurde, so spielten in solchen Staaten gewöhnlich die centrifugalen Kräfte die Hauptrolle und es bedurfte immer nur eines schwachen Anstosses, um das nur scheinbar geeinte Ganze in seine ursprünglichen Elemente aufzulösen.

Bei den meisten Staaten, besonders bei den meisten Großmächten unserer Zeit, entstanden aber diese Agglommerationen aus einem Crystallisationsprozeß, wo sich an *einen* kräftigen Nationalitätskern die stammverwandten und gleichartigen Elemente trotz aller Kämpfe und Hindernisse anschloßen. Diese Elemente bildeten dann ein naturgemäßes, innig *verschmolzenes*, nicht blos mechanisch verbundenes Ganze[s], wo die Nationalität und die politische Staatseinheit zur Gänze oder doch zum großen Theil einander decken. England, Frankreich, Rußland, Preußen, Italien und Spanien gehören alle in diese Kategorie kräftiger Nationalstaaten.

Allein, so viel ist gewiß, daß auf alle Staaten des heutigen Europa, welcher von beiden Kategorien sie auch angehören mögen, der politische Geist und die politische Tendenz der kleinen Staaten übergangen ist, deren Erbe sie angetreten haben.

Dieser politische Geist ist der Geist des mißverstandenen und übertriebenen Begriffes der staatlichen Souveränität, diese politische Tendenz ist die Tendenz zur Vergrößerung, zur krankhaften Überschätzung des politischen Machtmoments im Staatenleben.

Was man unter staatlicher Souveränität gewöhnlich versteht, ist bekannt. Die Schranke, über welche sie unter keiner Bedingung hinausgreifen soll und darf, ist durch den *Staatszweck*, scharf und genau gezogen. Der Zweck des Staates ist, einem selbstständig und unabhängig organisirten Theil der Menschheit, *innern* und *äußern* Rechtsschutz, als Grundlage jeden Fortschritts und jeder Cultur zu verschaffen. Den innern Rechtsschutz hat der Staat seit jeher gewährt und gewährt ihn auch jetzt, indem er dem Einzelnen jede Selbsthilfe untersagt, und seinen eigenen, richterlichen Entscheidungen zwingende Kraft verleiht. Um *äußern* Rechtsschutz zu gewähren, müßten die Staaten nach Außen denselben Vorgang beobachten, wie nach Innen. Sie müßten einen Verein bilden, die einzelnen Staaten auf jede Selbsthilfe Verzicht leisten und das *gemeinsame* Organ dieses Vereines müßte mit richterlicher Oberhoheit bekleidet, seinen Beschlüssen müßte Executivgewalt zuerkannt werden.

Was hindert nun die Staaten, in dieser so einfachen und natürlichen Weise vorzugehen? Nichts Anderes als die falsche und übertriebene Anschauung, welche jeder einzelne Staat von seiner eigenen Souveränität hat. Jeder einzelne Staat hegte und hegt das Vorurtheil, daß er auf Erden keine höhere Macht über sich anerkennen dürfe, und setzt dieselbe Anschauung, auch bei allen übrigen unabhängigen Regierungen voraus. Bei der Herrschaft eines derartigen Vorurtheils ist es nun leicht erklärlich, wenn es bis jetzt auch noch nicht einmal zu einem Versuche in der angegebenen Richtung gekommen ist.

Daß aber eine derartige Anschauung von staatlicher Souveränität, ein Vorurtheil, und zwar ein Vorurtheil der schlimmsten Gattung ist, das ist augenscheinlich. So wenig, als es der Selbstständigkeit und Unabhängigkeit des stolzesten Bürgers eines freien Staates Eintrag thut, wenn er bei einer ihn betreffenden Streitigkeit sich der Autorität des Gerichtes fügt, ebensowenig kann die Unabhängigkeit eines Souveräns oder eines Staates dadurch Einbuße erleiden, wenn er die Autorität einer gemeinsamen, von ihm selbst mitbeschickten, richterlichen Behörde anerkennt. Im Gegentheil wird eine solche Behörde naturgemäß zur Stabilität und Unabhängigkeit der Regierungen und Staaten unendlich viel beitragen; denn bei einer solchen Behörde wird der Prozeß des Schwachen gegen den Starken nicht schon im Voraus als verloren betrachtet werden müssen und die jetzige factische Abhängigkeit des Schwachen vom Starken wird sich in eine *wirkliche* Unabhängigkeit, in eine *wahre* Souveränität verwandeln, statt der jetzigen *Scheinsouveränität*.

Im Leben der Staaten wie im Leben des Individuums ist freiwillige, bewußte Unterwerfung unter das höhere sittliche Gesetz, die wahre Freiheit, der Kampf gegen dieses Gesetz ist Anarchie, Knechtschaft unter der Tyrannei des Zufalls. – Wie viele Staaten, wie viele regierende Häuser würden sich behauptet, statt ihre Existenz eingebüßt zu haben; wenn sie sich nicht von falschen Ansichten über Souveränität zu nutzlosen und aufreibenden Kriegen hätte hinreißen lassen, die endlich, selbst wenn sie siegreich geendet hatten, Noth und Ruin des Landes, Revolutionen und den Sturz der Machthaber selbst, nach sich zogen. Die Bourbonen säßen vielleicht heute noch auf dem Throne Frankreichs, wenn es eine europäische Institution Ludwig dem XIV., dem Manne des *„l'état c'est moi,"* unmöglich gemacht hätte, Frankreich und seinen eigenen Herrscherstamm, durch die ewigen, zwecklosen Kriege zu ruiniren. Die Stuart, die Wasa und so viele andere Prätendenten, sind sie nicht Alle der Nemesis des nämlichen Vorurtheils zum Opfer gefallen!

Eine Gewalt, die, wie die Souveränität nach der heutigen Auffassung, auf Erden keinen Richter über sich anerkennt, und nur dem Himmel für ihre Beschlüsse und Thaten, verantwortlich zu sein behauptet, muß nothwendigerweise *ausarten*; denn eine solche Gewalt theilt einem oder mehreren Menschen die Rolle einer irdischen Vorsehung zu, *und die Geschichte zeigt es auf jedem ihrer Blätter, wenn Menschen dazu berufen sind, Vorsehung zu machen, daß diese Vorsehung auch danach ist!*

Und man wende dagegen nicht ein, daß ja ein europäisches Tribunal selbst auch nur aus Menschen bestehen und doch die höchste irdische Autorität für einen ganzen Welttheil, ja durch die bevorzugte Stellung dieses Welttheils, für die ganze Welt repräsentiren würde.

Man vergesse nicht, daß der *rein richterliche Charakter* einer solchen Autorität und die Art ihrer Organisation, jede Initiative ausschließen, während die Initiative zu Krieg und Frieden, nach der bisherigen Auffassung gerade ein Hauptmerkmal der staatlichen Souveränität bildet. – Die jetzige Allmacht der staatlichen Souveränität ladet die Träger desselben, zu Übergriffen rücksichtlich der zwischenstaatlichen Verhältnisse förmlich ein.

Selbst wahrhaft constitutionelle Staaten, selbst Republiken, die in Bezug auf innere Legislatur und Verwaltung, jedes Hoheitsattribut der Regierung mit Argusaugen bewachen, haben diese Allmacht der Souveränität nie angetastet, wo es sich um die äußern Beziehungen der Staaten handelt; haben das Majestätsrecht, Krieg und Frieden zu schließen, im Princip nie angegriffen, sondern nur durch Vorbehalte rücksichtlich Steuern- und Soldatenbewilligung weniger schädlich und gefährlich zu machen gesucht. Da es kein europäisches Tribunal für die Welthandel der einzelnen Staaten gab und das Vorurtheil existirte, daß ein solches Tribunal ganz unausführbar, eine reine Utopie sei, so blieb eben nichts Anderes übrig, als den einzelnen Regierungen die volle Allmacht rücksichtlich Krieg und Frieden zu belassen.

Diese Allmacht nun, *nicht für Menschen, nur für einen Gott bestimmt,* trug denn auch ihre bittern Früchte, Kriege aus Laune und Intrigue, Kriege aus Lust am Kriege, Religionskriege, Kabinetskriege, Eroberungskriege, Racen- und Nationalkriege, und einen permanenten Zustand allgemeiner Unsicherheit und allgemeiner, aufreibender Rüstungen. Der Friede immer nur *scheinbar*, und von tausend Zufälligkeiten abhängig, der Krieg jederzeit, wenn auch *latent* vorhanden, Pauperismus und Revolution immer drohender, das sind die Hauptzüge des Bildes eines Staatensystems, wo die Allmacht der staatlichen Souveränität in Bezug auf Krieg und Frieden in vollster Blüthe steht! –

All' diesen Versuchungen zu Übergriffen kann ein europäisches Tribunal seiner Natur nach nicht ausgesetzt sein. – Es ist, wenn auch die höchste, gemeinsame Autorität des Welttheils, nichts Anderes als eine richterliche Behörde. Die Richter dieser Behörde können wohl auch fehlen, sie sind ja nur Menschen; allein ihr bloßer Bestand ist schon ein Glück und eine Wohlthat für die Menschheit, und zugleich hat diese Behörde nicht die Macht, nicht die Veranlaßung zu irgend welchen usurpatorischen Übergriffen. Sie ist einzig und allein dazu da, die Staaten zu richten, Kriege und Revolutionen unmöglich zu machen, den Frieden zu schützen. Die Entscheidungen dieser Behörde, wenn auch Irrthümern unterworfen, werden immer doch tausendfach rationeller sein, als die Entscheidungen des Zufalls, des Kriegsglücks zwischen mächtigen Gegnern, oder die im Voraus gegebenen Entscheidungen der weit überwiegenden, rohen Gewalt zwischen ganz ungleichen Gegnern. Bekämpfen einander ebenbürtige Gegner wie z. B. Frankreich und Preußen, dann entscheidet bei gleichen Kräften der Zufall in einer seiner tausendfachen, proteusartigen Gestalten. – Bekämpfen aber wie im Jahre des Heils 1865 zwei Großmächte wie Oesterreich und Preußen einen Duodezstaat wie Dänemark, dann ist, wenn der Kleinstaat sich, wie Dänemark in diesem Falle, keine Allianzen zu verschaffen weiß, *ein solcher seitens des Kleinstaates wahrhaft muthwilliger und unsinniger Krieg schon im Voraus bei bloßer Namensnennung der Gegner entschieden;* denn es liegt auf der Hand, daß, selbst, wenn das Unglaubliche geschehen und z. B. die Austropreußen von den Dänen besiegt worden wären, die beiden Großmächte um so sicherer mit einem zweiten Schlage den winzigen Gegner vernichtet hätten. Wie also die Entscheidungen eines europäischen Tribunals auch immer in einem dieser Fälle ausgefallen wären, sie wären immer menschenwürdiger und vernünftiger gewesen, als eine der beiden eben geschilderten Entscheidungen durch das Schwert, und sie hätten dabei noch den großen Vorzug gehabt, nicht mit dem Glück, dem Wohlstand und dem Blute unzähliger Tausende erkauft zu sein.

Hand in Hand mit dieser, weit über die Gränze des wahren Staatszwecks, hinaufgeschraubten Theorie und Praxis der staatlichen Souveränität, und theilweise aus ihr entspringend, geht die politische Tendenz der modernen Staaten zur Vergrößerung, durch Land und Leute. Diese Tendenz zur *Vergrößerung*, obschon sie, wie ich früher gezeigt, gar oft gegen ihre eigene Absicht, den Zwecken der Cultur durch Gründung größerer Rechtsschußgebiete dienstbar wird, wurzelt doch hauptsächlich in der Verkennung des eigentlichen Staatszweckes und in der krankhaften Überschätzung des politischen Machtmomentes im Staatenleben.

Diese Tendenz ist, so wie die falsche Auslegung der Souveränitätsbegriffs, ein Erbstück aus der kleinstaatlichen Vergangenheit der europäischen Staaten. Man blicke z. B. auf Preußen! Aus welchen bescheidenen Anfängen hat sich die kleine Markgrafschaft Brandenburg zur heutigen tonangebenden Weltmacht emporgearbeitet! Die Tendenz zur Vergrößerung durchzieht wie ein rother Faden die ganze preußische Geschichte und ist auch noch heutigen Tages der Schlüssel der preußischen Politik. Wir haben es nun bei Preußen gerade mit einem Resultate der Vergrößerungspolitik zu thun, welches dieselbe scheinbar rechtfertigt, da wir in dem heutigen Preußen eine imposante, auf kräftiger, nationaler Grundlage ruhende Großmacht erblicken, deren bisheriges und künstliches Wachsthum, wie durch eine innere Naturnothwendigkeit, bedingt erscheint. Und doch ist diese Rechtfertigung der Vergrößerungspolitik nur scheinbar, und ich habe gerade das Beispiel des aufstrebenden und großgewordenen Preußen gewählt, weil man dann um so gewisser den Stab brechen kann über jede andere Eroberungs- und Vergrößerungspolitik, der, im Gegensatz zur preußischen, die Idee der nationalen Einheit und Größe als Erklärungs- und Rechtfertigungsgrund abgeht, wenn es gelungen ist, die preußische Politik überzeugend zu widerlegen.

Es ist wahr, das System der großen Staatenbildungen, welches in Europa immer vollständiger zur Herrschaft gelangt, hat der Welt und dem Fortschritt manches Gute und Große gebracht. Es hat manche überflüssige und störende Scheidewand niedergerissen, es hat manchen Scandal der Duodezwirthschaft beseitigt, es hat das Selbstgefühl und den Patriotismus in den auf nationale Basis gestellten Großstaaten gehoben und gekräftigt, es hat endlich, und das ist die Hauptwohlthat desselben, das Bedürfniß nach innerem Rechtsschutz in immer weiteren Kreisen und Territorien befriedigt.

Allein diese Wohlthat der größern Staatenbildungen verhält sich zur Wohlthat eines europäischen Friedenstribunals gerade so, wie die Anwendung einer Arznei zur vollkommenen, wahren Gesundheit sich verhält, durch welche die Arznei selbst eben überflüssig gemacht wird. So lange dem europäischen Staatensystem das wichtigste Organ eines jeden Vereines, das Organ des Rechtsschutzes, abgeht, so lange ist es immerhin ein, wenn auch schwacher, so doch werthvoller Nothbehelf, wenn für ein 30, 40 oder 60 Millionen Menschen, umfassendes Territorium, der innere Friede garantirt ist. – Sobald aber dieses gemeinsame Organ in's Leben gerufen ist, ist damit auch der Nothbehelf überflüssig, die frühere Arznei werthlos, ja schädlich geworden; eine weitere Vergrößerung der bestehenden Großstaaten, der wir bei den jetzigen Verhältnissen unaufhaltsam und unausweichlich entgegengehen, wäre dann keine Wohlthat, sondern ein Unglück für die europäische Menschheit.

Aber auch abgesehen davon, stehen der Politik, die heute wie ehedem die Vergrößerung eines Staates zu ihrem Hauptziel macht, die gewichtigsten Bedenken entgegen. Die Schäden, die allzu großen Staatenbildungen naturgemäß anhaften müssen, scheinen mir die Vorzüge, die sie bieten, bei Weitem zu überragen.

Es ist wahr, daß durch die Bildung eines Großstaates oft so manche störende Schranke zwischen verwandten Elementen fällt. Allein es ist eben so wahr, daß Großstaaten im Allgemeinen sich jeder Individualität, jeder Eigenthümlichkeit und Besonderheit feindlich erweisen, daß durch sie einer gewissen Monotonie, einer Art von Nivellement der Sitten, Einrichtungen und Gebräuche Bahn gebrochen wird, die das Gegentheil ist von jener Mannigfaltigkeit, welche auf jedem Gebiete den schönsten Reiz und die Absicht der Natur ausmacht; daß sich in Großstaaten meist ein Hang zu einem naturwidrigen Centralismus und im Zusammenhang damit ein unnatürliches, lawinenartiges Anschwellen der Hauptstädte einstellt, daß diese Hauptstädte das Vorbild der übrigen Bevölkerung eines solchen Reiches bilden, und daß ihr Luxus, ihre Sittenverdorbenheit oft wahrhaft verpestend auf die Sittenreinheit und Einfachheit der entferntesten Provinz zurückwirken.

Es ist wahr, daß so mancher Großstaat oft einer wahren Mißwirthschaft dieses oder jenes von ihm annectirten Duodezstaates den verdienten Garaus gemacht hat. Allein eben so wahr ist es, daß die Bevölkerung gar manchen kleinen Staates, die Ehre, von nun an einem Großstaat anzugehören, nur sehr ungerne über sich ergehen ließ, daß, gäbe es nur einen europäischen Rechtsschutz für *kleine* wie für große Staaten, die erstern eher geeignet wären, das Glück und den Fortschritt ihrer Bürger zu fördern, weil die Culturaufgaben der Regierung durch nicht allzugroße Ausdehnung des Gebietes wesentlich erleichtert werden. Man vergleiche nur zum Beispiele Belgien, Holland, Baden, Württemberg, die Schweiz mit Rußland, Spanien oder Italien!

Es ist ferner wahr, daß, wenigstens in den auf compacter, nationaler Basis beruhenden Großstaaten, das Selbstgefühl und der Patriotismus kräftige Nahrung finden, welche aus dem Bewußtsein des politischen Einflusses und der Macht des Vaterlandes entspringen. Allein abgesehen davon, daß auch die Schweizer, die Niederländer, die Belgier ihr kleines Vaterland wahrhaft lieben, in welchem sie so unendlich glücklicher leben, als der Russe in seinem großen und mächtigen Rußland: so muß gar sehr in Anschlag gebracht werden, daß dieser an und für sich so löbliche Patriotismus in nationalen Großstaaten, von schlechten Regierungen häufig für die verwerflichsten Bestrebungen benützt worden ist, so daß der irregeleitete Patriotismus einer Bevölkerung eine Geißel für's eigene Vaterland, wie für die übrigen Staaten wurde. Welches Unglück wäre der ganzen Welt, wäre Frankreich selbst erspart worden, wenn einem Ludwig dem 14ten, einem Napoleon, die straffe Centralisation und der feurige Patriotismus des französischen Volkes *nicht* zu Gebote gestanden hätten!

Wird endlich der Hauptaccent, in Bezug auf den Werth großer Staatenbildungen, darauf gelegt, daß ihr inneres Rechtsschutzgebiet ein so weit umfassenderes ist als *das* ihrer Vorgänger, der kleinen Staaten, so muß hierauf bemerkt werden. [:]

Es ist noch die Frage, ob bei dem Tausche, der bei der Aufnahme eines kleinen Staates in einem großen vor sich geht, an und für sich irgend Jemand etwas gewinnt. Hannover ist in Preußen aufgegangen. Dieses historische Factum wird ganz gewiß *eine* gute Folge haben, und zwar *die,* daß die Möglichkeit eines zweiten Langensalza zwischen preußischen und hannover'schen Deutschen von nun an ausgeschlossen sein wird, und das ist sicherlich ein großer Segen für die beiden, früher zur Feindschaft und zum Kampfe gegeneinander, commandirten Bevölkerungen. Nun kömmt aber die Kehrseite der Medaille. Das kleine Hannover konnte still und unbemerkt, wie ein Veilchen im Verborgenen, blühen; der Großstaat Preußen dafür ist *in vollster Evidenz,* im Süden wie im Westen von neugierigen Nachbaren beobachtet, denen er seinerseits wieder dieselbe Ehre erweist, ihre Bewegungen mit keinem Blicke aus den Augen zu lassen. Nun ist es Sitte oder Unsitte unserer Zeit geworden, daß diese wechselseitige Beobachtung unter Großmächten, in friedlichen Zeiten für jede Großmacht so ungefähr eine runde Million Menschen erfordert, die auf Unkosten des arbeitenden Theiles des Volkes gekleidet, genährt und mit den nöthigen Hinterladern und Kugelspritzen versehen werden müssen. Fürwahr eine unbequeme Situation das, die viel, sehr viel Geld kostet! Natürlich müssen da die Hannoveraner mithalten, dafür sind sie ja zur Großmacht avancirt. Eines schönen Tages kommt es nun der Großmacht Preußen in den Sinn, eine noch *größere* Macht zu werden als sie es bereits ist. Rechts oder links steht ihr ein Stück Landes zu Gesicht, welchem sie um jeden Preis die Segnungen großstaatlicher Cultur angedeihen lassen will. Mit Hilfe ihrer Million Beobachter bringt sie rechtzeitig heraus, daß dem Nachbar A oder dem Nachbar B die Idee mit der neuen Annexion gar nicht recht einleuchten will, und nun plötzlicher Szenenenwechsel, Mobilmachung, Krieg in allen Ecken und Enden! Hunderte von Millionen werden in wenigen Wochen für Zerstörungszwecke vergeudet, *die gewöhnlich den materiellen Werth des Streitobjectes weit übersteigen*, und die nützlich angewandt, ganze Länder zu Paradiesen machen würden, das Blut fließt in Strömen und bei dem Allen dürfen, ja müssen die glücklichen Hannoveraner mit dabei sein! Sie gehören ja jetzt mit dazu, sie sind *großmächtlich*, sie sind *preußisch* geworden. Man verzeihe mir meine ironisch gewordene Schreibart, *difficile est satyram non scribere.*

Ein kleiner Staat, dessen Existenz mit *der* eines 10mal größeren Staates verschmelzen wird, bekömmt eine zehnmal größere Peripherie, wird also auch eine 10fach größere Verwundbarkeit besitzen, als sie ihm früher zu eigen war. Von wie vielen sogenannten europäischen Fragen, von wie viel Welthändeln sind Belgien, Holland, die Schweiz verschont geblieben, blos weil sie das Glück haben, *kleine* und nicht Großmächte zu sein! Und wenn irgend etwas dieses Glück zu schmälern vermag, so ist es hauptsächlich die diesen Kleinstaaten drohende Gefahr, eines schönen Tages der Ehre der Annexion, von Seiten dieses oder jenes Großstaates gewürdigt zu werden.

Von dieser Tendenz zur Vergrößerung ihrer Machtsphäre, von diesem Großmachtstaumel ist heutzutage, besonders seit den Erfolgen Italien's und Preußen's, die Politik aller europäischen Staaten mehr oder weniger inficirt. Die kleinen Staaten aspiriren auf die Großmachtsstellung, und rüsten um die Wette mit den großen, die Großstaaten wollen noch größer werden und streben im Grunde, wenn auch verdeckt, nach der Herrschaft über unsern Welttheil und damit nach der Weltherrschaft.

Anläufe zu einer solchen Universalmonarchie hat die Welt unter Carl dem V., noch großartiger unter Napoleon dem I. zu beobachten Gelegenheit gehabt.

Gehen die Dinge in Europa weiter ihren bisherigen Lauf und bricht sich die Idee eines europäischen Tribunals nicht bald Bahn, so werden sich im Lauf der Zeit solche Anläufe immer erfolgreicher wiederholen. Die Aufsaugung der kleinen Staaten durch die großen wird immer energischer betrieben, der Kampf zwischen den übrigbleibenden vier oder fünf Colossen immer unausbleiblicher werden. Das Resultat der letzten dieser Kämpfe wird endlich ein Großstaat Europa sein, der *eo ipso* auch über die übrigen Welttheile die Herrschaft so weit besitzen und ausüben wird, als es in seinem Belieben steht, wie die Engländer etwa schon heute, in *dem*, ihnen an Menschenanzahl zehnfach überlegenen Indien dominiren.

Die Ziele, die der Weltgeist der menschlichen Entwicklung setzt, sind ihrer Natur nach ewig und unverrückbar; nicht das „Ob," sondern das „Wie" sie erreicht werden, gehört dem Menschen. Der allgemeine Frieden ist in unserer Zeit das nächste dieser Ziele und der menschliche Fortschritt wird früh oder spät dieses Ziel erreichen; wenn nicht, um mit dem Evangelium zu sprechen, durch die „Menschen, die guten Willens" sind, *homines bonae voluntatis,* so doch auf dem blutigen Umwege der Kriege und der erzwungenen Einheit!

Ich glaube hiemit nun klar und überzeugend die beiden Factoren nachgewiesen zu haben, in welchen die wahre Lösung des Räthsels liegt, wieso es möglich ist, daß das europäische Staatensystem noch in der Jetztzeit das einigende Band eines gemeinsamen Rechtsschutzes entbehrt. Falsche Auslegung und Übertreibung der Souveränitätsidee und die allgemeine Herrschaft der Vergrößerungspolitik, beides Erbstücke der Vergangenheit, bilden die wahre Lösung dieses Räthsels.

Diese Wahrheit tritt noch überzeugender durch folgenden Gedankengang zu Tage. Man stelle sich vor, daß es möglich wäre, an die europäische Gesammtbevölkerung behufs Überwindung der gegenwärtigen Schwierigkeiten zu appelliren, ohne jedoch die einzelnen Regierungen in's Spiel zu ziehen; denn die Regierungen sind, wie ich früher gezeigt habe, von der irrigen Grundanschauung durchdrungen, prinzipielle Gegner einer jeden prinzipiellen Neuerung in Bezug auf internationale Verhältnisse sein zu müssen.

Stellen wir uns diesen Appell an die europäische Menschheit bei den gefährlichen Verhältnissen der Gegenwart ungefähr so vor, wie den Appell an die Völker eines einzelnen Staates, wenn die herkömmliche Regierungsweisheit *vor oder nach einer großen Krise* Bankerott erklärt.

Denken wir uns, daß, so wie in diesem Falle, vom Volk erwählte Männer zusammentreten, um das morsch gewordene Staatsgebäude durch neue Stützen zu festigen, oder auch von Grund aus neu aufzuführen, daß eben so Vertreter der europäischen Gesammtbevölkerung zu dem Behufe berufen werden, um die gegenwärtigen Streitfragen zwischen den Regierungen zu schlichten, und für die friedliche Austragung aller in Zukunft entstehenden Streitigkeiten, gründliche Vorsorge zu treffen. Welche wären wohl die Maßregeln, die sich diesen Delegirten Gesammteuropa's nothwendigerweise empfehlen würden?

Vor allem will ich hier der möglichen Einwendung begegnen, daß es einer solchen Vertretung nahe läge, rein unitarisch aufzutreten, und die sämmtlichen Staaten in einen einzigen Großstaat Europa zu verschmelzen. Diese Idee würde ihr im Gegentheil vollkommen unpraktisch und unlogisch erscheinen. Diese Vertretung müßte sich vielmehr sagen, daß schon die immense Ausdehnung der jetzt bestehenden Großstaaten für das wahre Glück und den Fortschritt ihrer Bewohner viel zu groß ist, und daß es also wahrhaft verkehrt wäre, einen Staatscoloß gründen zu wollen, der dem größten der jetzigen Großstaaten an Ausdehnung und Bevölkerung zehnfach überlegen wäre. Die bloße Erinnerung an den babylonischen Thurmbau müßte sie von solchem Beginnen zurückhalten. Diese Vertreter würden sich ferner sagen müssen, daß schon die jetzigen Großstaaten Europa's durch ihre Größe und Zusammensetzung Schuld tragen an dem zu frühen Hinsiechen und Verschwinden von der Weltbühne, so mancher hochbegabten und interessanten Nationalität, wie z. B. der polnischen, und daß ein ganz Europa umfassender Weltstaat im Lauf der Zeiten eine trostlose Monotonie und Gleichförmigkeit, sowohl materieller als geistiger Natur, zur Folge haben müßte, die der menschlichen Entwicklung den Reiz der Mannigfaltigkeit völlig rauben würde.

Dafür würde sich aber jedem gesunden Geiste innerhalb einer solchen Versammlung der Gedanke aufdrängen, daß es bei der bisherigen Art des Verkehrs der europäischen Staaten untereinander nicht bleiben könne und dürfe, wenn mann den bisherigen Zustand allgemeiner Rechtlosigkeit, wo die Gewalt das Recht gibt und nimmt, durch einen besseren ersehen wolle.

Der bisherige Träger des internationalen Verkehrs ist die *Diplomatie*, die *Diplomaten* sind die Vollmachtsträger der paciscirenden Parteien, der Staaten. Wo es Interessen, wo es Parteien gibt, da muß es auch eine Autorität geben, die *richterliche*, die *über* den Parteien steht und selbst *nicht* Partei ist; fehlt diese Autorität, so wird jede Partei Richter in eigener Sache, die sie friedlich, aber wenn's sein muß, mit *Gewalt* vertritt.

So stehen die Dinge heute in Europa, jeder Staat ist Richter in eigener Sache, eine richterliche Autorität existirt nicht.

Soll es also in Europa besser und nicht immerfort schlimmer werden, werden diese Vertreter sagen, so müssen wir eine solche richterliche Autorität für unsern Welttheil gründen, und müssen diese Autorität gleichzeitig mit solchem Ansehen und solcher Gewalt ausrüsten, daß es auch einem Großstaat und selbst mehreren Staaten nicht in den Sinn kommen kann, den Beschlüssen und Entscheidungen dieses Tribunals zu trotzen. Thun wir dieß nicht, so wird all' unser Bestreben, die sogenannten europäischen Fragen der Gegenwart zu schlichten und künftigen Streitigkeiten durch Verträge vorzubeugen, ohne sonderlichen Werth sein. Denn Verträge, zu deren Schutze keine richterliche Autorität existirt, werden nur so lange gehalten, als es den Contrahenten beliebt, und im Laufe der Zeit werden nicht nur neue Streitigkeiten entstehen, sondern auch die für den Augenblick durch Verträge geregelten, werden bei eintretenden Machtveränderungen wieder, und oft in gefährlicherer Gestalt zum Vorschein kommen.

So und nicht anders würden gewiß die Vertreter der europäischen Cultur und Humanität sprechen müssen, wenn man meine Hypothese einer derartigen Versammlung gelten läßt.

Wenn dagegen eingewendet werden sollte, daß auf dem Genfer cosmopolitischen Friedenscongresse des vorigen Jahres eine ganz andere Sprache ertönt habe, so muß ich hierauf bemerken, daß auf dem Genfer Congreß die extremste Negation, die Ultrarevolution sich ein Stelldichein gegeben hatten, während der Congreß in meiner Hypothese gerade auf wahrhaft conservativer Basis stehen würde, indem er durch Gründung eines europäischen Rechtsschutzvereines den Bestand eines jeden, ob schwachen oder starken Staates garantiren würde, *so lange* der Bestand dieses Staates mit dem Wunsche seiner Bürger und der öffentlichen Meinung Europa's im Einklange stände.

Weshalb die europäischen Regierungen nun nicht so handeln, wie zweifelsohne eine Gesammtvertretung der europäischen Völker handeln würde, wenn es eine solche Vertretung gäbe, habe ich früher entwickelt; ich habe eben so gezeigt, daß die Regierungen in dieser Weise aus Vorurtheil, gegen ihr eigenstes und wahres Interesse handeln. Denn die schwachen Staaten müssen bei Fortdauer des gegenwärtigen Zustandes unausweichlich eine Beute der großen Staaten werden, und diese selbst gehen endlich, trotz aller Anstrengungen zur Herstellung eines imaginären, europäischen Gleichgewichts, durch eine Reihe blutiger Kämpfe, einem Entscheidungskampfe entgegen, aus welchem sich, von Pauperismus und Revolution unterstützt, auf den Trümmern Aller, ein öder und unermeßlicher Einheitsstaat erheben wird, das weite Grab einer jeden staatlichen und nationalen Individualität.

Es wäre auch sehr irrig und optimistisch, wenn man gegen diese trübe Cassandra-Prophezeiung einwenden wollte, daß es den Fortschritten der Cultur und Humanität auch ohne die Institution eines europäischen Tribunals, gelingen werde, die Kriege selbst einfach unmöglich zu machen, und daß auf diese Weise dem Ehrgeize und der maßlosen Eroberungssucht einzelner Staaten oder Individuen, am besten ein Damm gesetzt sein werde.

Fortschreitende Cultur und Humanität in den regierenden und regierten Classen können und werden eben nur auf die Gründung eines europäischen Tribunals hindrängen, und können nur mittelbar auf die Beseitigung der Kriege hinwirken; unmittelbar, ohne die vorausgegangene Schöpfung einer derartigen, gemeinsamen Institution vermag die fortgeschrittenste Cultur nur wenig oder nichts. Um wie erstaunlich vieles ist die materielle und geistige Cultur der europäischen Welt nach allen Richtungen bereits fortgeschritten, und doch gibt es noch heute Kriege, und alle Staaten berechnen heute ihre Organisation noch in unendlich höherem Grade auf den Krieg, als dies je der Fall war. Wo ist hier ein Sieg, oder auch nur ein Erfolg der Cultur zu verzeichnen ?

Es ist dies auch leicht erklärlich. Die fortgeschrittenste Cultur, Bildung und Sittlichkeit wird nie aus Menschen Engel machen und wird sie nie von dem Heer, der menschlichen Leidenschaften gänzlich befreien. So wie vor Tausend Jahren, so wie heute, so wird auch nach tausend Jahren der beste und der fortgeschrittenste Culturmensch sich seiner Haut wehren und seine Faust gebrauchen, wenn er angegriffen wird und es keinen Richter gibt, vor dem er sich Recht verschaffen kann. Ganz dasselbe gilt auch von den Staaten, so lange die Cultur den kategorischen Imperativ einer europäischen Rechtsordnung nicht durchgesetzt hat. Und die Selbsthilfe eines Staates ist eben der Krieg.

Nach der bisherigen Begründung der Idee eines europäischen Staatentribunals gelange ich nun zur positiven Darstellung der Organisation, der Competenz, und der Attribute einer solchen obersten richterlichen Autorität für unsern Welttheil. Ich will mich dabei so klar, positiv und kurz als nur möglich fassen.

Die Organisation dieser Behörde denke ich mir so, daß jeder europäische Staat einen Delegirten in dieses Richtercollegium zu entsenden hätte. In den Staaten, wo es Volksvertretungen gibt, hätte die Executive mit der Legislative vereint, die Wahl zu vollziehen. Kleinere Staaten hätten sich bis zur Bevölkerungsanzahl von einer Million Seelen zu verbinden, um einen Deputirten entsenden zu können. Für jede Million Seelen europäischer Bevölkerung erhielte ein Staat je eine Stimme, so daß z. B. Rußland 40, England 30, Frankreich 40 Stimmen für seinen Delegirten besäße und so fort. Das Tribunal residirt in keiner europäischen Welt- oder Hauptstadt, sondern in einer eigens für diesen Zweck neutralisirten kleinen Stadt Centraleuropas mit dazugehörigem, gleichfalls neutralisirtem und freien Gebiete. Dieses kleine Gebiet stellt dem Tribunal eine militärische Ehrenwache; irgend welche directe Verfügung über eine bewaffnete Macht ist demselben nicht anheimgegeben.

Die *Competenz* des Tribunals ergibt sich aus seinem Zwecke. Dieser Zweck ist, prägnant ausgedrückt, Revolutionen im Innern der Staaten, Kriege nach Außen in Hinkunft unmöglich zu machen. Vor sein Forum gehören also a) Alle jene Streitigkeiten zwischen dem Volk und der executiven Gewalt eines Staates, die einen unlösbaren und für die allgemeine Ruhe bedrohlichen Charakter angenommen haben, jene Streitigkeiten, zu deren Austragung bisher kein anderes Mittel gekannt und angewendet wurde als der Staatsstreich von Oben, die Empörung von Unten, beides die Revolution in verschiedenen Formen. b) Jene unlösbar gewordenen Streitigkeiten, zu deren Lösung bisher fast immer an die Entscheidung durch die Waffen, also an den *Krieg* appellirt wurde.

Aus der so definirten Competenz des Tribunals ergeben sich für dasselbe wieder nachstehende Attribute: a) Das Recht, für bestimmte Zeiträume und auch bei eintretenden, außerordentlichen

Verhältnissen die Größe und die Intensität der Militärmacht aller europäischen Staaten auf das Strengste zu fixiren, wobei es in normalen Zeiten stets nur auf das Bedürfniß der innern Sicherheit der einzelnen Staaten Rücksicht zu nehmen hat, da die äußere Sicherheit der Staaten ja durch den Bestand des Tribunals selbst garantirt wird.

b) Das Recht der Executions- und Kriegserklärung von Seiten der europäischen Gesammtheit gegen einen oder mehrere revolutionäre Staaten; revolutionär wird ein Staat durch Auflehnung und Nichtausführung der richterlichen Congreßentscheidungen, ferner durch bedrohliche Überschreitung des ihm vom europäischen Rechtsverein zugestandenen Maßes von militärischer Machtentwicklung. In diesem Falle bildet die Bundesbehörde aus den je nach der Größe der Gefahr aufzubietenden Contingenten der bundestreuen Staaten, ein Bundesheer, ernennt einen Bundesfeldherrn, der ihm für die Leitung der Operationen verantwortlich ist, entbindet die Bevölkerung des revolutionären Staates ihrer Unterthanspflicht gegen die widerspenstige Regierung, bestreitet die Kosten aus den gemeinschaftlichen Beiträgen der einzelnen Staaten und sorgt vorzüglich dafür, daß sofort, nach erreichtem Ziele, die Entlassung der einzelnen Contingente bis an das, den betreffenden Staaten zugestandene Maß, mit möglichster Beschleunigung vor sich gehe. c) Da nicht zu bezweifeln ist, daß, sowohl durch die Gewalt der Thatsachen als auch in ihrem eigenen Interesse die civilisirten Staaten der neuen Welt, besonders die Vereinigten Staaten von Nordamerika und Brasilien sich einem solchen europäischen Rechtsverein anschließen würden, und da sodann dieser Verein, so zu sagen, die ganze civilisirte Welt umfassen würde, so folgt daraus das dritte Attribut einer solchen Weltautorität, das Attribut der Leitung, Erziehung und Bevormundung der ganzen übrigen Menschheit im Sinne des wahren Christenthums, des Fortschritts und der Humanität. Wie der gereifte Mann überlegen ist dem unmündigen Kinde, eben so überlegen ist die Macht und christliche Cultur Europa's und Nordamerika's der Macht und Civilisation der ganzen übrigen Menschheit.

Wenn nun ein einigendes Band gemeinsamen Rechtsschutzes, diese Gesammtmacht und Civilisation aller christlichen Staaten umschließt, und dadurch verhütet, daß sie die Spitze ihres Schwertes nicht gar oft, wie bisher, gegen sich selber kehre, so wird dadurch gleichzeitig eine unermeßliche Summe bisher gebundener, geistiger und materieller Kräfte frei, für die es wohl keine bessere Verwendung geben kann, als die Befreiung und Erhebung desjenigen Theiles der Menschheit, der sich aus sich selbst nicht zu befreien und erheben vermag. Das Prinzip der Nichtintervention, welches die europäischen Staaten, gegenüber den unmenschlichen Vorgängen und Barbareien in heidnisch rohen und despotisch regierten Staaten häufig beobachten, scheint mir der Civilisation und Cultur unserer Zeit gänzlich unwürdig. Wer hat die Beschreibung der festlichen Massenschlächtereien, der schädelverzierten Residenzen des Negerkönigs von Dahomey gelesen und erröthet nicht bei dem Gedanken, daß keine Macht es angezeigt, ja geboten erachtet hat, durch eine bewaffnete Expedition den furchtbaren Blutbädern Einhalt zu thun? Ist der ein edler Mann, der einen Ertrinkenden mit den Wellen kämpfen sieht und ruhig seines Weges weiterzieht, weil er es mit dem Prinzip der Nichtintervention hält? Ist Europa mit seiner Macht und Civilisation nicht der natürliche Beschützer jener unglücklichen Völker, die in tiefste Barbarei versunken, alle Mittel entbehren, sich aus derselben emporzuarbeiten? Alle diese barbarischen und halbbarbarischen Regierungen dieser Sultane, Deys, Schahs, Taikuns, Khane existiren ja nur so lange, als es in dem Belieben der civilisirten Staaten steht, und sobald diese Staaten vereinigt und nicht mehr durch Haß und Eifersucht von einander getrennt sind, wird die Intervention für sie zur gebieterischen Pflicht, überall dort, wo es sich um Abschaffung von Gräueln und Erlösung aus barbarischen Zuständen, bei diesen zurückgebliebenen Theilen der Menschheit handelt.

Staaten wie Marocco, Abyssinien, China oder Japan als Staaten im europäischen Sinne betrachten und sich jeder Einmischung in ihre innern Angelegenheiten und Streitigkeiten enthalten zu wollen, ist geradezu verkehrt und himmelschreiend egoistisch! Solche Staaten und Völker sich selbst zu überlassen, heißt sich zum Mitschuldigen ihrer Barbarei, ihres Despotismus, ihrer Menschenschlächtereien und Kindermorde machen. Hier ist Einmischung nicht blos erlaubt, sondern geradezu geboten. Die Bibel befiehlt, den Stein des Anstoßes wegzuräumen aus dem Wege des blinden Bruders, und diese rohen und halbrohen Völker: sind sie nicht die blinden Brüder der civilisirten Nationen? Selbstverständlich dürfen solche Interventionen nicht den Interventionen der Spanier und Portugiesen gleichen, die den neuentdeckten Ländern statt der Cultur, nur europäische Laster, unbezähmbare Goldgier und die blutgierige Inquisition zum Geschenke brachten. Nein, diese Intervention müßte vielmehr im Geiste der Humanität gedacht und ausgeführt werden, dem sie ihr Entstehen verdanken würde. Da wir aber an den immensen Schwierigkeiten und Kosten der allerdings nur im Interesse der englischen Gefangenen unternommenen abyssinischen Expedition sehen, wie geradezu unausführbar es wäre, bei den tausendfach sich bietenden Anlässen jedesmal Expeditionen nach diesen fernen Ländern zu unternehmen, so folgt daraus, daß zur Erreichung des gewünschten Zweckes ein anderes Mittel ausfindig gemacht werden müßte.

Dieses Mittel kann nun in nichts anderem liegen, als in der Gründung permanenter Cultur- und Aufsichtsstationen von Seiten der Gesammtheit der civilisirten Staaten. Jede dieser über die ganze Welt verbreiteten Stationen müßte, je nachdem sie mehr oder weniger exponirt ist, mit imponirender, militärischer Macht ausgerüstet sein, da derselben unter ihrer Verantwortlichkeit, die Entscheidung über wichtige, in ihrem Bezirke auftauchende Streitigkeiten, die Verhütung von Kriegen und Sklavenjagden, von jeder Art von religiösem Blutvergießen, gewaltsamen Thronwechseln, überhaupt Aufsicht und Schutz über die ihr zugewiesenen Völkerschaften zuständen. – Diese Stationen hätten zugleich, fern von allem Zwange, als Missionen für's Christenthum zu wirken, und müßten auch im Übrigen mit allen Cultur- und Civilisationselementen, und endlich, zum Nutzen der Wissenschaft, mit wissenschaftlichem Materiale an Gelehrten und Apparaten versehen sein.*)

*) Als schlagendsten Beweis für die Nothwendigkeit solcher europäischer Culturstationen, für die Solidarität des Wohles und der gedeihlichen Entwicklung der ganzen Menschheit *und für die sogar im Interesse der Selbsterhaltung gebotene Verpflichtung* der europäischen Civilisation *zur energischesten Intervention* gegenüber orientalischer Indolenz und Culturlosigkeit, citire ich nachstehende Stelle aus der trefflichen wissenschaftlichen Zeitschrift „Globus". – „Aber nicht nur", heißt es dort, „für den gläubigen Moslem ist der Kurban Beiram von Bedeutung, *für das christliche Europa ist er ein Fest des Schreckens geworden.* Denn als zu seiner

Feier im Jahre 1864 die Pilger bei der heiligen Kaaba zusammenströmten, als die Überreste der Tausende von geschlachteten Hämmeln nach alter Sitte unvertilgt bei den menschlichen Wohnungen *zu giftigem Aas* sich verwandelten, da entwickelte sich, von der verdorbenen Luft hervorgerufen, der *Pesthauch der Cholera*, und Tausende, die fröhlich gen Mekka gewallfahrtet waren, fanden beim Grabe des Propheten auch das ihrige, die Übrigen zerstäubte die Epidemie, der Niemand mehr Einhalt zu thun vermochte, nach allen Winden. *Mekkapilger* brachten die Keime der entsetzlichen Krankheit nach *Cairo*, von da erstreckte sie sich nach Alexandria. *Ismael Pasca von Egypten* rettete sich nach *Constantinopel.* Kaum war er gelandet, brach auf seiner *Fregatte* die Pest aus, *Constantinopel* und von da Theile der *europäischen* und *asiatischen Türkei* wurden ihre Beute. Die Postschiffe verschleppten sie von Alexandria nach Italien und Frankreich, Ancona wurde entvölkert, *Marseille* schwer heimgesucht; von den Seestädten verbreitete sie sich verheerend ins Land, und bald ertönte überall der Schreckensruf von ihrem Auftreten, und erst im nordischen Winter erstarrte der südlich heiße Pesthauch. – *Das ist die Bedeutung des Kurban Beiram für den Occident, und so muß jede Feier dieses höchsten Festes der Islamiten gerechte Befürchtungen hervorrufen, wegen der in seinem Gefolge auftretenden, durch die Natur der Verhältnisse oft nothwendig bedingten Epidemien,* ein Übelstand, dem bloße internationale Conferenzen nie steuern werden, da sie nicht vermögen, altheilige Religionsübungen und die den Orientalen angeborene Nachlässigkeit in der Reinhaltung der Wohnungen, Strassen und Plätze aufzuheben. Denn es zeigt sich aus diesen schrecklichen Erfahrungen, wie innig die asiatische Pest mit dem ganzen Wesen des Orientalen und mit den Religionsübungen des Islam zusammenhängen. Erst geläuterte Lebensanschauungen würden diesen Feind der Menschheit in engere Gränzen zurücktreiben können." – *Eine europäische Cultur- und Aufsichtsstation in Mekka* wäre also consequenter Weise das richtigste Mittel, um Europa vor der Wiederkehr der asiatischen Seuche zu schützen, und gar mancher Politiker des englischen Parlaments, der in Wort und That sich für die Machtintegrität des halbbarbarischen türkischen Regimes, dem civilisirten Europa gegenüber, begeisterte, mag schon der furchtbaren Seuche erlegen sein, *die eben in dieser türkischen Machtintegrität ihre wahre und eigentliche Quelle hat.*

Das Alles würde Geld, viel Geld kosten, ich gestehe es zu. Allein dieses Geld wäre tausendfach productiv und menschenwürdig verwendet, während unsere zehnmaligen Kriege um den Besitz einer und derselben Scholle Landes, Gut und Blut für Zerstörungszwecke absorbiren und eine Schande der Menschheit sind.

Eisenbahnen, Dampfschiffe und Telegrafen würden die Communication dieser wahren Culturcolonien mit den Mutterländern um das Hundertfache gegen frühere Zeiten erleichtern; die anfänglich rein militärischen und administrativen Stationen würden bald Brennpunkte einer beginnenden, sich nach ihrem Muster bildenden Civilisation, und die großen Handelsemporien der ihnen zugewiesenen Bezirke werden. Fortschritt und Humanität wären dann unter allen Himmelsstrichen um eines der mächtigsten Vehikel reicher geworden.

Die Organisation und Leitung der soeben geschilderten Culturstationen, die Fixirung ihrer militärischen Machtmittel und die Repartirung derselben auf Contingente der einzelnen Staaten, würde natürlich gleichfalls der Wirkungssphäre des allgemeinen Rechtsvereins anheimfallen, der neben seiner sonstigen, rein richterlichen und überwachenden Autorität, rücksichtlich dieses Punktes auch mit administrativen Funktionen bekleidet wäre.

Ich habe nun in großen Umrissen die Organisation, die Competenz und die Attribute der Institution geschildert, die ich unter dem Namen des allgemeinen Rechtsschutzvereines begreife, und ich will nun zum Schluß dieser Darstellung noch an einigen historischen Beispielen der neuern Zeit nachweisen, welchen Nutzen diese Institution allen dabei betheiligten Factoren, insbesondere der Religion, den einzelnen Staaten und Dynastien gewähren würde. – Welcher Nutzen aus dieser Institution dem Fortschritt und der Cultur im Allgemeinen erwachsen würde, habe ich dort bereits dargestellt, wo ich die Schädlichkeit der Kriege ausführlich geschildert und bewiesen habe.

Vor allem ist es augenscheinlich klar, daß der krankhaften Eroberungs- und Vergrößerungssucht der einzelnen Staaten, *dieser größten Pein und Plage unserer Zeit,* ihr Hauptstachel in dem Momente entzogen, der wirksamste Damm in dem Momente gesetzt wird, in welchem eine Institution in's Leben tritt, die principiell und factisch die Gleichstellung des *kleinsten* Staates mit dem größten herbeiführt.

Denn welches ist in den allermeisten Fällen der wahre Grund für die Vergrößerungssucht dieses oder jenes Groß- oder Kleinstaates?

Offenbar kein anderer als der Wunsch, in den verschiedenen Fragen der sogenannten *hohen* Politik, die gar oft als *niedrige* Politik richtiger bezeichnet wäre, *imponirender* und *dominirender* auftreten zu können! Die Anekdote von Friedrich dem Großen ist bekannt, der seinem Gesandten am Hofe von St. James auf dessen Klage, daß er bei Hofe wegen seiner unscheinbaren Equipage nicht mit dem gehörigen Respekt behandelt werde, statt einer Dotationserhöhung die lakonische Weisung ertheilte: „Sag' er nur bei Hofe, daß sein König mit 100.000 Mann hinter ihm stehe, und der Respekt wird schon von selbst kommen."

Wenn nun aber die Zahl der Bayonette, Kanonen, Kriegsschiffe und Soldaten aufhört, der entscheidende Factor für die internationalen Fragen und für die Urtheilssprüche der hohen Politik zu sein, wenn es eine Institution gibt, die den ganzen militärischen Apparat der Staaten auf das höchst bescheidene Maß des Bedarfes *für ihre innere Sicherheit* reducirt, und jedes Darüberhinausgehen überflüssig, ja unmöglich macht: hat dann nicht gleichzeitig das Interesse der einzelnen Staaten an Vergrößerung durch Land und Leute behufs größerer militärischer Machtentfaltung, den Todesstoß erhalten? Hat dann nicht jene mittelalterliche politische Anschauung allen Boden unter den Füssen verloren, welche Glück und Größe der Staaten nur nach Quadratmeilen und Kopfzahl, nicht aber nach der *Zufriedenheit und dem Culturgrade ihrer Bevölkerungen* beurtheilte?

Welche Bürgschaft aber für die Stabilität der einzelnen Throne und Dynastien darin läge, wenn auf diese Weise dem Interesse der einzelnen Staaten und Regierungen an territorialen Vergrößerungen seine Hauptnahrung entzogen würde, das ist für jeden denkenden Menschen überhaupt so klar und einleuchtend, daß ich nicht weiter dabei zu verweilen brauche.

Ich übergehe nun zu der Religion.

Bei Gelegenheit des letzten preußisch-österreichischen Krieges wimmelte es in den Wiener und Berliner Witzblättern von illustrirten Darstellungen, welche nebeneinander je einen hohen Geistlichen der beiden feindlichen Heere in dem Augenblicke zeigten, wo Jeder von ihnen Gebete für das siegreiche Gedeihen der Blutarbeit zum Herrn emporsendet.

Der bittere Hohn, der in solchen Darstellungen lag, die die traurige Situation der Religion im Falle eines Krieges im Gegensatze zu ihrer wahren, die ganze Menschheit brüderlich umfassenden Bestimmung, so zu sagen, greifbar vorführten, hat seinerzeit auf jeden denkenden und fühlenden Menschen, tief verlegend gewirkt; auf die Massen aber kann ein solcher klaffender Widerspruch zwischen einem hohen Beruf und der wirklichen Erfüllung dieses Berufes nur äußerst demoralisirend wirken. Der unwissendste, ungebildeteste Mensch weiß heutzutage, daß der wahre Beruf des Priesters ist zu segnen, zu versöhnen, nicht zu fluchen und zum Blutvergießen zu entflammen. Wahrlich, wer die Lippen des Priesters nöthigt, Worte der Aneiferung zu solchem blutigen Tagewerke auszusprechen, der raubt jedem Worte die Kraft und die Weihe, das in Zukunft für Tugend, Brüderlichkeit und Versöhnung, diesen friedensgeweihten Lippen entströmen wird. Das Amt, das auf solche Weise der Religion, und insbesondere der Religion der Liebe aufgezwungen wird, birgt eine innere Kluft, die nie und nimmer überbrückt werden kann.

Und man wende hier nicht ein, daß es doch auch *gerechte Kriege* gebe, und daß es dem Berufe der Religion vollkommen entspreche, der gerechten Sache des Vaterlandes Sieg zu erflehen und ihren Segen zu ertheilen.

Wie die Dinge bisher standen, hat es eben noch keinen gerechten Krieg gegeben und kann es auch keinen solchen geben. Erst, wenn ein allgemeiner Rechtsschutzverein existirt, ist die Möglichkeit des ersten gerechten Krieges gegeben; es ist einzig und allein der Exekutionskrieg des Bundestribunals gegen einen oder mehrere sich gegen dasselbe auflehnende, also revolutionäre Staaten.

Wenn aber bisher zwei Staaten einander bekriegten, so waren, ganz abgesehen von dem eigentlichen Objekt des Streites, beide Theile gleichmäßig im Unrecht; denn beide Theile hätte eben die Gefahr eines Krieges dazu vermögen sollen, sich für ihren Streit einen Richter zu verschaffen. Wo es keinen Richter gibt, da kann es kein eigentliches Recht oder Unrecht geben, da entscheidet nur der Besitz, und die Gewalt, ihn zu behaupten. Wo von zwei streitenden Partheien eine jede Richter in eigener Sache ist, da gibt es kein Recht, und der Krieg, der für dieses angebliche Recht, das höchstens nur eine Thatsache ist, geführt wird, kann nie ein gerechter Krieg genannt werden. Das Faustrecht, ob nun für einzelne oder Millionen Menschen, wird immer ein innerer Widerspruch bleiben; denn Recht besteht eben nur darin, daß die Faust sich *nicht selbst* Recht schaffen darf. Dieser unlösliche Widerspruch zwischen dem ewigen Friedensberufe und der zeitweiligen Verwendung der Religion im Kriege erzeugte nun den weitern Widerspruch, daß gleichzeitig, während im Felde die Priester die Kämpfer zum blutigen Tagwerk entflammten, in den Kirchen der Städte die Priester knieend auf den Stufen der Altäre um Frieden und Versöhnung für die Völker flehten. Wie wäre es möglich, diese Friedensgebete mit jenen Kriegspredigten in Einklang zu bringen?

Ich glaube also bewiesen zu haben, daß für die Religion, besonders für die christliche, kein glücklicheres Ereigniß eintreten könnte, als die Gründung einer Institution, welcher die Sicherung eines Hauptziels der Religion, die Sicherung des Friedens, zur Aufgabe gesetzt ist. Noch einleuchtender und an tausend historischen Belegen, nachweisbar ist der Vortheil, den diese Institution den Staaten, Regierungen und Dynastien bieten würde. Ich will mich nur auf zwei besonders prägnante Beispiele beschränken.

Erinnern wir uns der Situation Oesterreichs vor dem italienischen Kriege des Jahres 1859. Die seinerzeit vielbejubelten Siege Radesky's bei Custozza und Novara hatten sich nach kurzem Freudenrausch, für jeden Einsichtigen in ein wahres Nationalunglück für Oesterreich verwandelt; denn die Resultate dieser Siege, die jährlich sich steigernden, unermeßlichen Budgets für Aufrechthaltung der Bayonetherrschaft in Lombardo-Venetien, zehrten wie Harpyen an dem Mark der österreichischen Finanzen. Das strenge Festhalten an dem alten Sprüchlein: *„Si vis pacem, para bellum"* hat seit zwei Decennien der österreichischen Bevölkerung das runde Sümmchen von drei Milliarden Gulden gekostet und dabei haben die fünf großen Kriege, die Oesterreich während dieses so kurzen Zeitraumes geführt, ziemlich schlagend bewiesen, daß es mit der Wahrheit dieses Satzes gerade nicht weit her ist; obschon ihn neuerdings die Kriegsminister aller europäischen Staaten in allen möglichen Tonarten vor

Parlamenten variiren, die naiv genug sind, daran zu glauben. Im Jahre des Heils 1859 stand plötzlich ein neuer Krieg mit Frankreich und Sardinien in nächster Aussicht. Eine einzige Friedenshoffnung war noch vorhanden. Wenn Oesterreich sich entschloß, auf Napoleon's Vorschlag eines europäischen Congresses einzugehen und sich seinem Schiedsspruche zu unterwerfen, so war der Friede gerettet!

Wie Oesterreich handelte und die Folgen seines Entschlusses sind bekannt, auch das Motiv, wovon es sich hiebei leiten ließ, ist leicht zu errathen; es war das Motiv der überspannten und falschen Auffassung von der Würde der Souveränität.

Prüfen wir nun, was Oesterreich dabei gewonnen oder verloren hätte, wenn es sich zur Beschickung des Congresses geneigt erklärt hätte. Der Congreß hätte entweder die österreichische Herrschaft über Italien anerkannt und hätte ihr so eine neue Sanction ertheilt, und das war gewiß ein Resultat, welches selbst, wie die Resultatslosigkeit der Radetzky'schen Siege beweist, der glücklichste Krieg zu erzielen nicht vermocht hätte. Oder der Congreß hätte im allerschlimmsten Falle auf friedlichem Wege dieselbe Entscheidung getroffen, welche das blutige Würfelspiel des Krieges für Oesterreich brachte. Oesterreich hätte also selbst in diesem Falle durch den Congreß nichts verloren, wohl aber hätte es unendlich gewonnen. Es wäre das Bleigewicht an seinen Sohlen, den Alp seiner Finanzen, „Venetien" um volle sieben Jahre eher losgeworden, zwei tausend Millionen [sic (Gulden?)] und hunderttausend seiner besten jungen Männer wären ihm erhalten geblieben und es hätte sich eine große militärische Demüthigung erspart, während es der Würde der stolzesten Souverains nichts vergeben hätte, auf die Herrschaft über eine Provinz zu verzichten, die der Richterspruch eines europäischen Areopags als unhaltbar bezeichnet hätte.

Ein zweites solches prägnantes Beispiel bildet der Krimmkrieg gegen Rußland. England, Frankreich, Oesterreich, Sardinien und die Türkei hatten sich gegen die russischen Prätentionen auf's schwarze Meer vereinigt. – Der Kampf gegen einen solchen Verein fast aller tonangebenden Mächte war offenbar eine stolze Donquichotterie des Kaisers Nicolaus. – Der leicht voraus zu berechnende Erfolg dieser Donquichotterie hat das Herz des stolzen Mannes gebrochen, der vielleicht heute noch regieren würde, wenn er sich hätte entschließen können, auf Erden eine richterliche Autorität über der seinigen anzuerkennen.

Ganz besonders einleuchtend ist der Vortheil, den die Gründung des allgemeinen Rechtsvereines für die kleinen Staaten und deren Souveraine haben müßte. Diese kleinen Staaten werden gewöhnlich jetzt als die sichere Beute des an sie gränzenden Großstaates betrachtet und fristen ihr politisches Dasein „zwischen Hangen und Bangen in schwebender Pein," nur durch Devotion gegen den übermächtigen Nachbar und durch die Eifersucht der übrigen Mächte auf eben diesen Nachbar. Die erste beste politische Erschütterung, der erste beste Krieg, der Änderungen der Karte in seinem Gefolge führt, läßt den kleinen Staat als geeignetestes Compensations-Objekt für seinen großmächtlichen Nachbar erscheinen, welcher Letztere sich immer erst durch diese Annexion für gehörig arrondirt erklärt.

Wer möchte heutzutage Belgien eine selbstständige Existenz von nur 10 Jahren garantiren?

Ein europäisches Tribunal aber würde eben die kleinsten Staaten, rücksichtlich der Berechtigung ihrer Existenz einem jeden Großstaat ebenbürtig machen und würde sie so aus ihrer jetzigen abhängigen zu einer wahrhaft unabhängigen Stellung erheben, indem es die größten wie die kleinsten Staaten unter den Schutz eines und desselben Rechtsbundes stellt.

Als Napoleon vor einigen Jahren den europäischen Mächten den Congreß proponirte, und seine berühmte damalige Thronrede sprach, da war es abermals besonders Oesterreich, welches dieser Idee opponirte, und wobei es gewiß wieder von der Rücksicht auf seinen, bei einem Congreß unhaltbaren venezianischen Besitzstand geleitet wurde. Kurze Zeit darauf verlor es nach zwei gleichzeitigen Kriegen sowohl Venezien als seine sogenannte deutsche Stellung, das heißt, das Recht einige Mitbesatzungen in deutschen Festungen zu halten und Matricularbeiträge zum deutschen Bundesheer zu leisten.

Heute ist die ganze Welt darüber einig, daß diese beiden Verluste das größte Glück waren, welches Oesterreich beschieden werden konnte; denn wirklich erstarkt Oesterreich sichtlich, seitdem ihm die Lust und die Macht genommen ist, Italien und Deutschland in ihrem Einigungswerke zu hemmen. So lange aber Venezien Oesterreich gehörte, durfte der wahre Patriot es nicht wagen, von einer

Abtretung Venezicns zu sprechen; da war es gegen die Ehre, eine Provinz, die jährlich zehnmal so viel kostete, als eintrug, gegen Hunderte von Millionen abzutreten, da war das Festungsviereck von unersetzbarer strategischer Wichtigkeit, da war Oesterreich, ja ganz Deutschland ohne dieses Festungsviereck gefährdet. Gerade so perorirte die Kriegspartei für die sogenannte Stellung Oesterreichs in Deutschland, die für Oesterreich nichts mehr und nichts weniger war als die Pandorabüchse, welcher der schleswig-holsteinische und der österreichisch-preußische Krieg entsprang. Heute hat Oesterreich keine italienische und keine deutsche Frage, früher hatte es zu vielen [sic] Fragen in der hohen Politik, und die Antworten blieben denn auch nicht aus.

Ich schließe hier meine Ausführungen über die Nachtheile des Krieges, über den historischen Ursprung und den gegenwärtigen Zustand des europäischen Staatensystems und über die Organisation eines allgemeinen Staatentribunals. Das Thema ist reich und unerschöpflich und könnte eben so viele Bände füllen als ich demselben Seiten gewidmet habe. Es gehört auch ein gewisser Muth dazu, eine Abhandlung über einen derartigen Gegenstand zu schreiben, wo man den Leser im Geiste immerfort ausrufen hört: „Der Mann hat Recht, aber was nützt das, es war immer so, es ist überall so und wird immer so bleiben." Diese ganze Schrift bildet die Antwort auf diese Einwendung. Zweimal zwei ist vier, gilt heute als *unbedingt* wahr bloß in der *Theorie*; in der *Praxis*, in der Wirklichkeit, gilt zweimal zwei gar oft als fünf, und weil dem so ist, so müssen immer und immer wieder Rechner kommen, die der Welt vorrechnen, daß zweimal zwei doch vier ist.

IV.

DIE UNGEHEUERN RÜSTUNGEN
UND DIE ALLGEMEINE WEHRPFLICHT

Wären die bisher entwickelten Anschauungen über Krieg, europäisches Staatensystem und Staatentribunal heute bereits Gemeingut von Hoch und Niedrig, von Regierungen und Regierten, wie sie es in fünfzig, vielleicht erst in hundert Jahren oder noch später, ohne

Frage sein werden, dann könnte ich es mir ersparen, gegen die ungeheure militärische Umwälzung zu polemisiren und zu protestiren, die sich vor unsern Augen auf dem ganzen europäischen Continent vollzieht.

Nun gelten aber jene Anschauungen heutzutage bei neunzig Menschen unter hundert noch immer als idealistisch, als utopisch, und wer wahrhaft nützen will, der muß auch dieser Thatsache, so traurig und beschämend sie auch ist, Rechnung tragen. Er muß beweisen, daß, selbst bei objectivster Betrachtung der heutigen Weltzustände, und ganz abgesehen von einer radicalen und friedlichen Reform derselben, der allgemeine und aufreibende Rüstungswetteifer der continentalen Staaten im Lichte eines bösartigen und ansteckenden Fiebers erscheint, und daß die sogenannte allgemeine Wehrpflicht d. h. die 3 und 4fache Vergrößerung der bisherigen stehenden Heere, das ärgste Delirium dieses Fiebers bildet.

Ich weiß recht wohl, daß ich mit dieser Ansicht den Haß und den Hohn zweier, diese Frage beherrschender Parteien auf mich lade, die rücksichtlich fast jeder andern Frage Antipoden sind. Ein Schooßkind der demokratischen Partei ist die allgemeine Wehrpflicht schon seit lange[m]; aber Reaction und Autocratie, die sie früher so hartnäckig bekämpfen, huldigen ihr heute vielleicht noch lebhafter als ihre alten Freunde. Ist das nicht räthselhaft und worin liegt die Erklärung dieses Räthsels?

Diese Erklärung liegt sehr nahe. Die allgemeine Wehrpflicht erfreut sich heutzutage der Protektion zweier sonst stets feindlichen Parteien, aber sie erfreuet sich dieser Protektion aus innerlich ganz verschiedenen Gründen und Triebfedern. Sie bildet eine Art Compromiß zwischen Reaction und Democratie, bei welchem jede Partei nur zu gewinnen und nichts zu verlieren vermeint. Beide geben sich, durch Parteiinteresse geblendet, einer argen Täuschung hin und arbeiten gegen sich selbst.

Die Reaction glaubt in den ungeheuern, markverzehrenden Rüstungen und in der Kasernirung der ganzen männlichen Kraft und Blüthe der Völker den Stein der Weisen gegen Fortschritt und Revolution gefunden zu haben. Sie denkt sich das Volk wie ein feuriges Roß, dessen übersprudelnden Muth der kluge Reiter bändigen muß, wenn er nicht abgeworfen werden will. Als Mittel dazu betrachtet sie die schweren, unproductiven Finanzlasten und den straffen, militärischen Zügel. Die Reaction hat endlich aller Orten begriffen, daß die von ihren ärgsten Gegnern so stürmisch begehrte allgemeine Wehrpflicht, gerade die beste Waffe zur Demüthigung und Unschädlichmachung eben dieser Gegner werden könne. Der durch ganz andere Factoren veranlaßte siegreiche Ausgang eines Krieges, in welchem durch bessere Bewaffnung, Führung und Glück der Staat der allgemeinen Wehrpflicht siegte, wurde auf dem ganzen Continent das Signal, der *Vorwand* zur Einführung dieser Institution. Die Institution galt bei der Democratie als weniger kostspielig als die bisherigen Heeresverfassungen; das war ein Axiom, ein Dogma geworden.[*]

*) *A n m e r k u n g.*
In Oesterreich, wo die allgemeine Wehrpflicht eben am Vorabende zweifacher parlamentarischer Discussion steht, ist der democratischen Partei *anticipando* bereits Gelegenheit geboten worden, sich von dem Wahne der geringern Kostspieligkeit der betreffenden Institution gründlich zu befreien. Denn der Minister Brestl stellt in seiner neulichen Finanzexposition, gelegentlich des Kriegsbudgets, *erst für spätere Jahre*, im Falle der Einführung der allgemeinen Wehrpflicht, ein Ersparniß von *6 sage sechs Millionen Gulden in Aussicht*. Fühlt man sich da nicht, angesichts der riesigen jährlichen österreichischen Kriegsbudgets, versucht auszurufen: „*Tant de bruit pour une ommelette!*"
Nun weiß man aber nur zu gut, wie es sich mit solchen Ersparnißvoranschlägen der Minister, noch dazu, über eine Reihe von Jahren hinaus verhält. Man weiß, daß solche Nebelbilder zukünftiger Ersparnisse im besten Falle als *pia desideria* des betreffenden Finanzministers aufzufassen sind!
Im Gegensatze zu dieser nach Jahren als möglich hingestellten *Conjecturalersparniß* von 6 Millionen erblicken wir dagegen, als schon jetzt, durch das in der Luft schwebende Prinzip der allgemeinen Wehrpflicht bedingt, *die greifbare Wirklichkeit einer Rüstungsausgabe* von ungefähr 23 Millionen, wovon 17 Millionen für die Anschaffung und Umarbeitung von 1 Million Hinterladern, während bei dem bisherigen Wehrsystem eine halbe Million wohl schon das Maximum gewesen wäre! Dabei scheint der Finanzminister trotz solcher Opfer kein felsenfestes Vertrauen zu

dem heutzutage allgemein als höchste Weisheit gepriesenen Grundsatz: *„Si vis pacem, para bellum"* zu haben. Denn trotz allgemeiner Wehrpflicht und trotz unserer Million nagelneuer Zündnadelgewehre, sagte er in seinem Finanzexposé ausdrücklich, daß man sich das Auskunftsmittel weiterer Staatsnotenfabrication für mögliche kriegerische Eventualitäten aufsparen müsse. Das klingt nun gewiß nicht nach großer Friedens-Zuversicht!

Und trotz dieser so wahrhaft riesigen Anspannung aller Kräfte ist es doch augenscheinlich, daß Oesterreich auch nach so immensen Rüstungen, einem combinirten Angriff von zwei mächtigen Gegnern, wie Frankreich und Italien im Jahre 1859 oder Preußen und Italien im Jahre 1866 kaum gewachsen wäre, da diese Mächte, wenn wir sie uns beispielsweise wieder als die Gegner Oesterreichs denken, in eben so riesigem Maßstab gerüstet haben, als es Oesterreich jetzt eben zu thun anfängt.

Im Falle eines solchen Krieges gegen zwei oder mehrere mächtige Gegner wäre also Oesterreich darauf angewiesen, Allianzen zu suchen, und fände es diese nicht, so würde es in einen derartigen Kampf nur wieder unter denselben nachtheiligen Chancen eintreten, wie dieß bei den Kriegen der Jahre 1859 und 1866 der Fall war. *Also nicht einmal die theoretische Wahrscheinlichkeit genügenden Schutzes gegen schon so oft dagewesene Angriffscombinationen gewähren die modernen, aufreibenden Rüstungen der einzelnen Staaten,* während es tüchtigen Politikern wie Cavour auch in Hinkunft gar oft gelingen wird, mit den Machtmitteln eines Staates von anerkannter militärischer Inferiorität, einen militärisch weit mächtigeren Staat zu überwinden, indem er sich seinerseits die Allianz eines mächtigen Staates zu verschaffen wissen wird.

So lange es kein europäisches Staatentribunal gibt, wird die äußere Politik, nicht aber die Militärmacht der einzelnen Staaten der Haupthebel und der Hauptfactor ihrer politischen Erfolge sein, und die militärische Übermacht eines einzelnen Staates wird bei jedem ausbrechenden Conflict naturgemäß, die schwächern Staaten, um ihrer Selbsterhaltung willen, seinem weniger mächtigen Gegner in die Arme werfen.

Die Reaction erkannte die Unrichtigkeit des Axiom's und hüthete sich, ihre Gegner darüber aufzuklären. Sie wußte recht wohl, daß eine Million Menschen zu kleiden, zu nähren und besonders mit Waffen sich immer erneuernder Systeme zu versehen, unbedingt mehr kosten müsse, als dasselbe bei zwei oder dreimalhundert tausend Menschen zu erreichen, kosten würde. Sie erkannte recht wohl, daß mit Annahme des Prinzips, daß Jedermann geborener Soldat sei, diese Last mit zunehmender Bevölkerung immer steigen würde, daß, wenn die Bevölkerung sich verdoppeln, man statt einer, zwei Millionen Menschen auszuhalten, und in ihren productiven Lebensberufen zu unterbrechen haben werde.

Sie erkannte ferner recht wohl, daß dem Nationalwohlstande eine weit tiefere Wunde geschlagen werde, wenn mann die Stände der höhern geistigen Production, den Juristen, den Kaufmann, den Industriellen, den Gelehrten, in ihrer Berufsthätigkeit unterbricht und das Damoklesschwert neuer Unterbrechungen stets über ihnen schweben läßt, als wenn man eine weit kleinere Anzahl von Berufssoldaten hält, die man meistens nur niedern Thätigkeitssphären entzieht, bei deren Unterbrechung der Staat und die Betreffenden selbst eine unendlich geringere Einbuße erleiden, als bei den Producenten der höhern Kategorien. Sie glaubt endlich, und das ist die Hauptsache für sie, daß ein militärisch organisirtes und einregimentirtes Volk auch wie ein Bataillon Soldaten dem Commando gehorchen und nie revolutionär sein werde. Für das alles hat sie der Democratie gerne einige Opfer gebracht, die Abkürzung der activen Dienstzeit, die Abschaffung der Stockprügel, und die Einführung des „Sie" dem Soldaten gegenüber. Wahrlich kleine Opfer für so große Gewinnste.

Trotz dieses Allen aber arbeitet die Reaction, wie so oft mit ihren Maßregeln, durch die Einführung der allgemeinen Wehrpflicht und durch die ungeheuren Rüstungen, geradezu *gegen* die eigensten und wichtigsten, conservativen Interessen. Denn durch die Unbehaglichkeit oder vielmehr Unerträglichkeit dieses Zustandes für die gebildeten Klassen, indem sie ferner in unproductiven Militäranleihen die besten Kräfte der gegenwärtigen und zukünftigen Generationen vergeudet, öffnet sie dem Pauperismus Thür und Thor; sie provocirt auf diese Weise durch das allgemeine Elend, bald des wirklichen Krieges und bald des bewaffneten Friedens, jene revolutionären Katastrofen, die schon so vielen Regenten die Krone und selbst das Leben gekostet haben, und die meistens in längst vorhergangenen Ereignissen ihre wahre Wurzel haben. Ohne Ludwig's des 14ten nutzlose Kriege und ruinirenden Militäraufwand regierten die Bourbonen vielleicht noch, und Ludwig der 16te, sein Urenkel, hätte nicht das Schaffott besteigen müssen. Ein Monarch, der seine Dynastie liebt, eine Regierung, die ihren Bestand sichern will, müssen bei Begründung wichtiger Institutionen die Folgen derselben, nicht für heute oder morgen, sondern für fünf und zehn Generationen vorausberechnen.

Die *Democratie* hinwiederum besonders die *extreme*, hat keine nähere Herzensangelegenheit, als der jetzt in Europa herrschenden Regierungsform zu schaden, sie unmöglich zu machen, und die republicanische Staatsform so viel möglich, von Weitem vorzubereiten. Für die Erreichung dieses Ziels ist ihr kein Mittel zu schlecht und keines zu gut.

Sie weiß recht wohl, daß die immensen Militärbudgets, die Massenheere und die Massenkriege, *an und für sich*, ein Unglück für den Fortschritt und für die Völker sind. – Allein das geht ihr wenig nahe. Weiß sie doch, oder glaubt sie doch zu wissen, daß alle diese Völkerheere dereinst die vereinigte Armee der Revolution gegen die alten Formen bilden werden. Und nun erfreut sie der Gedanke, daß es die Regierungen selbst sind, die diese Waffe gegen sich schmieden. Die Democratie weiß, daß die Völker mit diesem System jetzt bereits, sehr viel leiden und noch viel mehr werden leiden müssen. Allein, wie der blinde Samson an dem Gebäude rüttelt, in welchem die Philister, seine Feinde, sich versammelt haben und wie er sich, um seinem Hasse und seiner Rache zu genügen, unter den Trümmern mit begräbt, so hat auch die Democratie für die Leiden der Völker, in diesem Punkte kein Auge, und kein Ohr, weil sie in eben diesen Leiden den Hebel zum künftigen Sturz ihrer Gegner erblickt.

Und doch ist die Rechnung der Democratie hierin ebenso falsch, wie die des Absolutismus und der Reaction.

Der Calcul der Democratie ist zwar bis zu einem gewissen Punkte richtig, und die von beiden Seiten provocirte Revolution und mit ihr der Sturz des Bestehenden kann leicht eintreten, wenn die Rüstungsepidemie, die Massenheere und Massenkriege die Welt zu quälen fortfahren.

Allein, wenn die bestehenden Regierungen durch Revolutionen gestürzt würden, ist damit schon gesagt, daß die Demokratie die

Erbschaft derselben antreten würde? Blicken wir auf Frankreich, auf dieses Herz unseres Weltheils, und fragen wir uns, ob es der dreimal wiedergekehrten Revolution dort gelungen ist, ihr Ziel, die Republik, dauernd zu begründen. Welche unendliche Leiden und Opfer hat die große Revolution von 1789 Frankreich gekostet! Und ihr Resultat? Eine 15jährige, soldatische Dictatur, die Frankreich und Europa verwüstete und mit Blut überschwemmte, und die sich endlich wieder in die Herrschaft der Bourbonen auflöste wie im 17ten Jahrhundert in England die Dictatur Cromwells nach der Revolution in die Herrschaft der Stuarts. – Die Republik für die europäischen Großstaaten wird noch sehr lange, vielleicht immer eine trügerische Fata morgana der Democratie bleiben. Und für dieses Luftgebilde, für dieses Nebelbild *verzichtet* die Democratie auf die praktische Geltendmachung ihres großen Einflusses, und gibt sich zu heuchlerischen Compromissen her, die, im wahren Lichte betrachtet, ihr selbst und dem wahren Fortschritt, die empfindlichsten Wunden schlagen.

In Folge dieses Compromisses widerhallen denn auch Cabinette und Parlamente, reactionäre und democratische Journalistik in allen Staaten des Continents von dem einen und selben Feldgeschrei: *„Si vis pacem, para bellum."* – Beide Parteien geben sich den Anschein, an die Wahrheit dieses Satzes zu glauben, und beide wissen im Grunde recht gut, daß er eine Lüge ist, daß man überall weniger gegen den äußern Feind als gegen das Gedeihen und den Fortschritt der eigenen Bevölkerungen rüstet. Aber jede Partei glaubt, daß dadurch dem Gegner mehr geschadet wird als ihr selbst. Und beide Parteien irren sich, thürmen aber vereint der Cultur und der Civilisation die größten Hemmnisse entgegen.

Ich habe schon früher darauf hingewiesen, daß Oesterreich binnen zwei Jahrzehenen [sic] unter der Devise des *„Si vis pacem, para bellum"* stets und in einemfort unter den Staaten des Continents am stärksten rüstete. Fünf große Kriege während dieses Zeitraumes stellten sich ein, um den gefeierten Grundsatz schlagend *ad absurdum* zu führen, und doch wenn heute im österreichischen Reichsrath ein oder der andere tiefblickende Geist auf die Vergangenheit hinweist, um für die Zukunft vor gleichen Bahnen zu warnen, so ist auch der Kriegsminister sofort mit der Bemerkung zur Hand, daß nicht er, der jetzige Minister, für die Vergangenheit verantwortlich gemacht werden könne. Dabei empfiehlt er aber gleichzeitig unter dem wetteifernden Beifall der conservativen und liberalen Partei des Hauses genau dieselben Maßregeln, nur in vergrößertem Maßstabe, mit deren Hilfe seine Vorgänger dem Fortschritt und dem Glück des Reiches so tiefe Wunden geschlagen haben, und er rechtfertigt diese Maßregeln, genau ebenso, wie es das gute Dutzend seiner Vorgänger gethan hat, mit dem alten Sprüchlein: *„Si vis pacem, para bellum"* und das Sprüchlein übt immer wieder seinen alten bösen Zauber aus.

Genau ebenso geht der französische Kriegsminister Niel zu Werke. Auch er rechtfertigt die immensen Rüstungen Frankreichs und seine Aufstellung von 1.200.000 Mann mit den fünf Zauberworten, und man kann nun, auf die zahlreichsten Beispiele aus der Geschichte gestützt, irgend einen „frischen, frohen, fröhlichen Krieg" Frankreichs für recht nahe Zeit und mit aller Bestimmtheit profezeien. Denn es gibt fast kein Beispiel aus der Geschichte, daß ungeheure Rüstungen und Aufstellungen zum Frieden und nicht vielmehr zum Krieg geführt hätten. Der Satz müßte, um auf historische Wahrheit Anspruch machen zu können, vielmehr lauten: *„Si vis bellum, para bellum."*

Und das ist ja auch ganz natürlich. Man verlangt gegenwärtig im österreichischen Reichsrath mit vollem Recht, daß den Soldaten das Waffentragen außer Dienst untersagt werde; man geht dabei von der ganz richtigen Voraussetzung aus, daß für einen bewaffneten Menschen die Versuchung zu Händeln und zum Streitanfangen weit größer ist als für einen Unbewaffneten. Gilt nicht dasselbe auch von ganzen Staaten? Müssen nicht diese ungeheuren Heere, schon um ihr Selbstgefühl zu heben, und ihre Tüchtigkeit zu erproben, auf kriegerische Experimente hindrängen? Muß nicht der kleinste Funken Explosion veranlassen, wenn hüben und drüben so unendliches Zündmaterial aufgehäuft wird? Und wo soll dieser, Zerstörungszwecken gewidmete Wetteifer der technischen Fortschritte, der Geld und Menschenaufopferung endlich seine Gränze finden?

In einer Jänersitzung dieses Jahres erklärte der baierische Minister auf eine Interpellation in der Kammer, die Hinterlader für das Heer würden 4 Millionen Gulden kosten, aber er müsse mit der Bestellung derselben abwarten; denn jeder Tag bringe neue Verbesserungen und Erfindungen. Erinnert das nicht an eine Preisaufgabe des „Punch", die, von einer Militäracademie aufgestellt, dahin lautet, daß, da weder Chassepot noch Drehse's Zündnadel mit ihren 10 Schüssen per Minute dem Standpunkte der Wissenschaft und des heutigen Bedürfnisses entspreche, ein Gewehr erfunden werden solle, welches telegrafisch und 500mal in der Minute schieße, wobei jeder Schuß immer mindestens 50 Menschen treffe, und die Getroffenen sofort mausetodt sein müssen! –

Aber, ganz abgesehen von der Humanitätsfrage, sind die technischen Fortschritte heutzutage ein Gemeingut aller civilisirten Staaten. Hat der eine Staat heute Kugelspritzen, so können sie die andern Staaten morgen auch haben, und Oesterreich hätte z. B. *vor* Königgrätz das Zündnadelgewehr eben so gut bei sich eingeführt haben können, als *nach* Königgrätz. Daß dieß nicht geschah, lag bei den enormen für das Kriegsbudget verausgabten Summen nur an *zufälliger* Vernachlässigung, nicht an der Unmöglichkeit, sich dieß Gewehr zu verschaffen. Das Chassepotgewehr, das, nach dem Ausdruck eines französischen Generals bei Mentana „Wunder gewirkt hat," kann heute jeder europäische Staat bei sich einführen; seine Construction mit ihren Vorzügen und Mängeln ist bis in's kleinste Detail bekannt. Neuartige Bewaffnungen verleihen also heutzutage einem einzelnen Staate, der damit die Initiative ergreift, nur den Vorsprung einer kurzen Zeit vor den andern; soll dieser Vorsprung sich immer und immer wieder erneuern, so führt er auf die Länge zu dem nutzlosen und aufreibenden Rüstungswetteifer, der heute die besten Kräfte der europäischen Staaten für die Zwecke des Fortschritts und der Cultur lahmlegt.

Ganz ebenso verhält es sich mit den militärischen Einrichtungen der Staaten. Der eine Staat beginnt mit Herabsetzung des Körpermaßes, mit Heranziehung der geistig productiven Klassen, und verlängert die Militärpflicht unter verschiedenen Benennungen auf die Dauer von 15 Jahren. Die Nachbarstaaten, *anstatt vereint über den Friedensstörer herzufallen,* denn das ist ein Staat, der plötzlich durch neuartige Bewaffnung und erweiterte Conscription, seinem Wehrsystem die dreifache Stärke verleiht; anstatt diesen Staat zum Ablassen von seinen ruhegefährdenden und culturfeindlichen Bestrebungen zu zwingen, thun das gerade Gegentheil. Sie copiren nämlich jeder einzeln genau die Neuerungen des veränderungssüchtigen, gewöhnlich eroberungslustigen Staates, und suchen ihn noch zu überbieten; das heißt, sie legen ihren Bevölkerungen noch empfindlichere Opfer an Geld und Leuten auf, als der sie provocirende Staat der seinigen. Dieser Staat beläßt es nun wieder keineswegs bei seinem ersten Début, sondern greift zu weitern Mitteln, um seine, durch die Copirung des eigenen Beispiels gefährdete militärische Superiorität zu wahren. Er sucht nun seinem Wehrsystem die erdenklichste, numerische und qualitative Verstärkung zuzuwenden.

Er erklärt nun die männliche Gesammtbevölkerung des ganzen Staates, insoferne sie nicht aus Kindern und aus Greisen besteht, zu Soldaten; er macht schon die Schulen zu Voranstalten der militärischen Dressur, er verkürzt die Dienstzeit, um eben Alles und Jedes zu militärischen Zwecken heranziehen und im Momente der Ausführung seiner Pläne mit ungeheuren Massen operiren zu können.

Der gleichfalls mächtige Nachbarstaat hat nun aber auch so seine Ideen darüber, daß vielmehr *ihm selbst* die militärische Superiorität gebühre, und sucht das nachbarliche Heer durch irgend neue Kunstgriffe, mit einem oder zweimalhunderttausend Mann doch noch zu übertreffen; auch hat er soeben die neuerfundenen Revolverkanonen eines militärischen Projectanten, oder die neuartigen unterseeischen Brander für den Seekrieg erprobt und bewährt gefunden, und nun hat, wenn kein Krieg dazwischen kömmt, Nachbar A wieder dem Nachbar B nachzujagen.

Wenn je ein Krieg zu entschuldigen, und gerecht gewesen wäre, so wäre es ein Krieg der andern Staaten gegen diejenige Macht gewesen, die diesen nie endenden Wettkampf der rohen Gewalt und der bösen Leidenschaften inaugurirte. Aber dieser Gedanke der *solidarischen* Fürsorge und Verantwortlichkeit für den Frieden des Welttheils hat sich eben bisher noch nicht Bahn gebrochen.

Und doch kann es ja nicht so bleiben, und muß es anders werden. Denn dauert dieser bejammernswerthe Wetteifer, sich durch Rüstungen je schneller je besser zu ruiniren, fort, so muß er von nun an zu wahrhaft lächerlichen Parorismen führen. Die Krupp'sche Kanone à 100.000 Thaler Werth, die zehn Zentner Eisen schleudert, würde bald antiquirt und als Kinderspielzeug erscheinen. Neue ungeahnte Monstrositäten, Höllenmaschinen im Style des vom Punch zur Preisaufgabe gestellten Gewehres, müßten nun auftauchen. Um noch weiter auf diesem erhabenen Gebiete fortzuschreiten, müßte man die Kinder, die Greise, die nicht gerade bettlägerig sind, mit Chassepot oder Zündnadel bewaffnen. Nach diesen käme etwa die Reihe an die Mädchen, und dann auch an die Frauen, Matronen und Greisinnen. Wo man aber, wenn einmal alle diese Ressourcen erschöpft sind, neues Material für die Vergrößerung der Heere hernehmen will, ist meiner vorsorglichen Phantasie heute noch nicht ganz klar. Wahrscheinlich dürfte die Technik bis dorthin so weit fortgeschritten sein, daß man im Stande sein wird, durch hölzerne Automaten, die marschiren und schießen können, die noch immer zu kleinen Armeen zu verstärken. Hier muß ich wieder ausrufen: *Difficile est, satiram non scribere.* –

Ertönen hin und wieder in der Presse oder in einer Kammer Stimmen, die an den gesunden Menschenverstand appelliren, und auf den ökonomischen Ruin hinweisen, der bei solchem Gebahren nicht ausbleiben kann, so hören sie in Preußen die Antwort: „Wir haben heidenmäßig viel Geld", was wohl vorzüglich auf Ostpreußen sich bezieht, und in Frankreich sagt man ihnen: „Frankreich ist reich genug, um seinen Ruhm zu bezahlen." Oesterreich, Italien, Rußland, die wohl kaum Glauben fänden, wenn sie auf ihr heidenmäßig vieles Geld hinweisen wollten, rüsten nichts destoweniger um die Wette mit den reichen Staaten.

Nun besteht aber selbst der Reichthum dieser sogenannten, reichen Staaten nicht etwa in Überschüssen ihrer Einnahmen gegenüber ihren Ausgaben, sondern nur darin, daß ihre Bevölkerungen durch lebhafteren Handel, Industrie und gewecktere Intelligenz, finanziell besser geeignet sind, die ihnen aufgebürdeten ungeheueren Lasten zu tragen, als die Bevölkerungen der ärmeren Staaten. Allein selbst angenommen, daß es wirklich Staaten wären, die die unermeßlichen Militärbudgets ohne immerwährende, neue Belastungen ihrer Bürger bestreiten könnten, würden sich ihnen für ihre Schätze nicht tausend Verwendungen bieten, die für den Fortschritt und die Cultur der Menschheit eben so segensreich wären, als die Verwendung dieser Schätze für die Zwecke und Experimente der Rüstungsmanie der Menschheit zum Fluche und zur Geißel wird!

In unserer Zeit muß Preußen vor dem Richterstuhle des Völkerwohles als derjenige Staat angeklagt werden, welcher durch seine Initiative den über den ganzen Welttheil hereinbrechenden Militarismus zu verantworten hat. Schon nach Napoleons Sturze führte diese kleinste Großmacht Preußen ein Militärsystem ein, welches ihr gestattete, ein ebenso zahlreiches Heer auf den Beinen zu haben, als manche andere, ihr numerisch doppelt, an Bevölkerung überlegene Großmacht. Dieß war Preußens erster Übergriff, dem übrigen Europa gegenüber. Bald nach der Thronbesteigung des jetzt regierenden Königs, verstärkte es diese bereits im Verhältniß zur eigenen Bevölkerung unnatürlich große Militärmacht durch eine Reorganisation, die vom preußischen Volke neue, ungeheuere Opfer an Geld und Leuten forderte, und einen, Jahre hindurch währenden Conflict, mit der Volksvertretung herbeiführte. Nun trat jener große Krieg ein, aus welchem Preußen siegreich hervorging, und das Erste, was Preußen nun unternahm, war der Erlaß einer neuen blitzschnellen Mobilisirungsordre für Heer und Landwehr, ferner die militärische Organisation des norddeutschen Bundes und Abschluß der Militärverträge mit den süddeutschen Staaten, drei Maßregeln, die es plötzlich zum Herrn einer Million von Streitern machten. Dieß Alles mußte nun die andern Mächte endlich aufrütteln. Hätte Preußen statt Hannover, Nassau und Curhessen das ganze nichtpreußische Deutschland erobert und annectirt, die andern Mächte hätten es eher verschmerzt, wenn es sich nur in den Schranken militärischer Mäßigung gehalten hätte, als sie die unnatürliche und herausfordernde *militärische* Machtvergrößerung Preußens dulden konnten.

Zudem muß hier auch wohl beachtet werden, daß, während Piemont auf die übrigen italienischen Bevölkerungen die magnetische Attractionskraft eines constitutionellen Eldorado ausübte, dagegen Preußen in ganz Deutschland, als der *Musterstaat des Scheinconstitutionalismus* die überwiegende, freisinnige Majorität der Bevölkerungen – seine eigene nicht ausgenommen – *abstieß*; eine Majorität, die recht gut wußte, daß die *Einheit* um den Preis der Freiheit stets viel zu theuer erkauft ist, *während aus der deutschen Freiheit die deutsche Einheit ganz von selbst erblüht wäre*.

Herrschte nun in Europa das Bewußtsein der Solidarität und ein wahres Interesse für den Schutz und die Segnungen des Weltfriedens, die europäischen Mächte wären zusammengetreten, hätten Preußen dieses rücksichtslose Vorgehen untersagt und im Nothfall durch die Gewalt der Waffen unmöglich gemacht. Das wäre ein gerechter Kampf gewesen, weil in ihm die rechtzeitige Nothwehr der

Gesammtheit, gegen die Bedrohungen eines Einzelnen gelegen hätte.

Da nun aber bei den Mächten dieses Gefühl der *Solidarität* ihrer Politik und dieses wahre, vorsorgliche Friedensinteresse nicht vorherrscht, so handelten sie demgemäß auch ganz anders. – Statt Preußen zur Heeresreduction, zur theilweisen Abrüstung zu nöthigen, suchte und sucht jede einzelne Macht die preußischen Rüstungen noch zu überbieten, und das ist das Schauspiel, welches uns gegenwärtig Frankreich, Oesterreich, Italien und alle übrigen großen und kleinen Staaten des Continents bieten.

Das merkwürdigste Moment dieses allgemeinen Paroxismus aber ist, daß der Taumel die kleinen Staaten noch im höheren Grade beherrscht, als die Großstaaten, die für ihre Rüstungen wenigstens auf ihre Großmachtstellung und auf ihre Rivalitäten hinweisen können. Daß Frankreich oder Oesterreich hinter Preußen nicht zurückbleiben wollen, hat noch einen scheinbaren Sinn. Welchen Eindruck aber empfängt man, wenn man den dänischen Kriegsminister im Volksthing für dieß- und nächstjährige Kriegsbudgets plaidiren hört, die sich auf mehrere Millionen Thaler belaufen! Zu welchem Zwecke das, frägt man sich! Will das kleine Dänemark etwa nochmals wie das erstemal, muthwillig mit Oesterreich und Preußen anbinden, will es Schleswig-Holstein zurückerobern? Wird es von irgend Jemanden bedroht, und wenn irgend eine Großmacht es wirklich anzugreifen gedächte, würde es seinen Schutz nicht bloß und ausschließlich in fremder Unterstützung und nicht in seinen eigenen, noch so aufreibenden Rüstungen suchen müssen?

Wer kennt nicht die Fabel vom Frosch, der sich zum Elefanten aufblasen will?

Ein kleiner Staat wie Dänemark, der es mit dem Wohl seiner Bürger wahrhaft wohl meinte, müßte ja vielmehr seiner politischen Inferiorität herzlich froh sein, die ihm ungefährdete Ruhe und Fernbleiben von den Welthändeln in Aussicht stellt. Er müßte Alles vermeiden, was ihn irgendwie in gefährliche Evidenz zu stellen geeignet ist, besonders aber große Rüstungen, die bei kleinen Staaten unmöglich als Anstalten der Selbstvertheidigung aufgefaßt werden können, und die daher den Verdacht erwecken, bloß einen Aderlaß für die besten Kräfte der Bevölkerung abgeben zu sollen.

Auch Belgien rüstet und verstärkt seine Armee über Hals und

Kopf. Zu welchem Zwecke? Eroberungen will es offenbar keine machen, bedroht könnte es nur von seinem mächtigen französischen Nachbar werden, und tritt diese Eventualität einmal ein, so kann ihm gleichfalls nur das Veto der andern Mächte an Frankreich helfen, nicht aber das verzehrendste Aufgebot der eigenen Kraft. Es rüstet aber doch, wahrscheinlich weil es so Mode ist! –

Das einzige Großbrittanien, allein in ganz Europa, verdankt es seiner insularen Lage und seiner echten politischen Freiheit, daß Conscription und Militärzwang dort nie Boden fassen konnten. –

Die englische Politik, die unter Pitt und Castlereagh durch ihre ewigen Interventionen auf dem Continent, dem englischen Volke eine Schuldenlast aufgebürdet hat, deren Zinsen heute die Hälfte des gesammten, riesigen Staatseinkommens verschlingen, diese englische Politik hat sich, besonders innerhalb des letzten Decenniums in eine Politik fast absoluter Nichteinmischung verwandelt, die von den Whigs wie von den Tories gleichmäßig respectirt wird. Die heutige englische Politik erträgt mit Gleichmuth das Geschrei über Egoismus, über Krämerpolitik, und was dergleichen Complimente mehr sind und begnügt sich mit dem Bewußtsein, dem englischen Volke Kriege, Militärzwang, Vergeudung des Nationalwohlstandes und jene Revolutionen zu ersparen, von welchen die Staaten des Continents periodisch heimgesucht werden. Nur thut die englische Regierung in dieser Beziehung des Guten etwas zu viel, indem sie, auf ihre exceptionelle Situation sich stützend, sich den Zuständen des Continents gegenüber auf den Standpunkt eines vornehmen Indifferentismus oder kühler Ablehnung stellt. England thut wohl ganz Recht daran, sowohl im Interesse der Welt als im seinigen, wenn es bei den meisten Streitfragen und Kriegen den Continentalstaaten einen bloßen Zuschauer abgibt und sich zu keiner Partei schlägt; denn bei fast allen diesen Kriegen hat kein Staat das wahre Recht auf seiner Seite und die Entziehung der englischen Macht und des immensen englischen Capitals, die sonst bei der Austragung einer jeden continentalen Frage eine so wichtige Rolle spielten, hat der Sache des Friedens und dem wahren Interesse Englands die größten Vortheile gebracht. – Allein auch der englischen Politik fehlt noch immer das Gepräge der Solidarität, das Bewußtsein, daß auch das Wohl und Wehe Englands, trotz des Wasserstreifens, der es von den Staaten des Continents isolirt, tausendfach und innigst verknüpft ist, mit dem Wohl und Wehe dieser Staaten. – Englands Handel, Industrie, die ganze Prosperität seines Mittel- und Arbeiterstandes sind bei jeder Veränderung zum Guten oder Bösen auf dem Continent auf's Innigste interessirt; jede kriegerische oder revolutionäre Convulsion des Continents durchzittert und lähmt auf das Schmerzlichste, das ganze System des englischen Welthandels und der englischen Weltindustrie. Nicht bloß der ganzen Welt und dem Fortschritt derselben, nein, seinen eigensten und vitalsten Interessen ist es ein Staat von der Stellung und Bedeutung Englands schuldig, auch sein Gewicht in die Wagschale der Weltgeschicke zu werfen. Aber dieses Gewicht soll kein Brennusschwert sein, welches für oder wider *principiell gleichgiltige* Interessen in den Kampf eintritt, sondern der große Einfluß Englands sollte und müßte sich auf's Energischeste und bei jeder Gelegenheit geltend machen, zu Gunsten der principiellen Sicherung des Weltfriedens, zu Gunsten eines europäischen Tribunals und allgemeiner Militärreductionen. Statt dessen hat England jeden Congreß- oder Entwaffnungsvorschlag, deren mehrere ihm und den Mächten von seinem französischen Nachbar vorgelegt wurden, mit vornehmer Geringschätzung und Zurückhaltung abgelehnt. – Die traurigen Folgen dieser Politik für das englische Volk werden eben so wenig als für die Staaten des Continents ausbleiben. – Das englische Volk wird bei den Wirren und Kriegen des europäischen Continents *weniger* leiden als die übrigen Staaten, wird aber doch noch immer Vieles und Vieles zu leiden haben, was die verkehrte ablehnende Politik seiner Regierung verschuldet haben wird. – *„Peccata regum luunt Achivi"* wird sich gewiß auch hier bewahrheiten.

Die englische Politik ist also durchaus nicht, wie ihr so oft vorgeworfen wird, *zu sehr*, sondern sie ist vielmehr *zu wenig egoistisch*; denn mit ihrer passiven und indifferenten Haltung rücksichtlich der europäischen Entwicklung, schadet sie wohl den übrigen Staaten, am meisten aber und überwiegend den wahren Interessen der eigenen Bevölkerungen.

Daß aber selbst die ungeheuersten Rüstungen der Großstaaten auf nichts weniger als auf einen sichern, praktischen Erfolg rechnen können, muß auf den ersten Blick einleuchten.

Die großartigsten Rüstungen eines Staates haben nur insoferne einen praktischen Werth, als sich die Regierung dieses Staates *einen* andern ebenbürtigen Staat als Gegner denkt. Eine Vorsorge für den Fall einer Coalition aller übrigen Staaten, oder mehrerer zusammengenommen, können selbst die außerordentlichsten Rüstungen eines Staates nicht enthalten, und die großartigsten Rüstungen sind also gerade für diesen so häufig eintretenden Fall werthlos.

Frankreich ist durch seine heutigen, ungeheueren Rüstungen gewiß ein ebenbürtiger Gegner Preußens geworden, der mit Erfolg gegen dasselbe zu kämpfen hoffen darf. Einer Coalition Europa's würde es aber doch auf die Dauer eben so wenig Stand halten können, als das *Frankreich* des Napoleon I. dem Anprall der europäischen Coalition auf die Länge widerstehen konnte, obwohl das Land Milliarden an Vermögen und Millionen Menschen geopfert hatte und obschon an der Spitze der Armeen das hervorragendste Kriegsgenie aller Zeiten stand. *Rußland* hatte unter Kaiser Nikolaus für die Culturzwecke des modernen Staates *nichts*, für die Armee *Alles* gethan; es hätte auch bei Anspannung seiner Kräfte einem einzelnen Gegner wie Frankreich oder Oesterreich vielleicht mit Erfolg widerstanden. Gegenüber der Coalition von fünf Mächten, die sich bildete, mußte es den Kürzern ziehen, und selbst anfängliche, russische Siege würden bloß den Krieg verlängert, ihm aber keinen andern Ausgang gegeben haben. *Oesterreich* hatte seit 1848 gleichfalls sein Alles stets auf die eine Karte der Armee gesetzt; es hätte auch Italien gewiß und Preußen wahrscheinlich besiegt, wenn es mit *einem dieser Gegner allein* zu thun gehabt hätte.

Plötzlich führt eine unvermuthete politische Constellation seine beiden Gegner zusammen, wie früher Sardinien und Frankreich, und da zeigte es sich abermals, daß Oesterreich zwei Alliirten gegenüber nicht aufzukommen vermag.

Da sich nun aber nie berechnen läßt, ob die andern Staaten die zwei mit einander in Rüstungen wetteifernden Regierungen, ihren Strauß ohne Einmischung werden ausfechten lassen; da die Geschichte im Gegentheil lehrt, daß gegen jede militärisch allzustark gewordene Macht sich alsbald Allianzen bilden, denen ein einzelner Staat nie auf die Dauer gewachsen sein kann, so folgt daraus, daß selbst die ungeheuerlichsten Rüstungen der einzelnen Staaten durchaus keine Bürgschaft des Erfolgs, ja auch nur der Sicherheit und des Schutzes gewähren. –

Hätte z. B. *Frankreich*, anstatt seine Armee angesichts der preußischen Militärübermacht zu verdoppeln, dieselbe auf ihrer bisherigen Höhe belassen, und wäre es von Preußen angegriffen worden, so hätten die andern Staaten *schon um ihrer eigenen Sicherheit* willen dem muthwillig angegriffenen, friedlichen Frankreich ihren Beistand leihen müssen. Durch Allianzen verstärkt, hätte es die größte, preußische Heeresmacht überbieten können und hätte dabei den unschätzbaren Vortheil gehabt, seiner Finanzen und seiner Bevölkerung, wegen eines nur möglichen, nicht gewissen Kampfes keine fast unerschwinglichen Opfer auferlegt zu haben. Verschaffte sich dann, wollen wir annehmen, auch Preußen Allianzen, was aber für Preußen als Angreifer eines friedlichen Frankreich sehr schwer gehalten hätte, so wäre die Entscheidung des Kampfes nur zweifelhaft geworden, und etwas anderes ist sie ja auch heute nicht, wenn es nach den immensen französischen Rüstungen zum Kriege mit Preußen kömmt. Ein Gewinn für Frankreich durch diese Rüstungen ist also schlechterdings nicht abzusehen.

Ich glaube nun durch klare und überzeugende Gründe und an der Hand der Geschichte bewiesen zu haben, daß die ungeheueren Rüstungen der Staaten ein Unglück und eine drohende Gefahr sind, nicht bloß für den Fortschritt und die Cultur der Völker, sondern noch mehr für die Stabilität und die Zukunft der Regierungen und Dynastien; ferner, daß die Rüstungen der kleinen Staaten vom Standpunkt ihrer Existenzbedingungen aus *gar keinen*, die Rüstungen der Großstaaten nur einen ausnahmsweisen und höchst relativen Werth besitzen, insoferne nämlich nur zwei an Macht ebenbürtige Staaten als Gegner gedacht und die so vielfach möglichen Allianzen, Combinationen und Coalitionen ganz außer Betracht gelassen werden.

Wie ich nun im Anfange dieser Darstellung nachgewiesen habe, ist die Einführung der allgemeinen Wehrpflicht nach preußischem Muster, das wichtigste Glied in der Kette der Rüstungsmaßregeln, durch welche heutzutage fast alle europäischen Staaten sich und ihren Angehörigen, um die Wette, das Leben sauer machen.

Die allgemeine Wehrpflicht ist das Mittel, unter einem gutklingenden Namen die schon jetzt so vielfach als unerschwinglich angegriffene, numerische Höhe der bisherigen stehenden Heere, selbst während des tiefsten Friedens, auf das Drei- oder Vierfache ihres bisherigen Bestandes zu bringen; ja, bei weiterer Zunahme der

Populationen im Laufe der Zeiten auch auf das Fünf- oder Sechsfache!

Diese Betrachtung allein würde genügen, um die Absurdität und Verkehrtheit dieses Princips in's klarste Licht zu stellen. Auch habe ich im Laufe dieser Abhandlung sowohl als in den Ausführungen über den Krieg zu wiederholtenmalen Gelegenheit gehabt, gar manche conventionelle Phrase, als da ist, Bildungsschule, Abhärtungsmittel der Nation, womit man den Krieg, wie die allgemeine Wehrpflicht vertheidigt, ihres flimmernden Gewandes zu entkleiden, und sie in ihrer nackten Häßlichkeit bloßzustellen.

Ich will mich daher hier darauf beschränken, einige der schneidendsten, innern Widersprüche nachzuweisen, in welche man sich durch Annahme und Ausführung dieses Prinzips unausweichlich verwickelt.

Ich habe schon früher darauf hingewiesen, welchen Gegensatz der moderne zum antiken Staat, die moderne christliche Weltanschauung zur antiken Weltanschauung, und die Stellung des Individuums im modernen Staat zur Stellung des Individuums im antiken Staat bildet. Im Alterthum war die Staatsidee Alles, der Einzelne dem Staat gegenüber nichts. Die aus dem Christenthum hervorgegangene Weltanschauung sprengte die Fesseln des engen Staatsbegriffes, strebte nach geistiger Verbrüderung der Nationen und erlöste das geknechtete Individuum von dem Banne der Staatsidee. Diese christliche Weltanschauung im Gegensatze zu der antiken Weltanschauung, die im Staat, im Vaterlande das Höchste und Beste erblickt, und für die der Begriff der Menschheit noch gar nicht zu existiren scheint, prägt sich wunderschön aus in den nachstehenden Versen des großen christlichen Dichters Lamartine:

„Nations! mot pompeux pour dire barbarie !
L'amour s'arrêt'il, où s'arrêtent vos pas ?
Déchirez ces drapeaux; une autre voix vous crie:
L'égoisme et la haine ont seuls une patrie,
La fraternité n'en a pas."

Für den Spartaner und Athener, wie für den republikanischen Römer galt der Satz: *„Salus reipublicae suprema lex esto"*, und wo ihm das Staatswohl gefährdet erschien, da hörte für ihn jede andere Rücksicht, jede Bedenklichkeit des Gewissens auf. Der Staat war der wahre Gott des Alten; was in seinem Namen von ihm gefordert wurde, das prüfte und untersuchte er nicht weiter, das war ihm Recht und Gesetz und er war mit sich und seinem Gewissen im Reinen, wenn die Forderung des Staates auch noch so sehr gegen sein inneres natürliches Gefühl verstieß. Es war oder schien zum Nutzen des Staates und konnte also nichts Unrechtes sein!

Ganz anders verhält es sich im modernen Staat. Hier ist das Individuum nicht des Staates wegen da, sondern der Staat existirt um des Individuums willen. Der Grundzug aller modernen Bestrebungen ist das Streben nach Befreiung, Emancipation des Individuums von der Tyrannei oder Bevormundung des Staates.

Die relativ vollendeteste Verfassung in Europa, die englische, ist auch diejenige, wo die individuelle Freiheit, der Gewalt des Staates gegenüber, den höchsten Punkt erreicht hat. Deßhalb ist auch kein europäischer Staat so reich an ausgeprägten, kräftigen und markigen Individualitäten als England. Rußland dagegen bildet darin den Gegenpol Englands, genau so wie die englische individuelle Freiheit den Gegenpol bildet zum russischen Despotismus der Staatsgewalt.

Nun gibt es aber auf diese Freiheit des Individuums keinen directeren, keinen stärkeren Angriff, als das System der Conscription, oder dessen Potenzirung, die allgemeine Wehrpflicht. Beide Systeme haben denn auch nie in den wahrhaft freien Staaten England und Nordamerika Wurzel zu fassen vermocht, und werden dieß nie vermögen. In *England* haben die Versuche, eine stehende Armee zu bilden, den zweimaligen Sturz der Stuarts, den Henkerstod Carl des 1ten und die Verjagung Jacob des 2ten zur Folge gehabt, und auch die ungesetzliche Unsitte des Matrosenpressens konnte sich dort schon seit langer Zeit nicht behaupten.

In *Nordamerika* gibt es im Frieden nur eine verschwindend kleine angeworbene Militärmacht, und größere oder kleinere, freiwillige Territorialmilizen; aber selbst der große und gerechte Krieg der verfassungstreuen Nordstaaten gegen die revolutionären Südstaaten wurde von Seiten der Nordstaaten nur durch freiwillige sehr gut bezahlte Truppen und durch mit schwerem Gelde angeworbene Söldnerschaaren geführt, und dieß war auch der Grund der nach europäischem Maaßstab so unverhältnißmäßigen und außerordentlichen Kostspieligkeit dieses Krieges. Das freie Nordamerika wußte eben recht wohl, daß die theuerste Kriegsführung ein weit kleineres Übel ist, als der geringste Gewalteingriff in die individuelle Freiheit des Bürgers.

In welchem hohen Grade aber alle Klassen, und die höchsten, die am meisten zu verlieren haben, noch mehr, als die niedrigsten, bei der wahrhaft freiheitlichen Organisirung der menschlichen Gesellschaft, interessirt sind, möge die folgende Betrachtung über die Solidarität aller Klassen der Gesellschaft, klar zu machen suchen.

Die großen Usurpatoren, ein Cäsar, Cromwell, Napoleon I. und Napoleon III. haben alle nicht gegen die Freiheit, sondern gegen die *Anarchie*, die Herrschaft usurpirt. Hätte die Gesellschaft, in deren Mitte sie lebten, die *wahre Freiheit* besessen, so wäre die Usurpation, hätte sie den *wahren Frieden* besessen, so wäre die Säbelherrschaft und der militärische Cäsarismus unmöglich gewesen. Der wahre Grund der Erfolge solcher Männer lag und liegt also nicht in ihrem, wenn auch noch so großen Genie, sondern weit mehr und recht eigentlich in dem Zustand der Gesellschaft und der staatlichen Institutionen ihrer Zeit.

Der große brittische Positivist und Geschichtsphilosoph Thomas Buckle, der sich in seinem Hauptwerk der Einleitung in die Geschichte der brittischen Civilisation ein edleres und dauernderes Denkmal geschaffen hat als Napoleon I. in seinem mit Schlachtenbasreliefs und Siegesinschriften geschmückten Triumphbogen, für 9 Millionen Franken; jener glühende, freiheitathmende Geist, dem sein Forschungseifer und unverdiente Kränkungen und Verfolgungen im Alter von 32 Jahren ein frühes Grab bereiteten, hat das unsterbliche Verdienst, klar und wissenschaftlich die innere Gesetzmäßigkeit und die wahren Gründe der geschichtlichen und politischen Erscheinungen nachgewiesen zu haben.

Gestützt auf einen riesigen Apparat von besonders statistischen Studien, und auf die verwandten Forschungen seines großen Vorbilds John Stuart Mill in seinem unvergleichlichen Werke über die Freiheit, beweist Buckle an allen Sphären unserer geschichtlichen und civilisatorischen Entwicklung, daß die wahren Gründe der Erscheinungen fast nie in den individuellen und zufälligen Factoren zu suchen sind, wo die Menschen sie gewöhnlich zu finden glauben. Wenn z. B. ein Mensch einen Mord begeht, so wird der große Haufen der Nichtdenker den Grund dieses Mordes in der zufälligen

Aufwallung, in der leidenschaftlichen Hitze, in der Trunkenheit, in der schlechten Erziehung, in der Eifersucht, im Neide und andern persönlichen Eigenschaften und Verhältnissen des Mörders suchen. Buckle dagegen tritt auf und argumentirt so: In England, in Schottland, in Irland, in Frankreich, in Belgien wird *alljährlich*, mit Berücksichtigung der Populationszunahme, *genau dieselbe Anzahl* von Mordthaten verübt. Diese gewisse Anzahl von Mordthaten bildet für jedes dieser Länder ein statistisches Gesetz, so lange die Grundlagen und Bedingungen ihrer Civilisation dieselben bleiben.

Wenn nun dem so ist, frägt Buckle weiter, liegt dann der *wahre Grund* einer gewissermassen durch die Statistik prädestinirten Mordthat, nicht *vielmehr und recht eigentlich* in dem Civilisationsgrade der Gesellschaft des Landes, in welchem nach der statistischen Tabelle alljährlich jene bestimmte Anzahl von Mordthaten vollführt wird, als in der Individualität des zufälligen Thäters dieser oder jener bestimmten Mordthat? Ist nicht da die Gesellschaft der eigentliche Urheber dieses Mordes und erscheint nicht der einzelne Thäter gewissermassen nur als das bloße Werkzeug in der Hand des eigentlichen Thäters, als der bloße Vollstrecker dieser durch die Gesellschaftsstatistik im Voraus gefällten Todesurtheile?

Dasselbe Gesetz weist Buckle an der Zahl der *Selbstmorde* bei normalen Verhältnissen nach, und das wahrhaft Merkwürdige hiebei ist, daß nicht bloß die Anzahl der Selbstmorde sich gleich bleibt, sondern sogar der bestimmte Monat, der bestimmte Tag, die bestimmte Stunde, ihr fast unveränderliches Contingent stellen. Ja Buckle geht hiebei so sehr in die minutiösesten Detailstudien ein, daß er sogar nachweist, daß die Anzahl der durch nachlässige Addressirung unbestellbaren Briefe bei der englischen Post, wenn man die Zunahme des Briefverkehrs überhaupt in Anschlag bringt, alljährlich dieselbe bleibt. Kann die kühnste Phantasie ein frappanteres Factum ersinnen, als es hier dieses Stück Wirklichkeit bietet!

Aus dieser Grundidee Buckle's ergibt sich nun als nächster Folgesatz die *Solidarität aller Klassen der menschlichen Gesellschaft* in ihrem geistigen und materiellen Wohl und Wehe.

Die ganze Gesellschaft, Hoch wie Niedrig, Reich oder Arm hat ein nicht bloß moralisches, sondern ein greifbares, materielles Interesse daran, daß z. B. die Zahl des Attentate gegen die Sicherheit des Lebens oder des Eigenthums alljährlich abnehmen, oder ganz aus

den Rubriken der Criminalstatistik verschwinde, denn der Hoch-
wie der Niedriggestellte kann am Beginne eines jeden Jahres nicht
vorauswissen, ob nicht *gerade über seinem Haupte* das Damoklesschwert eines jener Attentate schwebt, welche, *untrüglicher Erfahrung* gemäß, in diesem Jahre sich vollziehen werden!

Wie kann nun der Einzelne sich dagegen sicherstellen? Strafen
gegen die Verbrecher, selbst die nach dem obigen Ideengang so
schwer moralisch zu rechtfertigende Todesstrafe, sind zwar gewiß
nothwendig, doch haben sie, wie die Erfahrung lehrt, das Übel selbst
nie mit der Wurzel beseitigt. Was bleibt da übrig, als daß jeder Einzelne nach seinen Kräften, und vor allen Andern die Gesetzgeber
und die Regierenden, durch Wort und That das Ihrige beitragen, damit der Grad der allgemeinen Sittlichkeit und Civilisation sich hebe,
und so das Substrat ein anderes werbe, aus welchem jene Attentate
mit derselben Gewißheit innerhalb gewisser Zeiträume entspringen
müssen, mit welcher sich aus einem Sumpf Miasmen und aus einem
ungepflegten Erdreich Dornen, Disteln und Unkraut erheben. Ähnliche Beispiele ließen sich aus allen Sphären der menschlichen Interessen herholen.

Eine weise, wahrhaft anbetungswürdige Weltordnung hat eben
das wahre Gedeihen des *Einzelnen* an das Gedeihen Aller unzertrennlich geknüpft, und ein Staat oder ein Individuum, vermag nie
den wahren Interessen der Menschheit und des Fortschritts eine
Wunde zu schlagen, ohne *sich selbst* in der Gegenwart oder in der
Zukunft geschädigt zu haben.

Der Egoist, der auf Rang, Macht oder Reichthum pochend, sich
und seine Interessen als losgelöst von der übrigen Menschheit betrachtet, er ist ein Thor, der immer, und oft, ohne es zu ahnen, die
Strafe seiner Kurzsichtigkeit und Herzlosigkeit zu tragen hat. Die
gekrönten Egoisten, Ludwig XIV. und XV., die mit ihren Grundsätzen *„l'état c'est moi"* und *„après nous le déluge"* sich selbst und Frankreich zu Grunde richteten, sie hätten trotz ihrer egoistischen Ver-
worfenheit anders regiert, wenn ihr blödes Auge durch Nacht und
Nebel der Zukunft den blutigen Schatten ihres unglücklichen Enkel-
sohnes, den Sturz und die Vertreibung ihrer Dynastie hätte erblicken können.

Denken wir uns ein Land, wo die freie Forschung in den Naturwissenschaften von den Fesseln theologischer Bevormundung sich

nicht zu befreien vermag, und denken wir uns einen finstern, egoistischen Regenten oder einen der Aufklärung feindlichen Kirchenfürsten als den Träger dieses Systems. Die Folge davon wird naturgemäß ein niedriger Stand des ärztlichen Wissens und der sanitären Verhältnisse in diesem Lande sein. Wenn nun auch der betreffende Monarch oder Kirchenfürst für ihre Personen den ausgezeichnetsten, aus fremdem Lande berufenen Leibarzt besitzen, so irren sie doch sehr, wenn sie auf diese Weise glauben, den möglichen Folgen des allgemeinen niedrigen Standes des ärztlichen Wissens in ihrem Lande zu entgehen. Denn, wie ausgezeichnet der um ihre Personen beschäftigte Leibarzt auch immer in seinem Fache sein mag, so müssen doch noch immer unendlich zahlreiche Probleme der Wissenschaft für ihn ungelöst bleiben; denn er ist nur ein Mensch.

Die bereits gesammelten Resultate seines Wissens verdankt er aber zum größten Theile den Forschungen und Arbeiten der Forscher und Denker aus der ganzen Welt, zu welchen also jedes die Wissenschaft pflegende Land ein größeres oder geringeres Contingent von Entdeckern stellt.

Setzen wir nun den Fall, der betreffende Fürst oder Kirchenfürst, werde von einer jener zahlreichen Krankheiten befallen, vor welcher nicht blos sein Leibarzt sondern die zeitgenößische Wissenschaft überhaupt, wie vor einem ungelösten Sphynxräthsel, rath- und hilflos dasteht: liegt da nicht die Möglichkeit vor, daß gerade unter den 30 oder 40 Millionen Köpfen, aus welchen die Bevölkerung dieses Staates besteht, dem verzweifelnden Kranken jener Arzt, jener Entdecker hätte erstehen können, nach welchem er jetzt vergeblich die Hände ringt, und muß er nicht dann aus den *persönlichsten und egoistischsten* Motiven das System verfluchen, welches so vielen Tausenden fähiger Geister es unmöglich gemacht hat, sich an dem großen und nie abgeschlossenen Werke der Forschung zu betheiligen!

Einen Galileo Galilei forderte im J. 1632 Pabst Urban VIII. vor die Schranken des Inquisitionstribunals, ließ ihn, den großen Entdecker und Wohlthäter der Menschheit monatelange im Kerker schmachten, ließ die großen Wahrheiten, die er der Menschheit erobert, verdammen, und ihn selbst zur Abschwörung derselben zwingen. Und heute, o Ironie der Weltgeschichte, heute bedient sich *dieselbe Autorität des Telegraphen*, um ihren apostolischen Segen, Bannfluch oder

Ablaß zu ertheilen, oder die schleunige Absendung eines französischen Expeditionscorps gegen Garibaldi zu erbitten!

Indem sie sich aber die bereits trotz ihrer erbitterten Opposition gewonnenen Resultate der Wissenschaft und des Fortschrittes für ihre Zwecke aneignet, gibt sie, ewig unbelehrt, diese Opposition nicht auf, sondern wüthet gegen Beide mit Syllabus und Encyclica, statt wie früher, mit Scheiterhaufen und Kerker.

Ich kehre nun nach dieser kurzen Abschweifung, deren Inhalt aber auf's Innigste mit den Haupttendenzen meiner Schrift zusammenhängt, zu meinem eigentlichen Thema zurück.

Gäbe es nun in Europa ein allgemeines Staatentribunal und wäre damit, wie ich früher entwickelt habe, überhaupt die Möglichkeit eines gerechten Krieges gegeben, so könnte man sich doch eher mit dem Gedanken befreunden, daß auch die Intelligenz und überhaupt die höher cultivirten Schichten der Bevölkerung eines Staates zu persönlichen Leistungen des Kriegsdienstes herangezogen werden sollen.

Wie die Dinge aber heute stehen, weiß jeder denkende und selbst nur oberflächlich mit der Geschichte vertraute Mann, daß die meisten Kriege von der Laune, dem Muthwillen, dem militärischen Genie und der Vergrößerungssucht einzelner Fürsten oder Völker veranlaßt werden. Ein Kriegsgenie wie Napoleon den I. kann man sich z. B., so lange der europäische Frieden nicht eine vom ganzen Welttheil garantirte Institution geworden ist, gar nicht auf einem Thron denken, ohne sich ihn gleichzeitig durch das innere Gefühl seiner Kraft und seines Genies, gleichsam instinctiv zu kriegerischem Auftreten gedrängt zu denken. Gäbe es dagegen eine solche Institution, derselbe Napoleon wäre durch sein Genie wahrscheinlich der größte und friedlichste Wohlthäter der Nation geworden. Also der Zufall eines militärischen Genies auf einem Throne kann die Welt in 15jährige Kriegsverwirrung stürzen, bloß, weil dieses *eine* Genie nicht müde wird, die Kampfarena mit dem Geschrei seines Ruhmes erfüllen zu wollen. Muß sich da nicht jeder einzelne denkende Mensch sagen, daß es am Besten wäre, diese Arena überhaupt zu schließen, und wo gibt es da die Möglichkeit, sich für die Gerechtigkeit solcher Kämpfe zu begeistern?

Handelt es sich aber um jene Kriege, welche, wie in neuerer Zeit der *terminus technicus* lautet, für eine sogenannte Idee geführt werden, jener Kriege, wo es sich um die Einigung, um die Bildung eines staatlichen Nationalganzen handelt, so ist es auch hier für den Intelligenten, der sein eigenes Urtheil, sein eigenes Denken hat, unendlich hart, Gesundheit, Leben und Gewissensruhe für Zwecke zu opfern, in deren Erreichung er entweder nichts Wünschenswerthes erblickt oder deren Erreichung auf dem friedlichen Wege eines europäischen Staaten-Verdicts so unendlich näher läge. Jeder gebildete, jeder denkende Mann wird sich nur mit dem größten Widerstreben nöthigen lassen, das Leben seines Mitmenschen anzugreifen und sein eigenes zu gefährden, wenn er sieht, daß von den beiden kriegführenden Regierungen, das Einfachste und Nächstliegende verabsäumt wird, um ihren Streit ohne Blutvergießen auszutragen. – Dieses Einfachste und Zunächstliegende ist, daß die Staaten eben eine richterliche Autorität gründen und über ihre Streitfrage entscheiden lassen und das ist es eben, was bisher noch nie geschah.

In dem Maße, als nun eigenes, selbstständiges Denken, moralische und religiöse Überzeugung, das Bewußtsein, daß man Gott und seiner Ordnung mehr gehorchen solle, als den Menschen, und das Gefühl der Brüderlichkeit und Menschenfreundlichkeit, bei einem Menschen kräftiger und höher entwickelt sind, in dem Maße muß auch die moralische Pein größer sein, die er duldet, wenn er gegen jede bessere Überzeugung, mit seinem und seines Mitmenschen Blute, der rohen Gewalt einen ihm verhaßten Sieg erkämpfen helfen muß.

Kann für einen Menschen von Verstand, Herz und Gefühl eine gräßlichere Situation erdacht werden? Wie muß er da nicht den rohen unentwickelten Geist beneiden, der gewöhnt ist, Andere für sich denken zu lassen, der nur materielles Wohl und Wehe kennt und keine Ahnung hat von der moralischen Tortur, der jeder höher cultivirte Mensch in einer derartigen Situation unausweichlich verfallen muß. Und ist es gerathen, eine Institution zu begründen wie die allgemeine Wehrpflicht, die den Gebildeten, den Intelligenten unendlich härter trifft als den rohen und geistig unentwickelten Menschen, die also hinter der Maske der Gleichheit die schreiendste Ungleichheit verbirgt. Man denke nur an die Situation eines Seume, der in hessisch-englische Kriegsdienste gepreßt, in Canada die aufkeimende Freiheit Nordamerika's bekämpfen mußte!

Man denke sich einen Herder, einen Schiller oder Göthe, wenn sie heute lebten und militärpflichtig wären, wie sie das königlich preußische Zündnadelgewehr vor dem ersten, besten Junker schultern, und wie sie, ohne jede eigene Entscheidung, sengen, brennen und tödten müssen, wenn es einem genialen Minister einfällt, sich in den Kopf zu setzen: *Je veux la guerre avec l'Autriche.*" Kann man sich eine kläglichere, eine grauenhaftere Ungereimtheit wohl ersinnen! Freilich ist nicht jeder Gebildete, dem heutzutage dieses Los beschieden wird, ein Schiller, Göthe oder Herder; aber man braucht auch kein solcher Heros zu sein, man braucht nur selbstständig zu denken und menschlich fühlen gelernt zu haben, um in einer derartigen Situation der Verzweiflung nahe gebracht zu werden.

Die Unruhen, mit welchen das Inslebentreten des neuen System's in Baiern, besonders aber in allen wichtigern Städten des für so durch und durch militärisch angesehenen Frankreichs, begrüßt wird, sind trotz aller offiziellen Phrasen gewiß die schlagendste Illustration zu der Popularität, welcher sich das neue System in den weitesten Schichten der Bevölkerungen erfreuet!

Dieß haben denn auch früher und bis auf die neueste Zeit selbst die absolutesten und freiheitsfeindlichsten Regierungen anerkannt und respectirt. Die Intelligenz, die gelehrten Classen waren vollständig vom Kriegsdienst freigesprochen. Den andern mehr oder weniger gebildeten Theilen der Bevölkerung war durch den Loskauf die, fast immer wo möglich benützte Gelegenheit, zur Befreiung vom Kriegsdienste geboten.

Heute ertönt im Gegensatze dazu, als Tagesgeschrei, der Ruf nach Heranziehung der Intelligenz zum Heere, und aus zwei feindlichen Lagern erschallt dieser Ruf gleichzeitig. Die Reaction hofft, durch die militärische Disciplin den stolzen Nacken der Intelligenz und des Bürgerthums zu beugen, die Democratie hofft, in die Heere ein revolutionäres und zersetzendes Element einzuführen. Beide Parteien schaden nur sich selbst am meisten, indem sie durch diesen heuchlerischen Compromiß vereint, dem Fortschritt, der Cultur, dem Wohlstand und der Stabilität der Regierungen tiefe Wunden schlagen, und der Revolution vorarbeiten.

Den Loskauf erklärt man heutzutage als dem Geist der Gleichheit entgegen, als undemokratisch, und gestattet ihn nicht.

Diese Auffassung beruht gleichfalls auf einem argen Irrthum. Das Geld ist nicht Eigenthum einer Kaste, sondern ist gerade wesentlich democratischer Natur. Es ist wie das Quecksilber in immer-währender Bewegung, es ist heute da und morgen dort, und jeder Tag sieht Reiche arm und Arme reich werden. Die Kinder des Armen, in der Schule der Mäßigkeit und Arbeitsamkeit erzogen, werden häufig reich, die Kinder des Reichen in Üppigkeit, Müßiggang und ohne Erprobung der eigenen Kraft aufgewachsen, werden eben so häufig wieder arm. So gibt es ein immerwährendes Fluctuiren zwischen Arm und Reich; eine strenge Scheidung gibt es hier nicht.

Endlich sind „Reich und Arm" völlig relative Begriffe; sie hängen völlig von den Bedürfnissen desjenigen ab, der reich oder arm genannt wird. Man kann mit hunderttausend Gulden arm sein, wenn man jährlich zwanzigtausend ausgibt und nur fünf einnimmt, und man kann mit zehntausend Gulden reich sein, wenn man von eingenommenen fünfhundert Gulden nur zweihundert ausgibt. Wo endet also *da* die *Armuth* und wo beginnt der *Reichthum*?

Nehmen wir an, ein junger Mann von Bildung, Tüchtigkeit und guten Aussichten, besäße, oder dessen Eltern besäßen ein Capital von gerade tausend Gulden, was die Loskaufsumme des betreffenden Staates ausmacht. Nehmen wir sogar an, daß er diese Summe nicht selbst besäße, sondern nur im Stande wäre, sich dieselbe im Wege des Credits zu verschaffen. Dieser junge Mann nun kann gewiß nicht zu den Reichen gezählt werden, und wird doch vielleicht freudig und mit Dank die Loskaufsumme erlegen, die ihm die Unterbrechung seiner Laufbahn und die Beschäftigung mit dem ihm widerwärtigen Soldatenmétier erspart. Ebenso häufig wird dagegen der Sohn eines Fürsten eines Millionärs freiwillig, aus innerem Antriebe die militärische Cariére betreten. Ist nun dem armen Jüngling, der sich die tausend Gulden selbst nur erborgt hat, durch die Annahme derselben von Seiten des Staates nicht besser gedient, wenn auch ein reicher Jüngling dieselbe Summe weit leichter opfern kann, als wenn es für Beide, den Armen und den Reichen gar kein Mittel gäbe, sich der Unterbrechung des eigenen und der Übernahme eines gehaßten Berufes zu entziehen? Will man schon streng im Geiste der Gleichheit handeln, nun so kann man ja die Loskaufsumme wie eine progressive Capitalsteuer behandeln; das wäre dann wirkliche Gleichheit für Arm und Reich, so weit sich diese Gleichheit überhaupt erreichen läßt.

Wenn man dagegen einwendet, daß dann doch die Ungerechtigkeit gegen diejenigen übrig bleibe, die weder den Betrag der Loskaufsumme besitzen, noch sich einen gleich hohen Credit verschaffen können, so ist dagegen Folgendes zu bemerken. Vor allem wird die Situation dieser Classe nicht dadurch verbessert, wenn auch andere Classen sich derselben Situation nicht zu entziehen vermögen. Ein kranker Mann wird dadurch noch nicht gesund, wenn er neben sich zehn Andere von derselben Krankheit ergriffen sieht. Ferner ist diese völlig verarmte Klasse der Bevölkerung gerade diejenige, die schon aus Noth in allen Ländern, wo das Werbe-System bestehet, *freiwillig* der Werbetrommel folgt, was der beste Beweis ist, daß für diese Klasse die Heranziehung zum Militärdienste eher eine Verbesserung ihres Loses in sich schließt, während die zwangsweise Heranziehung zum Heere von den höherstehenden Schichten der Bevölkerung als der höchste Druck empfunden wird. Das consequenteste und liberalste System wäre freilich auch jener Classe gegenüber das System der freiwilligen Anwerbung, die einen um so sichereren Erfolg hätte, wenn man die Loskaufsummen der besitzenden Classen ausschließlich zur Gründung von Capitalien für die Angeworbenen verwendete.

Indem ferner durch die Heranziehung eines großen Theils der besitzlosen Classe die Arbeitslöhne des übrigen Theils derselben steigen würden, wäre auch damit dem Pauperismus kräftig begegnet und das ist doch gewiß democratisch.

Es muß auch endlich in Anschlag gebracht werden, daß dem Volkswohlstand eine unendlich tiefere Wunde geschlagen wird, wenn Angehörige jener Berufszweige ihrer Bestimmung entzogen werden, die eine große volkswirthschaftliche Bedeutung haben, als wenn solchen Individuen eine Bestimmung und ein Beruf octroyrt wird, die wenigstens keine andere productive Bestimmung und keinen andern Beruf aufzuopfern haben.

Bisher hatten denn auch alle europäischen Staaten, mit Ausnahme Preußen's, sich nicht der Einsicht verschlossen, daß man einen Arzt, einen Juristen, einen Industriellen mit einem Eckensteher der Stadt oder einem landwirthschaftlichen Taglöhner nicht in eine und dieselbe Categorie stellen dürfe, und daß diese scheinbare Gleichheit die allerärgste Ungleichheit in sich schließe. *„Summum jus summa saepe injuria."*

Ein jeder Angehörige der gebildeten Berufsstände repräsentirt schon in den Auslagen, welche die meist langjährige Vorbereitung und Ausbildung für den Beruf erforderte, ein höchst beträchtliches volkswirthschaftliches Capital, und es ist, ganz abgesehen, von der Lahmlegung dieses Capitals in Friedenszeiten, ein himmelweiter Unterschied, ob ein Individuum im Falle des Krieges als „Kanonenfutter" verwendet wird, welches in der geistigen oder materiellen Production fast gar keine Rolle spielt, oder ob dieses Loos ein Individuum trifft, dessen productive Kraft für seine Familie, für den Staat, ja oft für die ganze Menschheit von eingreifendster Bedeutung ist.

Mit einem großen Ingenieur, Arzt, Industriellen, Rechtsgelehrten sinkt oft eine ganze Welt von Gedanken, Leistungen und Fortschritten in's vorzeitige Grab; ist das nicht ein bethlehemitischer Kindermord der allerärgsten Art?

Denken wir uns, daß ein jugendlicher oder auch landwehrpflichtiger Schiller oder Göthe, Mozart, Newton, Volta, Gauß oder Stephensohn in irgend einem Gefecht oder einer Schlacht eines längstvergessenen Krieges gefallen wäre: wäre es ein Vortheil oder ein Ersatz für die Menschheit *dafür*, daß heute der Faust, der Don Juan ungeschrieben, der Telegraph unerfunden wäre, daß auch diese Genies mit ihrem Leben der Rohheit und der Uncultur ihrer Zeit ihren Tribut hätten zahlen müssen?

Oder kann man etwa am Vorabend einer Schlacht, die Genies, die zukünftigen großen Männer aus den Armeen heraussichten, um ihr, der ganzen Menschheit so unendlich kostbares Dasein keiner Gefahr auszusetzen? Das ist undenkbar, und so würde dann diese einzige Betrachtung genügen, um das Verderbliche und Unsinnige des ganzen Systems auf's Schlagendste zu beweisen.

Im großen Ganzen der Weltordnung besteht zwischen dem Größten und Kleinsten ein inniger und tausendfältiger Zusammenhang; diese Wechselwirkung ist für das menschliche Auge oft nicht erkennbar, sie besteht aber darum nicht minder.

Gar mancher Monarch schon wand sich in unsäglichen Schmerzen auf seinem Lager, rettungslos dem unerbittlichen Tode verfallen, und draußen, in ferner Erde, wo vor Jahren, seines Ehrgeizes wegen, die Schlacht gewüthet hatte, dort moderten unter dem namenlosen Hügel die Gebeine *desjenigen*, der vielleicht durch eine neue Entdeckung, sein Arzt, sein Retter geworden wäre.

Die Verhandlungen wegen Freilassung des Kaisers Max, wurden durch den unterseeischen Telegraphen geführt und hätten möglicher Weise auch ein erwünschtes Resultat haben können. Die Möglichkeit der Rettung dieses Kaisers und Prinzen aus hohem Hause beruhete also einzig und allein darauf, daß die Erfindung des Telegraphen zu unserer Zeit bereits existirte; und sie würde heute nicht existiren, wenn Galvani, Örsted und Morse im Soldatenrocke zur Zeit ihres besten Schaffens ihr Blut für besondere, der Menschheit selbst oft gleichgültige oder schädliche Interessen hätten verspritzen müssen. –

Hier könnte ganz richtig eingewendet werden, daß das Genie und Talent an keine Schichte der Bevölkerung gebunden ist und daß der Prometheusfunke dem Gehirn des Proletarierkopfes ja eben so gut entspringen kann, als dem Kopfe des Angehörigen einer höherstehenden Klasse.

Doch dieß würde nur abermals beweisen, daß es von sämmtlichen Staaten am richtigsten gehandelt wäre, gar keine Klasse der Bevölkerung, auch nicht die ganz besitz- und creditlose *zwangsweise* zum Kriegsdienst heranzuziehen; und da dieß ohne die Existenz eines Staatentribunals, nicht möglich ist, so würde diese vollkommen richtige Einwendung, nur für die Gründung eines solchen Tribunals, gleichfalls sprechen.

So lange aber dieser Forderung des einfachsten Menschenverstandes von der europäischen Staaten-Gesammtheit nicht entsprochen ist, so lange ist es gewiß gebieterische Pflicht für den Staat, wenigstens auf jene höheren Klassen der Bevölkerung, *keinen* Zwang zum Kriegsdienste auszuüben, in welchen allein, unseren heutigen Zuständen gemäß, Genie oder Talent entdeckt, entwickelt und gebildet werden. Ein Lastträger, ein Taglöhner, sind zu zwanzig Jahren in der Regel dasselbe, was sie zeitlebens bleiben; ihre Vergangenheit hat es dem Staat unmöglich gemacht den Keim des Genies in ihnen zu entdecken, wenn er wirklich auch in ihnen vorhanden war. Aber ein Schiller der mit 18, ein Göthe, der mit 20 Jahren die „Räuber", den „ Göz" und „Werther" geschrieben hatten, ein Mozart, würden heute, wenn sie linien- oder landwehrpflichtige Preußen gewesen wären, in den Massen-Gräbern von Chlum oder Sadowa ruhen, und „Wallenstein", „Don Carlos", „Faust" und „Don Juan" wären gar nicht entstanden!

Wenn es je eine Barbarei, einen Vandalismus gab, verdient nicht eine Institution diese Bezeichnung, die zu solchen Consequenzen führt? Oder liegt hier in meiner Darstellung etwa die kleinste Übertreibung vor, und beruht sie nicht vielmehr auf der einfachsten, nackten Wahrheit?

Auch darin war das bisherige System des Loskaufes und der daran geknüpften Befreiung vom Kriegsdienste wahrhaft liberaler als die an seine Stelle tretende Institution der allgemeinen Wehrpflicht, daß jenes System dem Gewissen des Einzelnen und den religiösen Anschauungen ganzer Confessionen Rechnung trug, während dieser Factor heutzutage verächtlich bei Seite geschoben wird.

Die nicht katholischen Confessionen, besonders die israelitische, hatten sich bis auf die neueste Zeit in Oesterreich wahrlich keiner besonderen Gunst zu erfreuen, und doch war in Oesterreich der besonders in Galizien zahlreichen Sekte der Mennoniten, dann der Gemeinden der Karaiten, ihrer religiösen Überzeugung wegen völlige Befreiung vom Militärdienste eingeräumt. Und die Entziehung einer derartig begründeten Befreiung sollte nun ein Fortschritt sein!

Es ist für den Verfasser höchst erfreulich, an dieser Stelle zu bemerken, daß in neuester Zeit Preußen begonnen hat, wenigstens in diesem Punkte, den religiösen Gewissensbedenklichkeiten seiner Bevölkerungen von christlich-mennonitischer Confession eine gewisse Rücksicht angedeihen zu lassen. – Wohlunterrichtete Blätter berichten nämlich, daß die preußische Regierung auf die Auswanderungsandrohung von Seiten der durch Thätigkeit und Sittlichkeit ausgezeichneten mennonitischen Gemeinden sich zu dem Compromiß herbeigelassen habe, die Mennoniten fortan nur zu militärischen Kanzlei- und Spitalszwecken heranzuziehen, während sie darauf verzichte, von ihnen Combattantendienste zu erpressen. Der österreichische Wehrgesetzentwurf vom 1. Jänner 1867 verleihet den Mennoniten und den israelitischen Caraiten-Gemeinden, *jedoch nur für Galizien*, die Befreiung vom Militärdienste, ein Privilegium, das sich jedoch nicht auf diejenigen Angehörigen dieser Confessionen erstrecken soll, welche erst nach der Wirksamkeit des neuen Wehrgesetzes zu denselben übertreten.

Die Consequenzen dieses Gesetzes müßten wahrhaft bewundernswürdig sein! Ein Bekenner einer solchen Confession soll also in *Böhmen* oder *Mähren* einmal *dieselbe* heilige Gewissenspflicht nicht erfüllen dürfen, deren Erfüllung von den Gesetzen desselben Staates seinem glücklichern Mitbruder in Galizien in feierlicher Weise garantirt wird? Und ferner soll wohl der Übertritt zu einer dieser Confessionen, wie selbstverständlich, gestattet sein, gleichzeitig aber soll es nicht erlaubt sein, einem Grundgesetze dieser Confessionen nachzuleben? Ist das wahre confessionelle Freiheit, oder befürchtet etwa der Staat allzuzahlreiche Massen-Conversionen seiner Bevölkerungen zu den beiden privilegirten Confessionen? Wenn dieß der Fall wäre, so wäre damit der Gewissens- und Berufszwang, der in dem Prinzip der allgemeinen Wehrpflicht liegt, am Deutlichsten blosgelegt. Selbst in der finstersten Zeit religiöser Verfolgungssucht war man nicht so weit gegangen. Wenn ein Israelit zum Christenthum übertrat, so hatte kein Mensch das Recht danach zu forschen, ob nicht etwa die Lust, Grundeigenthum erwerben zu dürfen, mehr Antheil an seiner Bekehrung hatte, als die innere Überzeugung von dem höhern Werthe des neuangenommenen Glaubens.

Auf diese Weise würde also für die bereits bestehenden Mennoniten- und Caraiten-Gemeinden ein ausschließliches, an der Geburt, nicht an der Confession haftendes Privilegium geschaffen, etwa in der Weise, wie in Württemberg gleichzeitig mit der Einführung der allgemeinen Wehrpflicht nach preußischem Muster, die Militärfreiheit der Standesherren decretirt wurde. – Glückliche Mennoniten, glückliche Standesherren!

Und ist es etwa dem Gewissen des einzelnen Denkers, Dichters oder Künstlers möglich, die Absolution des Staates für das blutige Geschäft des Krieges anzunehmen, eines Krieges, dessen Ziele er oft innerlich zu verurtheilen genöthigt ist? Man wende hier nicht ein, daß in constitutionellem Staate oder in der Republik, diese Absolution des Staates für die Kriege, die er führet, einem jeden Bürger genügen solle und müsse. Gar manches Gewissen wird gegen diese Zumuthung energisch protestiren. Gar mancher Mensch wird zu dem Resultate gelangen, daß, wenn er schon dem Staate das höchste Recht einräume, über *sein eigenes* Leben zu disponiren, daß er ihm deshalb doch nicht das Recht zugestehen könne, *gegen die Zustimmung des eigenen Gewissens*, die Gesundheit und das Leben seiner Mitmenschen zu gefährden. Der Fall kann sich dann gar oft ereignen, daß solche Männer lieber ohne Gegenwehr ihr eigenes Leben dem Geschoße eines Feindes preisgeben, der gleichfalls nicht aus freier Wahl, sondern gezwungen das ihrige angreift, bevor sie sich entschließen, das eigene Leben um den Preis eines andern Lebens zu erkaufen. Ein solcher Mann würde dann als sicheres Schlachtopfer in die Schlacht marschiren, und ganz gewiß würde es doch gerade der edelste Mensch und der beste Christ sein, der so dächte und handelte!

Eine weitere wichtige Einwendung gegen die allgemeine Wehrpflicht, die gleichfalls, ganz allein für sich geeignet wäre, die innere Unwahrheit und Ungerechtigkeit dieser Institution in's klarste Licht zu stellen, enthält die folgende Betrachtung.

Ein altes Sprüchwort sagt: *„Poeta nascitur"*. Der Satz ist richtig, kann aber mit vollstem Recht auf jeden Berufszweig des menschlichen Lebens angewendet werden; denn zu jedem Berufe, wenn er uns Behagen, Befriedigung und die Aussicht gewähren soll, uns über das Niveau der Mittelmäßigkeit emporzuarbeiten, gehört ein gewisser Grad von angeborenem Talent und angeborener Lust und Liebe zur Sache. Wie das Talent und die Liebe zur Dichtkunst, so ist auch das Talent und die Lust zur technischen Erfindung, zur ärztlichen Forschung, zur kaufmännischen und finanziellen Speculation etwas Angeborenes, und ist zugleich die Vorbedingung eines gedeihlichen und bedeutsamen Wirkens in all' diesen Fächern. Wer sich ohne diese Art von Prädestination, von innerem Drange, irgend einem Berufe hingibt, der wird diese unrichtige, oder ihm durch Verhältnisse aufgezwungene Berufswahl gar oft mit seinem Lebensglück bezahlen, und auf jeden Fall harrt seiner, nur das Zurückbleiben und die Zurücksetzung hinter seinem, mit Lust und Talent zur Sache, ausgerüsteten Nachbar.

Macht nun etwa die militärische Laufbahn, die der moderne Staat einem jeden seiner Angehörigen jetzt aufzwingt, eine Ausnahme von dieser allgemein giltigen Regel? Gewiß nicht im Entferntesten! Denn die tägliche Erfahrung zeigt uns, daß auch hier wie in allen andern Berufsarten, Talent und Lust zur Sache, Hand in Hand gehen, daß auch hier wie überall diese beiden Factoren die Vorbedingungen des Erfolges bilden. Junge Leute, bei welchen diese beiden Factoren oder nur einer derselben vorhanden ist, sehen wir häufig trotz der Einsprache der Eltern und anderer Hindernisse unter die Fahnen eilen, und eben so häufig sind die Fälle, wo diejenigen, denen Lust und Liebe zum Militärstande fehlt, zur Flucht, zur

Selbstverstümmelung, ja zum Selbstmorde greifen, um dem tiefinnerst verhaßten Berufe zu entgehen.

Ist da nun nicht wieder die scheinbare Gleichheit der allgemeinen Wehrpflicht in Wahrheit die grausamste Ungleichheit, und kann diese in unsern Verhältnissen unerhörte Anomalie des Berufszwanges irgendwie gerechtfertigt werden!

In Frankreich war es seit der napoleonischen Zeit traditionell geworden, dem gemeinen Soldaten mit *der* Versicherung Lust zu seinem Métier einzuflößen, daß er, wenn er nur wolle und sich danach halte, den Marschallsstab in seinem Tornister trage. Wie nun aber, wenn für den Einen oder den Andern dieses Ideal des Marschallsstabes selbst nicht den geringsten lockenden Reiz besitzt!

Ist es nun billig, ist es nicht vielmehr eine schreiende Ungerechtigkeit, durch die Mittel des Zwanges zwei Individuen einen und denselben Beruf zu octroyren, von denen der Eine *frohen Muthes und jubelnd*, der Andere aber, *Tod und Verzweiflung im Herzen*, sich diesem Beruf ergibt![4]

Und man wende hier nicht ein, daß der Kriegsdienst weniger ein Beruf, als eine Jedermann obliegende Pflicht sei.

Denn der Staat befreit ja eine ganze Berufsclasse, nämlich die Seelsorger aller Confessionen, und ganze Confessionen selbst, wie die christlichen Mennoniten und die israelitischen Karaiten von der Verpflichtung zum Militärdienst, und erkennt gewiß dadurch am Unzweideutigsten an, daß er den Militärdienst als einen Beruf betrachte, der aber Niemandem auferlegt werden dürfe, dessen Gewissenspflicht oder dessen Confession ihm diesen Beruf als unerträglich erscheinen läßt.

Der Staat anerkennt also klar und unzweideutig das höhere Recht der Gewissenspflicht, gegenüber dem von ihm auferlegten Beruf zum Kriegs-

---

[4] Die Nummer des Wiener Journals „Der Wanderer" vom 11. April d. J. [1868 (?)] enthält nachstehende Notiz: „*In Silz (Tirol) fiel im Gerichtsgebäude, nach der Ziehung, ein Losungspflichtiger, Namens Alois Adler von dort, in Folge ungeheuerer Aufregung, welche in ihm um so stärker gewirkt haben mag, als er eben von einer Krankheit genas, todt nieder. Er hatte übrigens die hohe Nummer 66 gezogen.*" – Welche ergreifende Warnung liegt in diesen wenigen Worten! Ein junges Leben, geopfert dem Prinzip des Berufszwanges in demselben Moment, in welchem Hunderte von Jünglingen vielleicht demselben Beruf jauchzend und Hüte schwenkend in die Arme eilen! Was wohl dieser Alois Adler für ein prächtiger Soldat geworden wäre!

dienste, und ganz consequenter Weise kann dieses Recht der Gewissenspflicht von einem jeden denkenden und gewissenhaften Mann in Anspruch genommen werden, sobald ihn *die höchstpersönlichen Leistungen, des activen Krieges* besonders, in einen unlöslichen Conflict mit seinem Gewissen verwickeln würden. Oder müßte man in einem christlich civilisirten Staate des 19. Jahrhunderts etwa katholischer Geistlicher, Pastor, Pope, Rabbiner, Mennonite oder Karaite sein müssen, um einer als heilig erkannten Gewissenspflicht nachleben zu dürfen?

Ein Jeder würde darüber lachen, wenn es einem Staate einfiele, alle seine Bürger zu Musikern oder zu Ingenieuren heranbilden zu wollen. Daß man aber einem Menschen von wahrer Lammesnatur, einem Stubengelehrten, einem friedlichen Kaufmann für die dreißig besten Jahre seines Lebens, die Heldencarrière in verschiedenen Abstufungen aufzwingt, enthält gewiß einen eben so großen Widerspruch, an den man sich aber gewöhnt, weil man ihn überall oder doch in so vielen Staaten herrschend antrifft. Im Staate A. denkt der große Haufen, die Sache müsse wohl so und nicht anders arrangirt werden, denn die Staaten B, C, D, E und F müssen doch wohl wissen, was sie thun, und haben es ja gerade so gemacht, wie der Staat A. Genau eben so denkt und raisonirt aber auch die Masse in den Staaten B, C, D, E und F, und beruft sich wieder auf das Beispiel, welches der Staat A gegeben. So bildet sich überall, weil auf falsche Voraussetzungen gegründet, eine vorurtheilsvolle, öffentliche Meinung, die ihrerseits wieder schädlichst auf die Gestaltung aller Verhältnisse zurückwirkt, so lange, bis die Unerträglichkeit der Institution sie endlich selbst stürzt, und dem gesunden Menschenverstand zu seinem Rechte verhilft.

Nur wenige Denker gibt es, die den Dingen auf den Grund sehen, und denen ein Vorurtheil, eine falsche Anschauung, nicht schon deßhalb imponirt, weil sie dasselbe allgemein verbreitet und überall mächtig und siegreich erblicken. Zweimal zwei bleibt doch vier, und wenn es auch allen Staaten der Welt gleichzeitig einfiele zu decretiren, daß zweimal zwei von nun an fünf sein sollen. Unter der Pariser Jacobinerherrschaft decretirte der Staat ja auch förmlich die Abschaffung der Gottheit, und führte den Cultus der Vernunft ein, die man zu Paris in einem schönen Weibe personifizirte. Wird darum ein einziger wahrhaft gottesgläubiger und richtig denkender

Mensch in ganz Frankreich damals seine innere Überzeugung vom Dasein Gottes aufgegeben haben? Und war die Inquisition des Mittelalters eine löbliche und vernünftige Institution, obschon wir sie ja gleichzeitig so viele katholische Staaten jener Zeit beherrschen sehen? Der berühmte Physiologe und Anatom Galvani verzichtete im Jahre 1798 auf seine Professur zu Bologna, weil ihm der damals von der Revolution decretirte Beamteneid mit seinem Gewissen unvereinbar erschien.

Zum Schlusse dieser Ausführungen will ich noch einen gar oft in der Publizistik und den Volksvertretungen ventilirten Punkt näher beleuchten.

Dieser Punkt besteht in der mit größter Heftigkeit von den feindlichen Parteien, je nach ihrem Standpunkt und ihrer Tendenz behaupteten *Productivität oder Unproductivität der Militärausgaben.*

Vor Allem unterliegt es keinem Zweifel und kann von keiner Partei in Abrede gestellt werden, daß die Ausgaben für *innere Rechtssicherheit* zu den *productivsten Ausgaben* des Staatsbudgets gerechnet werden müssen. Die Ausgaben für diesen Theil der bewaffneten Macht, die Gendarmerie und Polizei sind jedoch in allen Staaten verschwindend klein, indem ein Staat wie Frankreich z. B., der jetzt 1.200.000 Mann unter den Fahnen hält, sich *mit kaum einem Perzent dieser Macht* für die Gendarmerie behilft.

Was nun aber die wahrhaft schwindelnd hohen Ausgaben für die sogenannten activen Armeen anlangt, die in den meisten Staaten durch riesige Anlehen d. h. *durch Verpfändung und Einsetzung der besten Kräfte zukünftiger Generationen* bestritten werden, so hört man oft, freilich nicht von nationalökonomisch gebildeten Männern, die Ansicht aussprechen, daß die Militärausgaben, als productive betrachtet werden müssen, weil das Geld, das sie erfordern, ja zumeist im Inland verausgabt werde, und daselbst Industrie und Handel befördere und belebe.

Allein daraus, daß das Geld für die Militärausgaben größtentheils im Lande bleibt, folgt höchstens, daß durch diese Ausgaben dem Nationalwohlstande eine weniger empfindliche Wunde geschlagen werde, als wenn alle Bedürfnisse der Militärverwaltung vom Auslande bezogen werden müßten. Aber *unproductive* Ausgaben bleiben sie doch immer; denn *Capital* ist bekanntlich nach der richtigsten Definition nichts anderes als *aufgehäufte Arbeit,* und jede

Ausgabe ist unproductiv, die das Capital, sei es der Gegenwart oder der Zukunft in Anspruch nimmt, und *selbst ihrerseits nicht auch wieder capitalbildend* auftritt. Der Schneider nimmt von mir eine Summe Geldes, und gibt mir ein Kleid dafür; hier ist die von mir geopferte Summe productiv verwendet worden. Der Staat aber nimmt für eine Million Soldaten von seiner Bevölkerung ein riesiges Capital in Anspruch und läßt von dieser Million Menschen kein neues Capital bilden, d. h. keine productive Arbeit leisten und aufhäufen. Das derartig verwendete Capital ist also gleichsam in einen tiefen Abgrund gesunken, aus welchem es nie mehr wieder hervorgeholt werden kann, während productive Ausgaben einer Aussaat gleichen, die der Boden dem Sämann in reichlicher Ernte wieder zurückerstattet. – Bekanntlich war außer den unaufhörlichen, nutzlosen Eroberungskriegen Ludwig des 14., der Riesensummen verschlingende Bau von Versailles eine der Hauptursachen der französischen Revolution von 1789. Und doch war ja gewiß der größte Theil der Summen, die Versailles verschlang, in Frankreich verausgabt worden! Dieser Luxusbau war aber eben eine für die französische Bevölkerung *unproductive* Ausgabe gewesen!

Zur Rechtfertigung der immensen Militärbudgets hört man nun aber häufig von Seiten der Militärpartei den Grund anführen, daß die Ausgaben für die activen Heere *als eine Assecuranzprämie für den Schutz aufgefaßt werden müssen,* welchen die Heere dem gesammten Eigenthum, dem Handel, der Industrie, der Bevölkerung gegen äußere Bedrohung gewähren und die Zahlung einer solchen Assecuranzprämie müsse doch gewiß als eine *hochproductive* Ausgabe aufgefaßt werden.

Vor Allem muß ja aber eine Assecuranzprämie ihr Maß und Ziel haben, sie muß im richtigen Verhältnisse zum Werth des versicherten Objektes stehen, und dieses Maß und Ziel, dieses richtige Verhältniß ist von allen activen Armeen der europäischen Staaten weit überschritten worden und wird es täglich noch mehr.

Aber nicht genug daran, so ist auch das ganze Raissonement, auf welches sich diese Auffassung gründet, ein *grundfalsches.*

Die activen Heere sind der Kriege wegen da. Die Kriege wurden seit jeher in den allermeisten Fällen wegen *territorialer Veränderungen* geführt, und endeten fast immer mit *einer Revision der Landkarte.*

Im Alterthume nun, wo der Begriff der *Sklaverei* staatsrechtlich anerkannt und der Unterschied zwischen dem *freien Mann und dem Sklaven eine staatsrechtliche Grundinstitution bildete,* lag ein Hauptresultat einer territorialen Eroberung darin, daß die Bevölkerungen des eroberten Landes der Eigenthums- und Rechtlosigkeit, d. i. der Sklaverei oder der Leibeigenschaft verfielen, ja sogar häufig in die Gefangenschaft wandern mußten, wie die Juden in die babylonische und persische Gefangenschaft.

Das Wort *„Helotenthum"* ist sprüchwörtlich und typisch geworden, um die Gedrücktheit und Rechtlosigkeit einer Bevölkerung oder einer Volksclasse zu bezeichnen, und diese nun zum Schlagwort gewordene Bezeichnung datirt von den *Heloten,* die ein griechischer Volksstamm waren, der die Stadt Helos bewohnte und welcher im Jahre 700 vor Christus nach hartnäckigem Kriege von den Spartanern unterjocht wurde, so daß die Abkömmlinge desselben seit dieser Zeit den Sclavenstand in ganz Sparta bildeten. In milderer Weise wurden die ihrerseits unterjochten Griechen, und die unterjochten italienischen Volksstämme von den Römern, diesen Haupteroberern des Alterthums behandelt; das volle römische Bürgerrecht aber, dessen sich der eigentliche römische Bürger mit Stolz rühmte, blieb ihnen versagt, wenn auch der griechische Philosoph, Rhetor, Dramatiker oder Pädagog im kaiserlichen Rom keine unbedeutende Rolle spielte. Eine weitere Folge der Ländereroberungen im Alterthum war auch häufig die, daß das eroberte Land, wenn es auch sonst seine Verfassung und seine Dynastie beibehielt, dem siegreichen Staat tributär wurde, wie wir die Juden im Alterthum bald den Assyrern, bald den Persern und bald den Römern zinsbar sehen und wie noch heute der Vicekönig von Egypten in einem Abhängigkeitsverhältnisse zur hohen Pforte steht, welches sich hauptsächlich in der Abtragung eines jährlichen Tributes ausprägt.

Bei den modernen europäischen Eroberungskriegen verhalten sich nun die Dinge ganz anders, um nicht zu sagen, in ganz entgegengesetzter Weise.

Preußen hat z. B. Hannover erobert, und es ist also faktisch *jener allerschlimmste Fall eingetreten,* welchen zu verhüten das hannoversche Volk durch eine so lange Reihe von Friedensjahren die Assecuranzprämie von so und so viel Millionen Thalern gezahlt hat. Die Hannoveraner sind nun ein besiegtes Volk geworden, d. h. sie bilden keinen selbstständigen Staat mehr, sondern sind in den Staatsverband des preußischen Großstaates aufgenommen worden. Die Licht- und Schattenseiten dieses Tausches habe ich früher bereits ausführlich erörtert. Hier haben wir jetzt nur *die vermögens-, die privatrechtliche Seite* für die Bevölkerung in's Auge zu fassen.

Da zeigt es sich nun auf den ersten Blick, daß, wenn man auch satyrischer Weise von Altpreußen und von Neu- oder Mußpreußen, von Preußen erster und zweiter Klasse spricht, daß, sage ich faktisch und in jeder Beziehung zwischen den ältern und den neuannectirten Bevölkerungen des preußischen Staates *die vollste Rechtsgleichheit* herrscht.

Die Provinz Hannover als solche, hat an die Krone Preußen keinen besondern Tribut zu zahlen, der hannoversche Kaufmann oder Industrielle zahlt um keinen Kreuzer Steuer mehr als sein märkischer oder schlesischer Berufsgenosse. Die Leistung des Kriegsdienstes ist für den Besiegten ganz dieselbe wie für den Sieger. – Um so weniger kann natürlich von einem Eingriffe in das Privateigenthum, von einer Gefangenenwegführung, von einer Sklaverei oder einem Helotenthum der hannoveranischen Bevölkerung die Rede sein, aus dem einfachen Grunde, weil alle diese schönen Dinge heute eben einfach unmöglich sind.

Der Krieg wird heute nur gegen einen Staat als solchen, nicht aber *gegen das Privateigenthum* im Staate geführt, und dieses Prinzip erkennen die civilisirten Staaten ja auch dadurch an, daß, wo Beschädigungen des Privateigenthumes im Kriege unvermeidlich geworden sind, *die Staaten selbst* mit Entschädigungen für die Verletzten und Beschädigten eintreten. Ja nicht einmal die Wegführung des Staatseigenthums an Kunstwerken, Monumenten, Bibliotheken u. dgl. mehr hat der Kriegsgebrauch unserer Zeit beibehalten, wie dieselbe zum letztenmale unter Napoleon dem 1. stattgefunden hat.

Der Krieg der Jetztzeit hat eben prinzipiell nur die *Erzwingung der Zustimmung* eines oder mehrerer Staaten, zu einer bestimmten Auffassung dieser oder jener politischen Frage zum Zweck, und selbst im Falle der Eroberung ist ein Eingriff in Privatrechte und Privatverhältnisse der besiegten Bevölkerung gar nicht beabsichtigt, und ist also ein solcher Eingriff auch nicht zu befürchten. Wie häufig kömmt vielmehr in der Geschichte der Fall vor, daß der Wohlstand und die Zufriedenheit einer Bevölkerung, die im Kriege besiegt, in den Verband eines andern Staates eintreten mußte, seit dem Eintritt dieser Veränderung die riesigsten Fortschritte gemacht hat, weil der erobernde Staat sich einer bessern Verfassung, weniger drückender Finanzverhältnisse, überhaupt eines höhern Culturgrades erfreute, als der besiegte Staat, dem die annectirte Bevölkerung bis dahin angehört hatte.

Zweifelt z. B. Jemand daran, wenn Russisch-Polen in Folge eines für Rußland unglücklichen Krieges an Preußen oder an Oesterreich fiele, daß dieß für die Bevölkerungen dieses Landes ein Fortschritt und ein Glück wäre und von ihnen auch als solches empfunden werden würde!

Italien hat ja sogar z. B. *ohne Krieg* mit Frankreich, aus reiner, stipulirter Dankbarkeit, das Stammland seiner Dynastie, Savoyen, und die Grafschaft Nizza an Frankreich abgetreten. –

Wozu haben nun also diese beiden Provinzen zu den Armeen Sardiniens durch Jahrhunderte ihr Gut und Blut beigesteuert, wenn diese riesige Assecuranzprämie es nicht vermocht hat, sie davor zu schützen, eines schönen Tages durch einen einfachen Federstrich als Compensationsobjekt für Frankreichs Hilfe selbst des italienischen Namens verlustig zu werden! Und hat anderseits bei dieser ganzen Transaction das Vermögens- und überhaupt das Privatrecht dieser an Frankreich verhandelten Bevölkerungen, die geringste Gefahr erlitten? *Offenbar muß darauf mit „Nein" geantwortet werden.*

Hieraus geht nun aber klar und überzeugend *zweierlei* hervor:

Erstens, daß es mit dieser ganzen Theorie von der Assecuranzprämie für die staatliche Sicherheit einerseits nicht so weit her ist, als man gerne glauben machen möchte; denn, wer garantirt einer Bevölkerung dafür, die man in Friedenszeiten bloß *wegen möglicher Bedrohung der staatlichen Integrität* mit riesigen Kriegsbudgets und persönlichen Kriegsdienstleistungen überbürdet, daß sie nicht eines schönen Tages wie Savoyen und Nizza aus dem bisherigen Staatsverbande im Wege des Tausches, Verkaufes oder einer sonstigen Transaction, ausgeschieden werde und das unter Hinzuthun *desselben* Staates, der ihr bisher so riesige Opfer auferlegte, *bloß damit sie eben mit angeblicher Sicherheit seinem eigenem Staatsverband angehören könne.*

Zweitens, daß die Assecuranzprämie überhaupt *gar nicht für die Gesammtheit des Eigenthumes und der Privatinteressen der Bevölkerung eines Staates gezahlt wird*, da dieses Eigenthum und diese Privatinteressen ja in dem allerschlimmsten Falle der Eroberung durch einen andern siegreichen Staat, nicht im Allergeringsten gefährdet werden, und sich im Gegentheile oft von Seite des erobernden Staates eines *ausgiebigern* Schutzes und einer *wirksamern* Pflege zu erfreuen haben als bisher von Seiten des besiegten und verlierenden Staates!

Ist man aber geneigt, den hier entwickelten Ideengang mehr cosmopolitisch als patriotisch zu finden, so muß dieser Vorwurf als *völlig ungegründet und ungerecht* zurückgewiesen werden. Nicht der Denker, der die Folgen des bisher von den Regierungen gehandhabten System's nachweist, ist unpatriotisch, wenn dieses System zu Consequenzen führt, welche den Patriotismus zu schwächen und dem Cosmopolitismus *vorzuarbeiten* geeignet sind. Vielmehr sind jene Regierungen im höheren Sinne unpatriotisch zu nennen, welche, indem sie das System der Eroberungskriege, des Ländertausches und Verkaufes, theoretisch anerkennen und praktisch anwenden, *den patriotischen Gefühlen der eigenen Bevölkerungen den größten Nachtheil bringen.* Woher soll denn der rechte Patriotismus kommen bei einer Bevölkerung, die *gegen ihren eigenen Wunsch* oder *gewaltsam* einem fremden, oder ihr gar *verhaßten* Staatsverband einverleibt worden ist, einer Bevölkerung, die wie die *Lauenburg's* von der preußischen Kronschatulle, *gekauft*, oder wie die Nizza's und Savoyen's, im Wege *diplomatischer* Übereinkunft der Regierungen, *abgetreten* worden ist.

Indem ein Staat auf die patriotischen Gefühle, auf das patriotische Widerstreben einer solchen, wider ihren Willen einverleibten Bevölkerung, keine Rücksicht nimmt, *schwächt* er nicht hiemit auch *das patriotische, das Legitimitätsgefühl seiner übrigen Bürger*, denen er die Perspektive eröffnet, *daß es nur eines geänderten Machtverhältnisses, nur eines lockenden Tausch- oder Allianzan[ge]botes von Seiten einer andern Macht bedürfe*, um sie zu ihrer Überraschung, ohne Sang und Klang aus dem bisherigen Staatsverband ausscheiden, und in einen fremden neuen Staatsverband *eintreten* zu lassen!

Ich schließe hier meine Ausführungen über die allgemeine Wehrpflicht. Ich glaube bewiesen zu haben, daß ihr Prinzip die Grundlage der innern Wahrheit und Gerechtigkeit nicht für sich hat, daß dieses Prinzip das Recht der Individualität und die Freiheit des Gewissens auf's Empfindlichste verletzt; daß sie endlich ihre Herrschaft als Institution einem unaufrichtigem Compromiß der democratischen und der conservativen Partei verdankt, bei welchem beide Theile in ihren wahren Interessen nur geschädigt werden. Spät, zu spät wird man erkennen, daß die Völkerheere, mit denen man jetzt unsern Welttheil überschwemmt, einen dauerhaften Frieden immer seltener, die Kriege immer häufiger machen müssen, und daß sowohl die Stabilität der Throne als die wahre Freiheit und der Fortschritt der Nationen und der gesammten Menschheit keinen gefährlichern Feind haben können, als die Massenheere, die soeben unsern ganzen Welttheil, unter dem Beifall der urtheilslosen Menge in ein großes, bewaffnetes Feldlager verwandeln. Meine Schrift ist der Protest eines unabhängig denkenden Freundes der Menschheit, gegen den Herrschaftsantritt des modernen Vorurtheils: *„Dixi et salvavi animam meam.“*

SCHLUßWORT

In der vor kurzem erschienenen Broschüre *„Wie soll Oesterreich's Heer organisirt sein?“*, welche einer sehr hohen Autorschaft wohl irrthümlicherweise vindicirt worden ist, gelangt der Verfasser in Folge eines ganz natürlichen Gedankengangs zu der richtigen Schlußfolgerung, daß mit der Einführung der allgemeinen Wehrpflicht das Recrutenbewilligungsrecht der constitutionellen Körperschaften eigentlich gegenstandslos geworden sei.

Damit hat es nun seine vollste Richtigkeit, und es ist nur unbegreiflich, daß sich die liberale Partei diesen gewiß unabsichtlichen aber um so deutlichern Fingerzeig aus dem jenseitigen Lager so wenig zu Gemüthe geführt und so wenig zu Nutze gemacht hat. In der That bedarf es blos eines sehr kurzen Nachdenkens und geringer historischer Erfahrung, um einzusehen, daß die beste Verfassung und das gesetzlich bestanerkannte Budgetbewilligungsrecht eines Parlamentes bei jeder Krisis in der äußern Politik eines Staates zu einer bloßen Fiction herabsinken müssen, wenn der executiven Gewalt einerseits das unbeschränkte Recht über Krieg Frieden und anderseits die Waffe der allgemeinen Wehrpflicht in die Hand gegeben wird.

Wer schon ein Gewehr besitzt, der wird sich gar leicht das nöthige Pulver und Blei zu verschaffen wissen, und einer Regierung, die das unbeschränkte Recht über Krieg und Frieden und gleichzeitig die Verfügung über ein ganzes Volk in Waffen besitzt, eine solche Regierung wird naturgemäß und nach aller geschichtlichen Erfahrung, in dem Steuerbewilligungsrecht eines Parlamentes nie ein sehr bedeutendes Hemmniß für ihre Pläne erblicken. Sie wird das Geld für das Heer nehmen, wo sie findet, sie wird Staatsnoten fabriciren, sie wird die Verfassung sistiren, und das jedesmal, so oft ihre äußere Politik sie in einen Krieg verwickelt, der im eigenen Land unpopulär ist und für dessen Führung das Parlament die geforderten Geldmittel nicht bewilligen kann oder will. –

Nachdem nun in dieser vielbesprochenen Schrift das jährliche Rekrutenbewilligungsrecht mit rühmlicher Offenheit bei Einführung der allgemeinen Wehrpflicht als „ganz unmöglich" erklärt worden ist, sagt der Verfasser auf Seite 23: Wäre es nicht unwürdig, die heiligste Pflicht jedes Patrioten, die Vertheidigung des Vaterlandes zu kleinlichem Parteispiel, zur Erreichung eines Ministerwechsels oder sonst einer Concession zu benützen.

Ja wenn nur dieses „kleinliche Parteispiel, dieser Ministerwechsel, diese Concession" nicht gar oft gleichbedeutend wäre mit *Verhütung jenes Krieges, den die Regierung führen, die Volksvertretung aber um jeden Preis verhindern will!* Welch' unaussprechliches Glück für Oesterreich z. B. wäre es gewesen, wenn die damalige Legislative durch ein wirkliches Mannschafts-Bewilligungsrecht in der Lage gewesen wäre, den schleswig-österreichischen Krieg, den Vater des preußisch-österreichischen Conflicts, unmöglich zu machen, und wenn sie so die Realisirung ihrer eigenen trüben Ahnungen und Prophezeiungen von den Folgen dieses Krieges hätte verhindern können! Wien hätte dann allerdings das seltene Schauspiel des Einzugs der einen oder der mehreren laubumwundenen dänischen Kanonen nicht genossen, dafür hätte Oesterreich sich Königgrätz erspart, und es will mir scheinen, daß der Tausch den besten Patrioten Oesterreichs, denen ja der Verfasser seine Schrift widmet, – nur vortheilhaft hätte erscheinen müssen!

Und wieder im Jahre 1866 vor Ausbruch des österreich-preußischen Krieges, hätte sich da eine mit wirklichem Mannschafts-Bewilligungsrecht ausgerüstete Legislative nicht ein unsterbliches Verdienst um Oesterreich erworben, wenn sie hätte erklären können: „Wir sind gegenwärtig der Coalition zweier Gegner wie Italien und Preußen nicht gewachsen, wir müssen um jeden Preis Zeit gewinnen. Geben wir also Preußen in der schleswig-holsteinischen Affaire, die uns zudem nur sehr indirect und unwesentlich berührt, gegen die uns angebotene Entschädigung von so und so viel Millionen Thalern nach; wir erwerben uns am Ende an Preußen noch einen Freund, den wir bei unserer verwickelten politischen Situation gar wohl brauchen können, und Italien allein wird es gewiß nicht wagen, uns anzugreifen. Wir bewilligen also im gegenwärtigen Augenblick für diesen Krieg, aus welchem unserer innersten Überzeugung nach nur Böses und nichts Gutes für unser heißgeliebtes Vaterland erwachsen kann, keinen Kreuzer und keinen Mann!"

Die Folge dieser Sprache und der Möglichkeit, sie zu führen, wäre gewesen, daß Oesterreich viele Hunderte von Millionen und Tausende an Menschenleben so wie große militärische Demüthigungen erspart geblieben wären, während Preußen heute nur Schleswig-Holstein *gegen Entschädigung* an uns besäße, dagegen Kur-Hessen, Hannover, Frankfurt, Nassau sich nicht hätte annexiren, den Bundestag nicht hätte sprengen, den norddeutschen Bund *nicht* hätte gründen können. Die *wahrhaft patriotische* Volksvertretung, die im Jahre 1866 also hätte handeln können, hätte die Schwächung Oesterreichs, den Finanzruin, die Sistirung der Verfassung *und das Anschwellen der preußischen Macht gerade verhütet*, während die immer mit dem Säbel rasselnde Kriegspartei dies Alles auf ihrem Schuldbuche hat. Noch naiver ist die Auslassung derselben Schrift, in welcher es auf Seite 24 heißt: „Überdies bedingt ja die allgemeine Wehrpflicht ein durch ein Gesetz sanctionirtes Wehrsystem, zu dessen Aufbau daher eben die Legislativen die Zustimmung zu geben berufen sind."

Weil also, meint der Verfasser, die Volksvertretung sich beim Zustandekommen des Wehrgesetzes betheiligt, soll sie für alle Zukunft sich allen Einflusses auf das Herr und auf die Verwendung desselben begeben haben! Eine sonderbare Logik das!

Ist ja doch auch die Verfassung selbst unter Mitwirkung der Volksvertretung zu Stande gekommen, und doch wird wohl Niemand zu behaupten wagen, daß die Volksvertretung sich dadurch schon für ewige Zeiten jeden Einflusses auf die Weiterbildung, *besonders aber auf die Anwendung dieser Verfassung entschlagen habe.*

Wenn ein Waffenhändler einem Käufer einen Dolch übergibt, hat er damit auch schon jeden beliebigen Gebrauch dieser Waffe gutgeheißen? Gewiß nicht, er wird im Gegentheil vielmehr diesem Käufer in den Arm fallen, ja wird ihm sogar die Waffe entreißen, wenn er sie gegen ihn selbst oder in seiner Gegenwart gegen einen harmlosen Dritten zückt. Denn es ist selbstverständlich, daß unser Waffenhändler seinem Käufer diese Waffe *nur zum richtigen Gebrauche zu dessen Schutz und Selbstvertheidigung*, nicht aber zum Mißbrauch durch muthwilligen Angriff auf fremdes Leben übergeben hat.

Die nothwendige Folge solcher die staatlichen Verhältnisse beherrschenden Anschauungen ist nun der schwankende, schwächliche Scheinconstitutionalismus, den jedes Wölkchen am politischen Horizont bedroht, im Gegensatz zu jenem echten, wahren Constitutionalismus, der England zu dem gemacht hat, was es ist, zur Burg der Freiheit.

In seiner vollsten Blüthe und in seinen letzten Consequenzen zeigt sich in der Gegenwart dieser Scheinconstitutionalismus in Preußen. Dort hat die Regierung ganz *sans gêne* eine militärische Reorganisation während eines mehrjährigen Conflictes mit der Volksvertretung durchgeführt, und dieser Conflict hat dort einen für den Liberalismus gewiß sehr demüthigenden Abschluß in einer Indemnität gefunden, die die Volksvertretung für so und so viele *gegen* ihre Absichten verausgabte Budgets wohl oder übel ertheilen mußte. In diesem classischen Lande des Scheinconstitutionalismus war es nach einem siegreichen Kriege die erste und wichtigste Angelegenheit der Regierung, die ungeheure Summe von dreißig Millionen Thalern als unverzinslichen Staatsschatz zu hinterlegen, mit der ausdrücklichen Bestimmung, daß derselbe nur für Kriegszwecke verwendet werden dürfe. Eine nur zum Scheine constitutionelle Regierung, die recht gut weiß, daß ihre aggressive Politik sie über Nacht in einen neuen Eroberungskrieg verwickeln kann, handelt eben nur klug und consequent, wenn sie das Opfer der Zinsen und der volkswirthschaftlichen Lahmlegung eines so ungeheuern Kapitals bringt, sich aber dafür die Nothwendigkeit erspart, im Falle eines Krieges überhaupt erst an die Steuerbewilligung ihres Parlaments appelliren zu müssen. Es ist nur schade, daß ein solcher Constitutionalismus eher einem Spiele großer Kinder als einer wirklichen Vertretung der Volksinteressen gleicht. –

Vor einem solchen Constitutionalismus möge uns Oesterreicher in Hinkunft ein gütiges Geschick bewahren! Denn ein solcher Constitutionalismus ist in seiner Art schädlicher als selbst der Absolutismus, der wenigstens in seiner nackten Häßlichkeit, den Volksgeist nicht fälscht, nicht verführt, sondern ihn abstößt.

Der Scheinconstitutionalismus dagegen, der sich mit den Formen und dem äußern Apparat der Freiheit umgibt, führt die Massen irre, die er *etwas* für Freiheit halten läßt, was keine Freiheit ist, und da die Völker von der Freiheit ihre Beglückung erwarten und *das* mit Recht, so lehrt er sie zugleich an dem Höchsten, Edelsten und Heiligsten verzweifeln, was die Menschheit besitzt, an der Freiheit und an dem Fortschritt.

Offenes Sendschreiben an
P. T. Herrn Professor Theodor Billroth

Mit einem Vorwort von Baronin Bertha v. Suttner
1892

Moritz Adler[1]

Motto:
Si vis pacem, para pacem.
[Wenn du Frieden willst,
bereite Frieden vor.]

VORWORT

Der Verfasser vorliegender Schrift hat mir die Ehre erwiesen, mich um ein Geleitwort für dieselbe zu ersuchen. Ich glaube Herrn M. Adler zu durchschauen: es handelt sich ihm nicht um eine Vorrede, deren seine Arbeit wahrlich nicht bedarf, um des Beifalls der Friedensfreunde sicher zu sein, sondern er wollte mir eine doppelte Freude bereiten. Einmal indem er viele Dinge so treffend ausspricht, von denen er weiß, daß sie meine Gedanken ausfüllen, und zweitens, indem er damit die Anerkennung kundgiebt, welche er meinen, das gleiche Gebiet umfassenden Bestrebungen zollt.

Nun wohl: dieser Doppelzweck ist vollkommen erreicht. Die Freude war um so lebhafter, als ich den Verfasser schon lange als Verfechter der Friedensidee schätze; er war meines Wissens der Erste, der in Oesterreich mit dem im Jahre 1868 erschienenen Buch *„Der Krieg"* das Prinzip des Schiedsgerichtes im Verkehr der Staaten

---

[1] Textquelle | Moritz ADLER: *Offenes Sendschreiben an P. T. Herrn Professor Theodor Billroth*. Mit einem Vorwort von Baronin Bertha v. Suttner. Berlin und Leipzig: Alfred H. Fried & Cie. 1892. [Online-Ausgabe https://www.digitale-sammlungen.de] [31 Seiten].

in entschiedener und logisch unanfechtbarer Weise zum Ausdruck brachte.

Was nun die nachstehenden Ausführungen betrifft, so demonstrieren sie klar, daß das Bestreben, künftige Kriege nicht aufkommen zu lassen, von dem Zeitgewissen viel gebieterischer gefordert wird, als das Bestreben, für diese Kriege Sanitätsvorkehrungen zu treffen, was einem stillschweigenden Sanktionieren und Vorhersagen derselben gleichkommt. Und damit ist uns Friedensfreunden aus der Seele gesprochen. „Ein Übel, das man nicht verhüten kann, soll man mildern"; dies ist wohl ein richtiger Satz. Heute aber, angesichts der überall lauten Absicht, den Frieden zu erhalten und angesichts der unausdenkbaren Gräuel, die ein künftiger Krieg – wie Professor Billroth ihn voraussieht – nach sich zöge, wäre wohl folgender Satz am Platze: „Was sich nicht mehr mildern läßt, das soll man verhüten".

Bertha von Suttner

Hochgeehrter Herr!

Sie haben am 2. Dezember 1891 in der Delegationssitzung zu Gunsten der Hebung der Verwundetenpflege in den möglicherweise bevorstehenden Massenkriegen der Zukunft eine Rede gehalten, die
nicht nur aus ministeriellem Munde, sondern auch bei fast der Ge-
sammheit der liberalen Presse warmes Lob und Dank geerntet hat.
Ich habe es nun vielleicht nur meiner Geisteseinfalt und meinem
Mangel an Sachkenntniß zuzuschreiben, wenn der Grundgedanke
dieser Rede – rechtzeitige Verstärkung der Sanitätsvorbereitungen
noch im Frieden – für mich nur gerade so viel und gerade so wenig
Überzeugungskraft hat, als irgend eine andere Variation des herrlichen Leitmotives und der ewigen Melodie unserer Tage: *Si vis pacem,
para bellum.*

Gott behüte mich gnädig, hochgeehrter Herr, vor der Vermes-
senheit, mit Ihnen auf diesem, – scheinbar Ihrem eigensten Gebiete,
– eine Lanze brechen zu wollen. Der bloße Gedanke müßte ja verlacht werden, wenngleich die Bibel von einem Sieg des kleinen David über den Riesen Goliath zu berichten weiß. Aber David war wenigstens zünftiger Kämpfer und Schleuderer, während ich weder
Magister noch Doktor oder Professor gar heiße, und meine ganze
Rüstung in einem armseligen bischen Logik, oder was ich wenigstens dafür nehme, besteht. – Nein, ich bin nicht tollkühn, und werde
mich vor dem Wagniß einer Polemik wohlweislich hüten.

Da ich mich also zur Polemik nicht berechtigt fühle und erkläre,
so werden dafür Sie, hochgeehrter Herr, ohnehin Lehrer von Beruf,
gewiß meinen natürlich von mir zu begründenden Wunsch nach
Aufklärung der für mich und manchen Anderen vorhandenen
dunklen Punkte in Ihrer Delegationsrede um so begreiflicher finden
und ihm, wie ich hoffen darf, um so bereitwilliger entgegenkom-
men, als ich mein Interesse an dem Gegenstand durch den Hinweis
auf mehrere Publikationen zu Gunsten der Idee eines wahrhaften,
d. h. völkerrechtlich wirksam geschützten Friedens dokumentieren
kann. Der wichtigsten dieser Schriften *„Krieg, Kongreß und allgemeine*

Wehrpflicht" wurde seinerzeit im Jahre 1868 bereits die Ehre eines ihr ausschließlich gewidmeten Leitartikels der „N. fr. Presse", und in neuester Zeit eine achtungsvolle Erwähnung seitens der Baronin von Suttner in ihrer Rede auf dem Capitol zu Rom zu teil. Als denkender Mensch und als Schriftsteller fühle ich mich daher an dem jedenfalls hochwichtigen Inhalt Ihrer Ausführungen auf's Lebhafteste interessiert.

Anstatt nun aber Ihre dem Publikum der ganzen Welt ohnehin gründlich vertraute Rede mit den Postulaten, in die sie ausklingt, zu wiederholen, zu analysieren, und Einwendungen und Fragen an die einzelnen Punkte zu knüpfen, wähle ich behufs meiner Aufklärung eine andere, wie ich glaube, sehr naheliegende Form. Ich denke mich nämlich in die wichtige Aufgabe hinein, als Mensch und Arzt in der einflußreichen Körperschaft der Delegation das Interesse der Humanität, das Interesse der gegenwärtigen und zukünftiger Geschlechter, und namentlich das Interesse der erst „zu Verwundenden" der vielleicht bevorstehenden Massenkriege in einem Vortrage zu vertreten. Ich werde oder will mich in dieser Rede einzig und allein von meinem aufrichtigen Streben nach unwiderleglicher Wahrheit und Logik leiten lassen. Wo ich etwas vorbringe, was nicht so klar und bewiesen dasteht, als daß zwei und zwei vier sind, da mögen Sie, hochgeehrter Herr Hofrat, oder jeder andere Leser dieser ungesprochenen Rede, mir ein Halt zurufen, und bei dem ersten solchen Halt, dessen Berechtigung mir nachgewiesen wird, gebe ich meine Zweifel an den Folgerungen Ihrer Rede auf, und acceptiere die Forderungen, die sich für Se. Excellenz den Herrn Kriegsminister und den größten Teil der Presse daraus ergeben. Auf diese Weise wird sich das Irrige in meiner Denk- und Anschauungsweise am Greifbarsten bloßlegen lassen, und männiglich, – ich selbst zuerst — , wird in diesem Falle von dem segensreichen Wert schon im Frieden für den Kriegfall verstärkter Sanitätsetablissements sich durchdrungen fühlen.

In ausgezeichneter Hochachtung
Euer Hochwohlgeboren ergebenster

Moritz Adler.

IN DER DELEGATIONSSITZUNG UNGESPROCHENE REDE
EINES ARZTES UND MENSCHENFREUNDES

Hohe Versammlung!

Daß die ungeheuren, allgemein sich täglich noch steigernden Rüstungen nur als höchst bedenkliches Symptom der Lage aufzufassen sind, *daß vorzüglich diese Rüstungen selbst den größten Teil der Kriegsgefahr bilden*, das haben wir seit kurzem wiederholt von berufenster Seite, durch den Mund mächtiger Herrscher und ihrer Minister verkünden gehört. Ob die am Horizonte kompakt geballten, schwarzen Wolkenmassen sich ohne furchtbare Entladung verziehen werden, das ist die bange Frage, die auf allen Lippen schwebt, die alle Geister beschäftigt. Man sucht der drohenden Trübsal gegenüber nach Trostgründen, nach Hoffnungsanhaltspunkten, und man will sie in der Kolossalität des Unheils selbst finden. Da hört man: Nein, diese Massenheere wird kaum ein Feldherrngeist zu leiten, kaum ein Finanzminister zu erhalten vermögen, diese bis zum Satanischen gesteigerte Technik des Massenmordes muß sich selbst bei der ersten Gelegenheit ad absurdum führen, denn sie würde ganze Generationen niedermähen, würde zu den *saigner á blanc*, zum Aderlaß bis aufs Weiße, von Bismarck und Caprivi zu den 42.000.000 Leichen führen, die nach einem bekannten Trinkspruch die Wahlstatt bedecken sollten, und da würden überall Revolutionen naturgemäß solchen Katastrophen vorbeugen, wie sie noch stets unerträglich gewordenen Zuständen ihr Ende bereitet haben.

Die Schwäche solcher ermutigen sollenden Gedankengänge leuchtet aber selbst dem armseligsten Kenner der Geschichte ein. Die heutige Umwälzung in Militärtechnik, Taktik und Strategie, ist z. B. gewiß auch nicht annähernd so großartig, als jene, welche der Welt durch den Ersatz der früheren Lanzen, Pfeile und Katapulte durch Pulver, Flinten und Kanonen beschert wurde. Hätte man damals wohl richtig prophezeiet, wenn man dem Schießpulver die Mission zugetraut hätte, durch seine verheerenden Wirkungen den Krieg zu erschweren oder gar unmöglich zu machen, wie es heutzutage so Viele vom Dynamit oder Nitroglycerin erhoffen, oder zu erhoffen sich die Miene geben?

Nein, nein, die moderne Welt kennt überhaupt den Frieden nur vom Hörensagen, denn ein Zustand der Dinge, bei dem in Europa allein vier bis fünf Milliarden Gulden mittelbar oder unmittelbar jährlich für Rüstungszwecke verausgabt werden, kann höchstens den Namen Scheinfrieden beanspruchen; und es ist ja im Grunde einerlei, ob „Menschenopfer unerhört" auf den Schlachtfeldern hekatombenweise fallen, oder ob ganze Generationen durch ein sieches, übermüdetes, verkommendes Dasein dem frühen Grabe entgegenwanken und entgegenhungern, wie in diesem Trauerjahre der Menschheit 20.000.000 Einwohner des heiligen, rüstenden, die Welt aber entrüstenden Rußlands.

Diesem unsäglichen Jammer den Zoll bethätigten Mitgefühls versagen zu müssen, weil man in den inneren Verlegenheiten und Drangsalen des Kolosses eine Hauptstütze der Friedenshoffnungen des geängstigten Weltteils erblicken muß, ist für das edlere Gefühl glücklicherer Menschen und Völker die rächende Nemesis der Rüstungsmaßlosigkeit. Helfen können und nicht helfen dürfen! Welcher Schmerz, welche Entadlung der Menschheit!

Die vom Delegirten Bar. Oppenheimer vorgeführte Selbstmordstatistik der europäischen Heere, in welcher nach dem französischen Militärarzt Dr. Longuet der österreich-ungarischen Armee leider mit 149 Selbstmorden pro 100.000 Mann des Friedenspräsenzstandes der Löwenantheil zufallen soll, erinnert an die einschlägige statistische Aufstellung Engels für das *deutsche Heer*, die schon vor Jahren das ziemlich konstante, sich in neuerer Zeit kaum etwas bessernde Verhältniß ergiebt, daß in der Armee im Frieden und für die gleichen Altersklassen berechnet, wie für die Civilbevölkerung, etwa vierzehn militärische auf einen Civilselbstmord fallen.

Es sind das Alles offenbar *fin de siècle*-Zustände oder Mißstände, die unserer gerühmten Civilisation, die nur höchst relativ diesen Namen verdient, ein recht trauriges Zeugniss ausstellen.

Gewiß hast Du, lieber Leser dieser ungesprochenen Rede, schon oft in einem Blitzzugcoupé der Eisenbahn gesessen, und hast so ein bischen von nicht ganz unangenehmem Gruseln verspürt, wenn auf dem Nebengeleise ein aus der entgegengesetzten Richtung kommender Zug scheinbar haarscharf an Deinem Fenster vorübersauste, so daß der hinausgesteckte Kopf oder Arm der Guillotine verfallen schien.

Daß Du aber und die Deinen in einem Coupé des Blitzzugs *Dreibund* dem aus entgegengesetzter Richtung auf demselben Geleise herandonnernden Blitzzug *Zweibund* entgegensausest, daß jede Spanne Zeit den Zusammenstoß drohender und wahrscheinlicher macht, die nicht zum Bremsen d. h. zur Abrüstung ausgenützt wird, das ahnst Du nicht, willst es nicht ahnen, oder giebst Dir den Anschein, es nicht zu ahnen. Du willst Dir und den Deinen einmal nicht unnütze Sorgen machen, denn wie leicht geschieht ein Wunder, und es kommt am Ende zu gar keinem Zusammenstoß, wie ihn Nachbar Schwarzseher, der lästige Freudenstörer, ja schon so lange kommen sieht. Es handelt sich da auch nicht wie bei den leibhaften zwei Blitzzügen, die man ja auf einander zustürmen sieht, um Sekunden oder Minuten, sondern um Wochen, Monate und vielleicht Jahre, und da kann ich mich mit Weib, Kind und Kegel ganz gut salvieren. Wozu mir heute den Kopf des lieben Gottes und meines Nachbars zerbrechen, der seinerseits hübsch auch bei Zeiten daran denken soll, nicht just dort dabei zu sein, wo die Lüfte kochen und der Abgrund gähnt. Habe ich den Philister mit seiner dreisten, albernen Sorglosigkeit, mit seinem ihn bethörenden, das Weltelend mehrenden Egoismus kenntlich geschildert, meine Herren?

Das Hauptmerkmal des in der Wolle gefärbten Philisters ist beileibe nicht sein Egoismus, den man ihm nachsehen könnte, – sondern die unbeschreibliche Borniertheit seines Egoismus. Er verschmäht in seiner Blindheit einen hundertfachen Nutzen oder Vorteil, von dem ein Perzent für den „nicht Er", für den Anderen abfallen müßte, und er nimmt wohlgemut einen hundertfachen Schaden oder Nachtheil auf sich, wenn er nur weiß, daß der „nicht Er", der Andere, durch seine Schuld nicht um ein Perzent dieses selben Schadens oder Nachteils verkürzt wird. — So und nicht anders ist die täppische Unbeholfenheit im Denken und Handeln der Masse ihren eigenen wichtigsten und heiligsten Lebensinteressen gegenüber zu erklären, jene Unbeholfenheit, die um kein Haar staunenswerther ist, als die oft genial scharfsinnige Notwehr, der verzweifelte und verspätete Opfermut des Einzelnen gegenüber den Ausgeburten, will sagen Institutionen, die jenem unbeholfen blinden Individualegoismus die Möglichkeit ihrer Existenz verdanken. Um beim Beispiel des Krieges zu bleiben, so sind es oft dieselben Menschen, die heute „kühl bis an's Herz hinan" mit vornehmer Skepsis auf die vorbauenden Bestrebungen denkender Friedensfreunde herabsehen, die man, sobald die Sturmesernte der Windsaat aufgegangen, die künstlichsten Flucht- und Desertionspläne inszenieren, zur Selbstverstümmlung, ja zum Selbstmord greifen sieht, um den Folgen der eigenen indolenten Theilnahmslosigkeit an den Geschicken der Menschheit zu entgehen.

Wir Ärzte, hohe Versammlung, sollten alle natur- und berufsgemäß Altruisten, oder was für den Denker dasselbe, aufgeklärte, veredelte, durch unsere tiefere Erkenntniß der menschheitlichen Solidarität geläuterte Egoisten sein. Wir sind die berufenen Heiler der und Abwender des Unheils von Anderen. Letzteres noch weit mehr und von Herzen als Ersteres; denn wir schwören alle zur Fahne der Prophylaxis, *der Unheilsverhütung*. Wir wissen am besten, wie sehr der Dichter Recht hat mit seinem *„Principiis obsta, sero medicina paratur."* Wir wissen, daß, so wie es die Pflicht des Arztes ist, bei einem akuten Fieberanfall, sich selbst, durch eine vorgeschriebene Chinindosis den Patienten heilend, diesem möglichst bald entbehrlich zu machen, ebenso unser ganzer Stand als Institution der Gesellschaft, unser ganzes Wissen, darauf hinzielt, uns selbst als Institution möglichst entbehrlich, oder, was damit identisch, die Menschheit und zunächst unser Volk durch umfassende Hygiene und Prophylaxe an Leib und Seele so gesund zu machen als irgend möglich. Und weil diese unsere Überzeugung eine felsenfeste, das Rückgrat unseres menschlichen und wissenschaftlichen Charakters bildet, gewöhnen wir uns, jede an uns herantretende, mit dem leiblichen und geistigen Wohl der Menschheit zusammenhängende Frage vor Allem im Lichte der Idee der Unheilsverhütung, als des obersten Standpunkts und des höchsten Ideals unseres Berufes zu betrachten.

Ist eine Epidemie in Sicht, so organisieren wir die Quarantaine, decimiert der Typhus die Bevölkerung, so rufen wir nach Hochquellwasser; droht das Fest des Kurban Beiram bei der heiligen Kaaba der Welt mit dem Pesthauch der Cholera, so verlangen wir eine europäische Cultur- und Aufsichtsstation in Mekka, und droht der Krieg mit seinem Harpyengefolge – *dann fragen* wir uns vor Allem als Menschen, Staatsbürger, Weltbürger und als Ärzte – ob der Krieg eine *Notwendigkeit* – *ob er noch heute* eine unvermeidliche Notwendigkeit, – wie vor Jahrhunderten und Jahrtausenden, und, *wenn wir diese Frage vor unserem Gewissen und bestem Wissen nicht zu bejahen*

vermögen, dann gehen wir hin und schließen uns einer Friedensgesellschaft
an mit Kopf und Herz, mit Wort und That.

Diesem oder einem verwandten Gedankengange verdankt der Friedensverein gewiß die Beitrittserklärungen von Koryphäen wie Baron Prof. v. Krafft-Ebing, wie Ernst Häckel. Der Erstere, der weltberühmte Psychiater und Nervenpatholog erkennt sicherlich im Krieg und den ihm affiliirten maßlosen Rüstungen die Hauptquelle der die Menschheit der Gegenwart verheerenden Nervosität mit ihrem Gefolge von Weltschmerz, Ekel, Pessimismus, Krankheit, Tod und Selbstmord. Der Beitritt Ernst Häckel's aber, des großen Naturforschers, des Erben und Apostels Darwins, ist ein wahres Ereignis. Hier habt Ihr, Freunde des Krieges, die Ihr Euch so gerne auf den „Kampf ums Dasein" beruft, die authentische Interpretation für die Anwendung von Darwins Lehre innerhalb des Bereiches menschlicher Freiheit. *„Discite justitiam moniti"* !

Aber die Erörterung dieser Frage, der Haupt- und Grundfrage der Gegenwart, in deren so naheliegender und von der Logik geforderten Beantwortung drei Viertel Erledigung des eben durch die Kriege und den Rüstungswahnsinn verfrüht auf die Weltbühne herbeigezerrten sozialistischen Problems steckt, ist heute und hier nicht auf der Tagesordnung. Ich gebe also, „ob's Herz auch bricht", die Möglichkeit ja Wahrscheinlichkeit zukünftiger, mehr oder weniger naher und wahrhaft titanisch-satanischer Kämpfe zu, und beschäftige mich von nun ab nur mit der Frage, wie sich das Gewissen und Wissen des vorschauenden, den Massen pflichtgemäß vordenkenden Arztes zu „der Linderung der zukünftigen Kriegsgräuel, ohne die es überhaupt nicht abgehen wird" (Dank des Kriegsministers von Billroth, 4. Delegirtensitzung, 3. Dezember 1891) und zur rechtzeitigen Vorsorge für diese Linderung verhält.

Nehmen wir an, ich bin nicht blos Arzt und Philanthrop, ich bin auch ein Krösus an Gold und ein Krösus an einschlägiger Wissenschaft, Erfahrung und Ideenreichtum auf dem Gebiete der Kriegschirurgie, Kriegshygiene und Verwundetenpflege. Schwer liegt das sich deutlich vor meinem geistigen Auge vorbereitende Unheil der Zukunft auf meiner Seele, und ich will helfen, im Voraus helfen, denn vielleicht walle ich gar nicht mehr auf Erden, wenn die Zeiten sich erfüllt haben, die Länder Wüsteneien geworden sind, und man überall nur vernimmt „Heulen und Zähneklappern". –

Ich gehe hin und widme baare runde hundert Millionen auf dem Altar des Patriotismus und der Humanität, d. h. ich übergebe sie dem Kriegsminister meines Staates mit der Widmung für's rothe Kreuz. Nun regnet's auf den bezüglichen, beglückten Staat Dutzende von Sanitätstrains in modernster Ausstattung, die freilich soll ich sagen? leider! bald antiquirt sein werden, wenn sie nicht, soll ich sagen? was Gott verhüte! bald zur Verwendung gelangen sollten. Die Zahl der tüchtig geschulten Blessirtenträger wächst, Dank meiner Spende zu einer stattlichen Armee an. – Die neuartigsten Beleuchtungsapparate zur Perlustrirung des Schlachtfeldes in schwerer Menge, und gleich ein halbes Dutzend Akademien, wo der militärische Korpsgeist schon auf der Schule anerzogen wird, findet der Staat auf meinem Gabentisch, und braucht nur zuzugreifen.

Was habe ich nun, frage ich, mit all' dem meinem Staate und worin habe ich der Menschheit genützt?

Unbedingt wahr ist, daß ich der Kriegsorganisation meines Staates genützt habe, denn all' die aufgezählten Herrlichkeiten, in denen meine Phantasie geschwelgt hat, sind nicht mehr und nicht weniger, besonders heutzutage, Kriegsorganisationsmittel, als Kanonen, Flinten und Pulver. Auch wird im Ernstfall mein Staat sein blessirtes „Kanonenfutter" wieder rascher hergestellt, und zu erneuter Verwendung im Kriege auf den Beinen haben, als der zukünftige Gegner, dem etwa keiner seiner Milliardäre ein ähnliches Präsent gemacht, und der doch nicht „heidenmäßig genug Geld" auf das Schritthalten mit meinem Staat aufgewandt hätte, was er aber gewiß wohlweislich gethan haben wird. Denn welcher moderne Staat hätte heutzutage nicht „heidenmäßig viel Geld" zum Schritthalten auf dem Gebiete der Rüstungen? Und daß ich mit meiner hundert Millionen-Spende „rüsten" geholfen habe, das begreift wohl nach dem Gesagten, ein Kind. Und ist etwa der betreffende Zukunftsgegner zu klein oder zu kapitalsarm zum Schritthalten mit dem von mir so großmütig und so human beschenkten Staat, nun, dann bildet er einen „Zweibund" wie so eben das ewig gelddurstige Rußland mit dem Millionenlande Frankreich, und fühlt sich meinem ihm nun nicht mehr imponierenden Staat wieder gewachsen.

Wir sehen, daß ich also als Patriot, vom weiterblickenden Standpunkt aus, nicht nur nicht genügt [habe], sondern dadurch, daß ich den grassierenden Rüstungswetteifer der Staaten, *den ihre Oberhäup-*

ter bereits selbst anklagen und für das kommende Unheil verantwortlich machen, spornen und steigern geholfen, also geschadet habe, nicht zu gedenken der latenten Zustimmung, die ich dadurch einer vielleicht jetzt, vielleicht später zum Kriege führenden Politik, deren Fäden mir nicht offen liegen und die ich daher nicht zu beurteilen, viel weniger mit gutem Gewissen zu unterstützen vermag, ertheilt, und hiemit ihre Verantwortlichkeit theilen zu wollen, demonstrativ bewiesen habe.

In dem eben Ausgeführten ist aber für jeden logisch Denkenden ebenso unwiderleglich bewiesen, daß ich der kosmopolitischen Idee um so weniger einen guten Dienst geleistet haben kann; denn bei der spähenden, hüben und drüben bis zur entwürdigendsten Spioniererei gesteigerten Aufmerksamkeit, mit der die modernen Staaten ihre sogenannten Fortschritte auf allen den Krieg tangierenden Gebieten verfolgen, sind meine hundert Millionen, die Berge von Charpie, die Armee von Blessirtenträgern, die Beleuchtungsapparate, die Blessirtenwaggons und die Akademieen, den inkognito reisenden Generalstabsoffizieren der anderen Armeen gewiß nicht entgangen, abgesehen davon, daß das lärmende Entzücken der Zeitungen über meine patriotisch humanitären Thaten der Welt die Augen hätte aufreißen müssen. Und nun haben die Andern, „man nimmt das Geld, wo man es findet", eines schönen Tages auch alle die eben aufgezählten schönen Dinge, und sie haben sie so viel besser, moderner und zweckmäßiger als die meinen, daß ich am Besten all' meinen veralteten Plunder in die Rumpelkammer werfen und durch ein frisches Geschenk, aber diesmal von 200 Millionen meinem Staat das „Marschieren an der Spitze der Civilisation", wie die französische Phrase lautet, sichern sollte. Denn wofür bin ich sonst ein patriotisch-philanthropisch-kosmopolitischer Krösus, und überdies noch ein weit, weit berühmter Arzt?

In dieser Doppeleigenschaft habe ich aber meinen Staat und die Menschheit nicht blos materiell, ich habe sie auch geistig, als Fachschriftsteller, mit den besten und reifsten Früchten meiner Forschung und Erfahrung beschenkt. Meine Werke über Kriegshygiene, über vorbereitende Organisation des Pflegerdienstes im Frieden für den Krieg, über Kriegschirurgie, sind und werden täglich mehr als Canon für alle einschlägigen Bestrebungen und Organisationen anerkannt, daheim wie da draußen, überall in der Welt.–

Hab' ich nun so meinem Staate und der Menschheit genügt, war meine Leistung indifferent, oder sollte ich gar geschadet haben, anstatt zu nützen?

Ich muß einmal diesen Gedankengang recht gründlich, so recht an dem Ariadnefaden der Logik zu Ende denken. Denn was frommt mir alles Lob der Presse, die sich so oft als urteilslos erwiesen hat, und das Lob aller Kriegsminister der Welt, wenn mein eigenes menschliches und wissenschaftliches Gewissen all' diesen Beifall nicht so recht von Grund aus ratifizieren will, und wenn mir Tag und Stadt die „ἡμέραι δ᾽ ἐπίλοποι, μάρτυρες σοφώτατοι", „die spätesten Tage, die weisesten Zeugen" meines geliebten Pindar im Kopfe herumsummen, und einen feierlichen Protest gegen das überreiche Lob des Tages zu ergeben scheinen.

Habe ich genützt, habe ich geschadet, oder war meine Lebensarbeit ein Schlag ins Wasser? „Das ist die Frage", wie Hamlet sagt.

Nun, meine Herren, die Antwort scheint mir, wenn ich Ihnen und mir gegenüber aufrichtig sein soll, nicht schwer. Ich habe geschadet, geschadet auf der ganzen Linie, mir selbst, meinem Staate, der Menschheit. Denn, habe ich der Menschheit geschadet, so bin ich heute nach tiefem Nachdenken von den Ideen der Solidarität und des Altruismus viel zu sehr durchdrungen, um einen Augenblick nur in Zweifel darüber zu sein, daß ich auch meinem Staate und mir selbst Schaden zugefügt habe, und zwar den allerempfindlichsten.

Meinem Staat habe ich offenbar mit meinen durch den Druck Gemeingut der ganzen Welt gewordenen Werken nichts genügt, auch nicht in dem so beschränkten und fraglichen Sinne der Erhöhung seiner politischen Macht durch die rascher und zu seinen Gunsten mit größerer Wahrscheinlichkeit erfolgende Entscheidung durch das blutige Würfelspiel der Schlachten. Hätte ich ein Patent auf ein neues Pulver, auf eine Gewehrkonstruktion genommen, das Geheimnis wäre wenigstens ängstlich mit Argusaugen bewacht worden, und am Tage der Schlacht hätten vielleicht die mit neuartiger Zündnadel oder Mannlicher ganz überraschend niedergepfefferten Reihen der Feinde am eindringlichsten für den patriotischen Wert meiner Leistung plädirt. Telegramme, ähnlich wie nach dem Siege von Mentana über die Garibaldianer: *„Les Chassepots ont fait merveille"* oder nach der Schlacht von St. Privat: 40.000 Franzosen todt und verwundet, bleiben ihrer noch genug übrig", wären an meinen Kriegsminister gelangt, und mein Staat hätte das zweifelhafte Glück gehabt, für die nächsten 5, 10 oder 20 Jahre einen bestrittenen Fetzen Landes sein nennen, die feindliche, nach ihrem früheren Vaterland sehnsüchtig hinüberschielende Bevölkerung bändigen, und von den übrigen nach Moltke nicht von Liebe, aber von Achtung erfüllten, in Bände [sic (*Bünde*?)] und Gegenbände gespaltenen Staaten sich argwöhnisch belauert sehen zu können.

Ich aber habe durch Bücher, die ich verfaßte, gewirkt, diese Bücher wurden in alle Cultursprachen übertragen, ihr Inhalt wurde von allen Lehrkanzeln der Welt wißbegierigen Jüngerschaaren durch lebendiges Lehrerwort vermittelt, durch autoptische Demonstration klargemacht; kurz, die weittragendste Publicität ist meinen Werken zu teil geworden. Ich kann also meinem Staate doch nicht so genügt haben, wie der Erfinder einer sorgfältigst und mit Erfolg geheimgehaltenen Mordmaschine, die im geeigneten Momente dem Feind gegenüber so *verblüffend* und daher so *patriotisch* wirken wird. Und doch, wie ist's nur möglich? Der Kriegsminister belobt mich im Namen der Kriegsverwaltung des Staates A für meine *patriotische* Wirksamkeit; die „N. fr. Presse" aber meint in ihrem Leitartikel vom 3. Dezember 1891 in solchem Falle: „Was Billroth heute gesprochen hat, *kann auch nirgends unbemerkt bleiben.* Er hat mit seinen überaus wichtigen Anregungen nicht blos Oesterreich, er hat *alle Staaten Europas*, die für eine Armee zu sorgen haben, zu großem Danke verpflichtet" etc. etc. Dieses doppelte Lob kann nun offenbar nicht begründet sein. Habe ich Oesterreich genügt, so darf ich offenbar seinem möglichen Gegner Rußland nicht auch genügt haben. – *Also entweder Patriot oder Kosmopolit. Beide Kronen sich auf's Haupt setzen zu wollen, ist auf dem Gebiete des Krieges und der Vorsorge für den Krieg offenbar logischer Widersinn.*

Ein Uchatius, ein Mauser oder Mannlicher z. B. könnten, – wenn sie sich sonst über den patriotischen und allgemein menschlichen Wert der etwa im konkreten Falle über kurz oder lang zum Kriege führenden betreffenden Staatspolitik nicht den Kopf zerbrechen, oder wenn sie gar von unerschütterlichem Vertrauen zu dem unabänderlich patriotischen und ethischen Wert dieser Politik unter allen Umständen und in allen Phasen, sich durchdrungen fühlen, es könnte ihnen das nicht Jeder nachmachen, ein Uchatius, ein Mauser oder Mannlicher, sage ich, könnten unter obiger Einschränkung sich vielleicht sagen, oder doch überreden, daß sie Gutes gestiftet haben. Denn, bricht der Krieg aus, so ist die Macht des Staates, der ihnen ihr Arcanum abgekauft hat, wenn dieses leistet, was es verspricht, überwältigend, die Entscheidung ist eine rasche, wenn auch scharlachrotblutige, und mit der raschen Entscheidung ist nicht blos dem Sieger, sondern auch dem Besiegten, jedenfalls aber beiden kämpfenden Völkern und der Menschheit eine hohe Wohlthat erwiesen. Zudem ist es ja auch möglich, daß der Käufer und Besitzer des Arcanums im obwaltenden Streite auch wirklich, wenigstens relativ, das höhere Recht auf seiner Seite hat, und siegt er, dann um so besser.

Dieser Gedankengang, dieser Trost und diese Gewissensberuhigung ist aber für mich, der ich alle Nationen und Staaten der Welt an meinen Segnungen habe teilnehmen lassen, wie mehrfach gezeigt, unbedingt ausgeschlossen. Alle, alle ohne Ausnahme habe ich zu meiner reichbesetzten Tafel geladen, alle, alle haben von der Einladung Gebrauch gemacht, und, erhebt ein Streit sich, so sind alle von mir mit dem gleichen Rüstzeug versehen, und können kämpfen, bis die gleichmäßige Erschöpfung Aller ein Halt gebietet. Ich habe augenscheinlich für den Kampf, für's Verwunden und Töten, und nicht für die Verwundeten gearbeitet. –

Das untrüglichste Kennzeichen einer verwerflichen oder überlebten Institution, in deren Gefolge „Vernunft Unsinn und Wohlthat Plage wird", ist es, wenn die edelsten Bestrebungen des Geistes und der Humanität mit ihren Resultaten dem Rückschritt und der Lüge dienen, und ist es ja nur selbstverständlich, daß Gutes im Dienste des Bösen sich in sein Gegentheil verkehrt, daß es im besten Falle sich als „Kraft" bethätigt, die „stets das Gute will und stets das Böse schafft" und solchergestalt praktisch hinter jener „Kraft" zurücksteht, „die stets das Böse will und stets das Gute schafft".

Allein auch schon die bloße Coexistenz der verwerflichen oder aus roheren Zeiten überkommenen und nun dem gehobenen Zeitgeist widersprechenden Institution mit den edelsten und menschenfreundlichsten Bestrebungen des Zeitalters genügt oft, um die letzteren zu entwerten, zu entadeln, sie aus Segen zu Fluch und Geißel zu machen. Ein Beispiel.

Die Hygieniker, insbesondere die großen Augenärzte aller Länder zeigten auf dem letzten Wiener Kongresse ein einstimmiges, außerordentliches Interesse daran, den Schädlichkeiten der modernen Schule, namentlich dem so sehr überhandnehmenden Verderb der Sehkraft einen Damm zu setzen. Kommissionen für neue Schulbankmodelle, Beleuchtungsanlagen und ähnliche Verbesserungen wurden gebildet, und es ist nicht daran zu zweifeln, daß den verbündeten Mächten der Wissenschaft und der Menschenliebe auch diesmal Triumphe beschieden sein werden.

Fassen wir nun zwei in antagonistischer Stimmung einander gegenüberstehende Staaten und ihre Schulen in's Auge, und sehen wir uns die betreffende spezielle Entwickelung der Verhältnisse im Lichte der logischen Wahrheit näher an.

In Deutschland und Frankreich werden also, nehmen wir z. B. an, durch die erwähnten hygienischen Maßnahmen jährlich hüben wie drüben je 20.000 Kinder vor Verkümmerung des Sehvermögens bewahrt. Hocherfreulich! Nun bricht nach zwanzig sogenannten Friedensjahren der Krieg zwischen beiden Staaten aus. Je 20.000 Männer, die ohne die Hygieniker als augenschwach der Verpflichtung, in's Feld zu rücken, enthoben gewesen wären, verstärken nun hüben und drüben die Reihen der Kombattanten, helfen mit beim Zerstören von Früchten der Arbeit und von Menschenleben.

Ich frage nun: Ist es an und für sich ein Gewinn für die Menschheit, für die beiden kämpfenden Staaten, für die Bevölkerungen und für die Einzelnen selbst endlich, daß sich um 40.000 Menschen mehr dem Schießen, Hauen, Stechen, Sengen und Brennen widmen müssen? Das wird heutzutage kein halbwegs intelligenter Apologet des Krieges behaupten; denn die Herren, Moltke's Autorität voran, geben ja selbst zu, daß der Krieg an sich ein Unglück ist, ein Unglück für den Besiegten wie für den Sieger, ein Gedanke, der auch in Hunderten von Kriegsmanifesten ausgesprochen ist, wo der Krieg immer als Unglück, als Geißel dargestellt, und nur durch den Hinweis auf die Unvermeidlichkeit desselben und auf das Recht der guten Sache, für die man in den Kampf gehe, entschuldigt und dem Volke annehmbar gemacht wird.

Der Nutzen dieses Zuwachses von 40.000 Kämpfern müßte also offenbar wo anders liegen als in dem bloßen proportionalen Anwachsen der Zahl der Witwen und Waisen, der Todten und Verwundeten, der zerstörten Städte und Dörfer.

Ja aber, um Gottes und jedes Fünkchens Vernunft willen, wo steckt er denn sonst, wo kann er stecken? Vernünftige Wesen bekriegen einander; es muß also doch offenbar ein vernünftiger Zweck bei ihrem Handeln vorausgesetzt und nachgewiesen werden können. Wo ist nun dieser vernünftige Zweck? Wird die Entscheidung durch den Krieg, durch die Schlachtenwürfel rascher, rationeller, dauerhafter, sittlicher, wenn, ohne daß eine Partei einen relativen Machtzuwachs erhält, die Heere auf beiden Seiten ganz gleichmäßig anschwellen?

Offenbar nicht! Denn die kindlichste Arithmetik lehrt, daß der Wahrscheinlichkeitserfolg für zwei einander bekämpfende Mächte absolut keine Veränderung erleidet, wenn jeder Macht eine gleiche Summe Menschenmaterial zuwächst. Zwei gegen zwei geben dasselbe Verhältnis wie drei gegen drei.

Die humanen Augenärzte hätten also wegen der Coexistenz der Institution des Krieges mit ihren edlen Bestrebungen der Menschheit keinen guten Dienst geleistet, indem sie Tausenden den kostbaren Schatz des unverkümmerten Lichtes gerettet, erhalten hätten? Ein für unser Zeitalter tiefbeschämendes Resultat, dessen namenlose Absurdität aber der Wissenschaft und ihrer Bundesgenossin, der Humanität, gewiß nicht zur Last gelegt werden kann. –

Welcher Arzt wird mehr genügt, mehr im Geiste seiner Zeit und seines Berufs gehandelt haben, jener, der dem Rufe zweier Duellgegner folgt, und dem Verwundeten den ersten Verband anlegt, oder den Tod des Gefallenen konstatiert, oder jener, welcher beiden Gegnern seine Begleitung kategorisch verweigert, und dadurch so, wie durch das moralische Verdammungsurteil, welches sie ihm vom Gesichte lesen, das Duell erschwert, ja vielleicht verhindert ?

Bei dieser Frage ist es selbstverständlich, daß sie nur in dem Falle eines auf Standesehre und Übereinkunft beruhenden, gleichmäßigen Vorgehens aller Ärzte, einer öffentlichen und feierlichen Erklärung, dem Duell ihre Unterstützung und die in derselben liegende moralische Sanction entziehen zu wollen, den richtigen Sinn zur Darstellung bringen würde. Denn sie ergäbe gar keinen Sinn, wenn zugegeben würde, daß die Duellanten, vom Arzt A. abgewiesen, sich nur an den B. oder C. zu wenden brauchten.

Denken wir nur den Gedanken eines solchen korporativen Vorgehens der Ärzte dem Duell gegenüber durch und zu Ende, und sehen wir, wohin er uns führt.

1. Auf den ersten Blick liegt zu Tage, daß die Zahl der Duelle wesentlich abnehmen, vielleicht auf die Hälfte reduziert würde. Den einen würde die gesteigerte Gefahr, den anderen, edleren Beweggründen Zugänglichen die sittliche Verurteilung seitens einer höchstgeachteten, stets hilfsbereiten Berufsgenossenschaft abzuschrecken vermögen.

2. Das Duell hat stattgefunden unter Abwesenheit ärztlich vorbereiteter Hülfe. Ein Gegner oder beide sind tödlich getroffen. Auch der dem Duell assistierende Arzt hätte nur den Tod konstatieren, aber ihn nicht abwenden oder aufhalten können. In diesem Falle hätte also die ärztliche Begleitung zum Duell wieder nichts gefruchtet.

3. Ein oder beide Gegner sind verwundet, und nehmen wir gleich den schlimmsten Fall in Rechnung, einer oder beide gehen an dem Mangel rechtzeitiger, ärztlicher Hülfe, da der Arzt erst nach stattgehabter Affaire sich eingefunden, zu Grunde. Allein die Zahl dieser traurigen Fälle wäre naturgemäß eine verschwindende gegenüber den Fällen sub 1), wo die prophylaktische und echt ärztliche Methode der prinzipiellen, materiellen und ethischen Abschreckung vom Duell überhaupt einen Hauptsieg gegen das verjährte Vorurteil errungen, die völlige Beseitigung seiner Herrschaft angebahnt und dem Moloch seine Opfer in immer steigender Progression entzogen hätte.

Nicht paradox, nur streng logisch und streng sittlich wäre dieser Gedankengang, und er fände genau und unverändert seine Anwendung auf im Voraus zugesagte und organisierte ärztliche Hülfeleistung im Kriege.
Nehmen wir an, die Ärzte der zivilisierten Länder hätten in Bezug auf *zukünftige Kriege* gestreikt, so entschieden sie sich nach wie vor trotzdem, den vorhandenen oder in Zukunft noch geschaffenen Opfern der Kriege ihre werkthätige Hülfe angedeihen zu lassen, gerade wie der einzelne Arzt die Duellgegner mit seinen Instrumenten wohl nicht zum Kampfplatz begleitet, aber nach Kräften hilft, wenn das Unheil einmal ohne seine Schuld, *denn das ist der im Voraus den Folgen einer unsittlichen Handlung gegenüber angebotene und gewährte Beistand,* seinen Lauf gehabt.

Eine Schlacht zwischen zwei Armeen, deren Regierungen, wie wir annehmen, ohne Ärzte und Sanitätsvorkehrungen den Krieg führen, ist geschlagen; 30.000 Todte und Verwundete beider Parteien bedecken die Wahlstatt. Die folgende Darstellung leichter Übersicht halber in runden Zahlen in nachstehenden die Durchschnittsmöglichkeit erschöpfenden Fällen.

1. 10.000 Todte von beiden Seiten. „Die Klage, sie wecket die Todten nicht auf", ebensowenig der Arzt.
2. 10.000 schwere Verwundete und Kranke von beiden Seiten. Sie werden als kampfunfähig womöglich in die Heimat geschickt, oder sonst ärztlicher Hülfe nach Möglichkeit zugeführt, und genesen, je nach dem individuellen Falle, mehr oder weniger verkrüppelt, mehr oder weniger rasch, oder der Tod, der große Befreier, erlöst sie von ihren unverschuldeten, nur der Heuchelei und Roheit, richtiger, der erheuchelten Roheit des Zeitalters verdankten Leiden. Weiter kämpfen diese 10.000 Mann, je 5000 von jeder Partei, in diesem Kriege nicht. Wären aber Ärzte und vorbereitete Sanitätsorganisationen vorhanden, so würden, angenommen, 5000 Kampfunfähige unter den Händen der Ärzte verscheiden, weil ihnen Kunst und Pflege nicht zu helfen vermochten – 5000 aber, nehmen wir wieder an, wären durch die Ärzte meinetwegen über Nacht hergestellt und, o Triumph, wieder kampffähig gemacht worden. 2500 Freunde und 2500 Feinde hämmern nun wieder lustig auf einander los, verstärken das Konzert der Feuerschlünde, verlängern, verschleppen, vergiften den Krieg ohne allen Nutzen für Wert und Vernünftigkeit der Entscheidung.
3. 10.000 leicht Verwundete und Marode. Ohne ärztliche Pflege wären sie vielleicht 2 – 4 Monate kampfunfähig gewesen, und inzwischen wäre leicht möglich Friede geschlossen worden. Die Ärzte und die Humanität aber verhelfen nun ihnen, den ringenden Staaten und der Menschheit zu der großen Segnung, daß 10.000 sonst großenteils kreuzbrave, ruhige, vielleicht lammfromme Menschen in bei Todesstrafe anbefohlener Berserkerwut ohne allen Nutzen für Raschheit der Entscheidung, da ja keine Machtverschiebung stattgefunden, wie wilde Tiere auf einander losstürzen müssen.

So sieht's also in Wirklichkeit und bei objektivster Auffassung mit dem Wert im Voraus angebotener und organisierter ärztlicher und humaner Hilfeleistung bei Duell und Krieg aus. *Duell und Krieg wären ohne sie und in Folge der von Wissenschaft und Humanität gegen beide Schandflecke erklärten Acht und Aberacht vielleicht längst auf dem Aussterbeétat.*

„Man soll den Teufel nicht an die Wand malen", sagt das Sprichwort. Was thun aber Ärzte und Philanthropen anderes, die überall in der ganzen Welt inmitten eines ohnehin nicht ängstlich genug zu hütenden Friedens den Regierungen die Versuchung zum Kriege in Gestalt freiwilliger und großartiger im Voraus angebotener Leistungen auf dem Präsentierteller darbringen, das Urteil der Massen in Bezug auf die Notwendigkeit und Zulässigkeit zukünftiger Kriege fälschen oder im ungünstigsten Sinne beeinflussen, und den Machthabern zu ihrem und der Regierten Unglück die Gefaßtheit der Völker auf Alles und Jedes, was ihnen geboten werden möge, so recht ad oculos demonstrieren?

Unter den Haupt- und Grundursachen der Reformation stand bekanntlich das besonders dem deutschen Volke unerträglich gewordene Ablaßkramunwesen der Kirche (päpstlicher Legat Tetzel) obenan, aber das non plus ultra dieser Wirtschaft, die natürlich ein Ende mit Schrecken nehmen mußte, war erst gekommen, als man anfing, *Ablaßzettel für zukünftige Sünden zu verkaufen.*

Erst dem in naher Zukunft der parlamentarischen Behandlung zu unterziehenden österreichischen Strafgesetzentwurf war es vorbehalten: „Sekundanten, so wie zum Zweikampf zugezogene Zeugen und Ärzte" ausdrücklich als straflos zu erklären, während § 5 des geltenden Strafrechts „Mitschuldige und Teilnehmer am Verbrechen" so definiert, daß § 164 (Strafgesetz), der vom Zweikampfe handelt, und die „Beistände oder sogenannten Sekundanten" mit Kerker von 6 Monaten bis zu fünf Jahren bedroht, nach der richtigen, dem Geiste des Gesetzes entsprechenden Interpretation, ganz fraglos auch auf *„Ärzte oder Wundärzte, welche i n F o l g e v o r l ä u f i g e r Z u s a g e auf dem Kampfplage erschienen, um den Verwundeten Beistand zu leisten",* angewendet werden müßte. Herbst erklärt allerdings die Frage rücksichtlich der Teilnahme der Ärzte am Verbrechen des Zweikampfs als controvers, „obschon der Wortlaut des § 5 auf die Ärzte vollständig passe", was auch Janka anerkennt.

Wir sehen, das geltende, positive Gesetz steht ganz und gar in Bezug auf das antizipative Eingreifen des Arztes bei sich vorbereitenden unsittlichen und verpönten Handlungen wie *Leibesfruchtabtreibung* und Duell auf dem Standpunkte strengster und sogar strafgesetzlich sanktionierter Ablehnung. Genau derselbe Standpunkt aber ergäbe sich fraglos und folgerichtig auch dem Kriege gegenüber für den Staat, wenn nur bereits für hadernde Staaten ein Organ für die absolut unumgängliche Funktion der Rechtsprechung bestände, wie die zivilisierte Welt ein solches Organ für streitende Individuen besitzt, seitdem sie die Periode des *Einzel*faustrechts glücklich hinter sich hat.

Der verewigte Baron von Leonhardi, der Schwiegersohn des berühmten deutschen Philosophen Krause, spricht in seinen zahlreichen Schriften vom Kriege nur als von der „Sünde, Thorheit und Schande des Krieges" (stets mit gesperrter Schrift gedruckt). Er war auch der Hauptveranstalter und das leitende Element des in der *Prager Universitätsaula* tagenden Philosophencongresses, der so viele ausgezeichnete Philosophen und Juristen wie Ahrens, Röder, Schliephake zu einem feierlichen Proteste gegen die Institution des Krieges vereinigte. Freiherr Hermann von Leonhardi war aber Niemand anders als der *K. K. o. ö. Professor der Philosophie an der Prager Universität, der vom K. K. österreichischen Kultus- und Unterrichtsminister Grafen Leo Thun nach Oesterreich zur speciellen Vertretung jener Krause'schen Philosophie* berufen worden war, welche den Krieg als „Sünde, Thorheit und Schande" brandmarkt, und ihn als Institution durch einen Weltrechtsschutzverein zu verdrängen strebt.

Wir Ärzte sind, um mit dem edlen Kaiser Josef zu sprechen, die berufenen „Schätzer der Menschheit". Jeden Arzt, der seines Namens und Berufes wert ist, bin ich, auch ohne sein politisches Credo zu kennen, als Friedensfreund und Kriegsgegner anzusprechen berechtigt. Er weiß, er muß es wissen, daß unmittelbar oder mittelbar auf den Krieg als Institution mit seinem auch den armseligen Scheinfrieden noch verpestenden Gefolge der abenteuerlichen Rüstungen und entehrender Spionirerei der Löwenanteil an allem Bösen, die leibliche und geistige Gesundheit der Völker Zerrüttenden zurückgeführt werden muß. Er weiß ferner, daß auch hier wie überall „die Götter vor das Gelingen den Schweiß gesetzt haben," und daß es einer entschlossenen und opferfreudigen Phalanx der Guten und

Edlen, der Denker und ganz besonders der Ärzte bedarf, um zu siegen, und der Welt statt eines in beschämender Weise von Thronrede zu Thronrede kümmerlich prolongirten Waffen- aber nicht Rüstungsstillstandes das beseligende, civilisationsfreundliche Geschenk eines wahren, weltrechtlich geschützten, und für den Fortschritt und alle ihn verbürgenden Institutionen grundlegenden Friedens zu machen.

Was es nun für die Menschheit zu bedeuten hat, wenn hervorragende Geister die Folgen der von ihnen in edelster und wohlmeinendster Absicht gegebenen Anregungen nicht genügend abzuwiegen verstehen, hiezu nach all' dem Vorangegangenen noch einige Beispiele.

Fray Bartolomé de Las Casas, Bischof von Chiapa in Mexiko, geboren zu Sevilla 1474 war bekanntlich einer der edelsten Menschenfreunde, deren die Kirche sich je rühmen durfte. Schon als Pfarrer auf Cuba machte er sich dem Gouverneur Velasquez nicht nur durch Berufseifer, sondern ganz besonders durch den Einfluß bemerkbar, den er durch Milde und Wohlwollen bei den Indianern erlangt hatte. Um der durch das Gesetz gebotenen Verteilung der Eingeborenen an die spanischen Eroberer, und noch mehr, um der von ihm befürchteten gänzlichen Ausrottung der zu schweren Arbeiten untauglichen Indianer entgegenzuwirken, wurde sein bei Cardinal Ximenes mit Feuereifer befürworteter Vorschlag angenommen; castilianische Bauern wurden als Kolonisten nach Cuba gesandt, und diese wie die dort ansässigen Spanier befugt, für die schwersten Arbeiten in Minen und Plantagen Negersklaven anzukaufen. Im Jahre 1520 stand er sogar selbst, vom Kaiser Karl V. mit alleiniger und ausschließlicher Autorität und mit Mitteln zur Ausführung ausgerüstet, an der Spitze eines solchen Kolonisationsversuches, der übrigens zu seinem größten Herzeleid kläglich scheiterte.

Wenn nun aber auch neueren Historikern der Nachweis gelungen ist, daß der Negerhandel schon vor Las Casas betrieben worden, dieser also nicht als Urheber desselben angesehen werden kann, so ist es doch eben so gewiß, daß dieser Handel, diese noch heute am Leibe der Menschheit schwärende Pestbeule nur durch Las Casas und die von ihm mit unvergleichlicher Sebstlosigkeit und Aufopferung, mit aller Kraft seines Geistes und aller Glut seines großen Herzens durchgesetzten Maßregeln und auf dem von ihm zuerst betre-

tenen Wege jene Großartigkeit, jenen unheimlichen und heimtückischen Charakter angenommen hat, durch die er Jahrhunderte hindurch bis auf unsere Tage die fürchterliche Geißel des dunklen
Weltteils und der Menschheit geworden ist.

Man lese die folgende Notiz der „Wiener Sonn- und Montagszei-
tung" vom 14. Dezember 1891:

„Eine *sensationelle Erfindung* wird gegenwärtig erprobt. Das Sensationelle bei der Sache ist der Umstand, daß man nicht schon längst
auf den Gedanken gerathen ist, den Putzstock als Stütze des Gewe-
res beim Schießen zu gebrauchen. Das Schnellfeuer des Repetierge-
wehres kann zu einer horrenden Munitionsvergeudung ohne jeden
Effekt führen. *Die vom Hofrath Professor Billroth jüngst in der österrei-*
chischen Delegation erörterte vernichtende Wirkung des Massenfeuers
tritt nur dann thatsächlich ein, wenn der hinter seiner Deckung knieende
oder liegende Schütze wenigstens einigermaßen auf den selbstverständlich
ebenfalls hinter seiner Deckung versteckten Gegner zielt. Denn anders
würden ungeheure Stahl- und Bleimengen in die Luft geschleudert, ohne
daß ein thatsächlicher Effekt erreicht würde. Ein einigermaßen ruhiges
Zielen ist in der Aufregung des Feuergefechtes jedoch nur dann
möglich, wenn das Gewehr für die stützende linke Hand des Schützen keine Last ist. Infolge dessen wird jetzt die Erfindung probiert,
das Gewehr während des Schießens in liegender oder knieender
Stellung auf eine niedere Gewehrstütze aufzulegen, die am Putzstocke angebracht ist. Es wird hierdurch insbesondere ein ruhigeres
und präciseres Schießen auf die sich darbietenden kleinen Zielflä-
chen ermöglicht. Wenn der Boden das Auflegen des Gewehres nicht
gestattet, so ist diese an dem Putzstocke angebrachte Gewehrstütze
von um so größerer Wichtigkeit. Der Putzstock ist, wie früher der
Ladstock, im Gewehrschafte versorgt und aus zwei Teilen hergestellt, die unter sich durch Charnier verbunden sind. Wird der Putzstock entsprechend weiter herausgezogen, so fällt der herausgezo-
gene Teil, sich um das Charnier drehend, nach abwärts, resp. auf die
Erde und bildet auf die einfachste Weise die Gewehrstütze."

O über die Ironie, über die tragische Drastik der Weltgeschichte!
Kaum einige Tage über eine gewiß von den edelsten Intentionen ge-
tragenen, durch das höchste Können von Geist und Hand bedeut-
sam gemachte Rede eines großen Arztes und Menschenfreundes
hinweggegangen, und schon wird vor unseren Augen „Vernunft

Unsinn, Wohlthat Plage". Nicht genug, daß, wie ich sattsam gezeigt, Billroth's und ähnliche Reden und Bestrebungen zu dem *bisherigen* der Welt noch einen *Sanitäts*-Rüstungswetteifer bescheeren, der um kein Jota mehr oder weniger verderblich wirkt, als der *Waffen*-Rüstungswetteifer, indem er Kriege provozieren und die ausgebrochenen verschleppen hilft: so beruft sich, wie wir sehen, ein neuer Erfinder und Wohlthäter der Menschheit auf die Ausführungen und den Gedankengang Billroths, und hängt sich an seine Rockschöße, um den hohen Wert *seiner eigenen* sensationellen Erfindung der niederen Gewehrstützen, und diesmal nicht etwa geheim, sondern urbi et orbi, in's hellste Licht zu setzen. „Acceptirt ja nur, Ihr Staaten der ganzen Welt, meine Gewehrstützen, und zahlt mir brav für meine Erfindung: *denn anders würde ja die vom Hofrath Professor Billroth in der österreichischen Delegation erörterte, vernichtende Wirkung des Massenfeuers thatsächlich nicht eintreten,* und ungeheure Stahl- und Bleimengen würden in die Luft geschleudert werden, *ohne daß ein thatsächlicher Effekt erreicht* würde."

Rauchloses Pulver, niedere Gewehrstützen, und Herabsetzung des jetzigen Gewehrkalibers auf 6 ½ mm für die ungefähr acht Millionen europäischer Gewehre, so heißt das allerneueste Dreigestirn, die verheißungsvolle Trias am Friedenshimmel des Weltteils. Die Werndl'sche Waffenfabrik zu Steyr rechnet bereits ganz bescheiden bei einem ihr zufallenden Beuteanteil der Umwandlung von nur 800.000 Gewehren auf die Nutzenbagatelle von drei Millionen Gulden als „heiteres Loos in der Zukunft Schooß", um mit Schiller zu sprechen. So war wenigstens vor Kurzem in einem verbreiteten Wiener Finanzblatt zu lesen. Welches alle Kreise der Dante'schen Hölle beschämende Pandämonium muß und wird hereinbrechen, wenn schon die Billroth'schen Schilderungen des Ernstfalles, die noch auf der Idylle der Gegenwart fußen, und mit 6 ½ mm Kaliber und niederen Gewehrstützen noch nicht rechnen, über die ganze Welt eine Art staunender Betäubung, medusenhafter Lähmung, verbreiten. Was soll, was muß werden, wenn es großen Männern der Vergangenheit, Kant, Krause, Lessing und Goethe, und zu unserer Schande den edlen Erweckern unserer Tage, den Virchow, Häckel, Kraft und Suttner nicht gelingen sollte, das Gewissen der Menschheit und ihre bessere Einsicht aus den Banden todesähnlichen Schlafes zu befreien? Wenn es nicht gelänge aus dem Mene Tekel Billroths und ähnlicher nur allzuberechtigter Cassandrarufe zu anderen praktischen Schlüssen und Entschlüssen zu gelangen, als zu denen unserer Anticipationssamaritaner? Haben die Sabinerinnen, von denen Livius berichtet, sich aufs Charpiezupfen für „die zu Verwundenden" der Völkerschaft, oder haben sie sich zwischen die auf einander losstürzenden Heere geworfen und Wunden und Tod verhütet? Möchte heute, wo das zivilisierte Europa eine große Völkerfamilie geworden, möchte die Frauenwelt insbesondere den tiefen Sinn der römischen Legende erfassen und in seinem Geiste handeln!

Läßt die Vorsehung, lassen die bösen Geschicke der Menschheit Anderes zu, lassen sie neben dem Waffenrüstungs- noch den Sanitätswetteifer weiter in die Halme schießen, dann, ja dann kommt dereinst der Tag, wo die eine Hälfte Europäer die andere kuriert, was mich an Börne erinnert, der die Deutschen als die Nation definiert, deren eine Hälfte die andere kritisiert.

Hohe Versammlung! Ich schließe. Denn was sagt Lessing? „Wer bei gewissen Dingen nicht den Verstand verliert, hat keinen zu verlieren!"

EPILOG ZUR UNGESPROCHENEN REDE
EINES ARZTES UND MENSCHENFREUNDES

Sieh nur zu, lieber Leser, Du hast soeben ein *Doppel*märchen absolvirt, einmal, weil eine ungesprochene Rede doch offenbar nur ein
Märchen, und dann, weil sie doppelt ein Märchen ist, da es eben so
unglaublich, eben so sehr Märchen ist, daß diese oder eine ähnliche,
wenn auch bessere und treffendere Rede, *nicht* und *nirgends* in der
weiten Welt, mit all' ihren Ministerräthen, Delegationen, Reichsta-
gen und Kammern, gehalten worden sein soll.

Und da folge mir denn noch, o Leser, für eine weitere Minute
oder zwei in das Land der Dichtung, und gestatte mir zum Doppel-
märchen den märchenhaften Schluß:

Als der Sprecher der ungesprochenen Rede, natürlich von Niemandem applaudiert und beglückwünscht, geendet hatte, da wurde
im Publikum ein höchst einfach gekleideter, ältlicher, ernst aber
freundlich dreinschauender Mann bemerkt, wie er aus seiner linken
Westentasche ein Notizbüchlein hervorholte und einige Worte in
dasselbe eintrug. Er hatte mit gespanntester Aufmerksamkeit,
schien es, die Rede verfolgt, und wie Nebenstehende erzählten, bei
mehreren Stellen vergnügt geschmunzelt. Der unscheinbare Zuhö-
rer mit Notizbuch und Eintragung wäre aber ganz unbeachtet geblieben, wenn nicht ein blendender Gold- und Edelsteinschimmer
im Momente der Benützung von Büchlein und Stift aufgeblitzt und
die Neugier auf den Besitzer und auf den Inhalt der kurzen Eintragung gelenkt hätte.

Bald wurde es nach einiger Nachforschung bekannt, daß das
graue Männchen Niemand anders gewesen, als der nicht zu seinem
Vergnügen, sondern nur Belehrung halber incognito reisende und
unerwartet bald hier bald dort auftauchende *Genius der Menschheit*,
der es bekanntlich liebt, Harun Al Raschid und Kaiser Josef zu co-
pieren. Ein hinter ihm stehender, ihn um Kopfeslänge überragender
Mann, hatte mit seinem scharfbebrillten Auge auch die Eintragung
zu lesen, wenn auch nicht zu lösen vermocht, die der Unbekannte
mit leuchtenden Schriftzügen auf Goldgrund hingeworfen. Sie lau-
tete: *„Doch Einer!"*

Die von Moritz Adler verehrte Bertha von Suttner (1843-1914),
Herausgeberin der Zeitschrift „Die Waffen nieder!"
(Skulptur in Graz, Lagergasse)
Bild: Irma Servatius | commons.wikimedia.org

Eine Auswahl von Adlers Beiträgen in der Zeitschrift „Die Waffen nieder!"

1892 – 1899[1]

APHORISMEN[2]
1892

„Wenn Zwei dasselbe thun, ist's nicht, dasselbe." Gilt das nicht auch von Zeitaltern? Ist nicht der Krieg in der Gegenwart tausendmal verdammenswerther, als die Kriege des Alterthums oder des Mittelalters? □

Was schadet der Menschheit mehr: Tüchtigkeit, Tapferkeit im Dienste des Schlechten (z. B. des Krieges) oder: Lauheit, Feigheit im Dienste des Guten? (des Fortschrittes.) □

Wie oft ist höchster Kraft der Arm gefesselt, wie oft die Ohnmacht mit dem Blitze bewaffnet! □

Bei Ideen heisst es erst begreifen, – dann angreifen. □

Bekämpfe ich eine Institution, so muss ich sie noch besser zu vertheidigen verstehen, als ihre berufensten Vertreter es je vermocht. Nur das für die Lichtseiten offene Auge darf die Schatten erspähen. □

Die täppische Unbeholfenheit der Menschheit und der Völker ihren wichtigsten und klarsten Interessen gegenüber ist ebenso staunens-

---

[1] *Die Waffen nieder!* Monatsschrift zur Förderung der Friedensidee (ab 1894: Monatsschrift zur Förderung der Friedensbewegung): 1892-1899. [Die Zeitschrift ist mit Lücken im Online-Archiv abrufbar: https://anno.onb.ac.at/cgi-content/ anno-plus?aid=dwn; darüber hinaus vollständig archiviert unter: https://www.jstor.org/journal/waffennieder].

[2] Textquelle I Moritz ADLER: *Aphorismen.* In: Die Waffen nieder! 1. Jahrgang (1892 [Heft 3]), S. 30-31.

werth, als der oft geniale Scharfsinn der Notwehr des Einzelnen gegen die Ausgeburten jener Unbeholfenheit. □

Rothes Kreuz … Ja, aber, wenn ich dem Staate im Frieden den schönsten Sanitätstrain schenke, warum nicht lieber gleich eine Batterie Kanonen? Beides ist unentbehrlicher Bestandtheil des Kriegsorganismus, beides drückt Zustimmung und Vertrauen zu dem vielleicht noch gar nicht im Amte stehenden Minister aus, der den Zukunftskrieg einfädeln und inscenieren wird, beides macht als Ausdruck der Stimmung und Gefasstheit des Volkes Lust zum Kriege, beides hilft, „zu Verwundende" schaffen, – und bei all dem ist das bischen Verbandzeug dann ein jämmerlicher Trost für das arme Opfer des Krieges. □

Moritz Adler.

RANDGLOSSEN[3]

1893

Zu „Die Waffen nieder" Heft II 1893. Über den Frieden. –
1. S. 50, Z. 16: *„Kein Vernünftiger" wird leugnen, dass es heut zu Tage noch Fälle geben kann, in welchen der Krieg unvermeidlich ist und dass, so lange nicht alle Nationen eine einzige grosse Familie bilden u.s.w."*
2. S. 52, Z. 13: *„Der echte Gegner des Krieges strebt nach der vornehmsten Entwicklung des Muthes und der Thatkraft, weil er den Kampf will, aber nicht den Kampf, der es auf den Tod absieht, sondern den Kampf, ohne den es kein Leben und keinen Fortschritt giebt, den Kampf ums Dasein als edler Wettbewerb auf den Schauplatz der Arbeit versetzt u.s.w."*
3. S. 52, Z. 28: *„Da können die Kriege nur immer seltener werden u.s.w."*

---

[3] Textquelle | Moritz ADLER: *Randglossen.* In: Die Waffen nieder! 2. Jahrgang (1893 [Heft 3]), S. 121.

1. |

Jeder Vernünftige wird läugnen, dass es heutzutage unvermeidliche Kriege geben kann; zugeben wird er, dass es muthwillige oder böswillige, also nicht unvermeidliche, Angriffe geben kann, denen gegenüber die Individualvertheidigung blos deshalb unvermeidlich ist, weil das solidarische Interesse Aller an der Vermeidung jeder Selbsthilfe eines Staates zwar sehr deutlich und allgemein erkannt, aber sträflicher- und unbegreiflicherweise nicht als praktische Grundlage für das Zusammenleben der grossen Staatenfamilie anerkannt und realisirt wird.

Die Unvermeidlichkeit der Kriege entspringt also nicht wie in früheren Zeiten der Natur der Dinge und Verhältnisse, sondern einzig menschlichem Unverstand und bösem Willen, der das vor den Augen Liegende nicht zu sehen vorgibt, und der ohne ein unentbehrliches Functionsorgan der Menschheit in einer Zeit weiter wirthschaften will, wo der Mangel desselben unendlich schädigender wirkt als in den Zeitaltern der durch die Schranken von Zeit und Raum gefesselten Solidarität der Völker.

Solange dieses Functionsorgan nicht geschaffen wird, können die Nationen nicht eine grosse Familie bilden, und die Wehrhaftigkeitshypertrophie, die dieser Zustand bedingt, muss zur Rückenmarkatrophie jedes staatlichen Gebildes führen. Nur das Welttribunal vermag jener thatsächlichen Energie der Einzelexistenz ihr richtiges Bett anzuweisen.

2. |

Der echte Gegner des Krieges will durchaus nicht den Kampf ums Dasein als edlen (?) Wettbewerb aufs Feld der Arbeit versetzt, sondern er will das einträchtige, liebende und gerecht vertheilte Zusammenwirken *im* Kampf ums Dasein gegen die feindlichen Elemente ausser und im Menschen. Diesem Zusammenwirken wird ein freier, *edler*, nicht von der Hungergeissel gepeitschter Wetteifer sich beigesellen, wie im Sonnenstrahl das Licht wärmt, und die Wärme leuchtet.

3. |

Die Kriege (als principielle Forderung) dürfen nicht nur seltener, sondern müssen ganz und ausnahmslos ausgeschlossen und verfehmt werden. Denn seltener als früher sind sie ja schon; aber ein einziger für ein ganzes Jahrtausend drohender Krieg lässt für die 999 übrigen Jahre den wahren Frieden nicht aufkommen, und genügt vollkommen, um unter der Herrschaft des After- oder Scheinfriedens den Rüstungswahnsinn ins Ungeahnte zu steigern, die Sittlichkeit der Menschheit im tiefsten Kern verdorren zu machen, das sozialiste Problem zu verfrühen und zu vergiften, und seine wahre, naturgewollte Losung um Äonen hinauszuschieben.

Moritz Adler.

DER KRIEG, EINE ELEMENTARKATASTROPHE?[4]
1893

> Wer seiner Zeit nicht um ein gut Stück
> Weges voraus ist, der ist in Wahrheit um
> ein gut Stück Weges hinter ihr zurück! –

„Die schrecklichste aller Elementarkatastrophen" nennt der vom Präsidium des ersten internationalen Samariter-Congresses in Wien erlassene Aufruf den Krieg.

Der Krieg aber ist, um weiter mit den Worten des Aufrufes zu sprechen, allerdings eine oft „mit elementarer Gewalt hereinbrechende Katastrophe", aber keineswegs eine *„Elementarkatastrophe".* – In der Chemie kennt man heute 67 weiter nicht zerlegbare Grundstoffe oder Elemente. An diese denken nun wohl die Unterzeichner jenes Aufrufs nicht. Was liesse sich auch mit einer Iridium- oder Kadmium-Katastrophe z. B. anfangen?

Also können nur die uralten vier Elemente gemeint sein. Eine Elementarkatastrophe ist z. B. der *Erde*, das Erdbeben von Zante jüngsten schauerlichsten Andenkens, des *Wassers*, eine fürchterliche Überschwemmung durch Meeresspringfluth, der *Luft*, ein Orkan

---

[4] Textquelle | Moritz ADLER: *Der Krieg, eine Elementarkatastrophe?* In: Die Waffen nieder! 2. Jg. (1893 [Heft 4]), S. 143-146.

verheerendster Gattung, Samsin, Teifun, Cyclon, des *Feuers*, ein Prärienbrand, ein Vesuvausbruch mit Lavaerguss und Aschenregen, wie jener, dem Pompeji und Herculanum und Plinius der Ältere i. J. 79 n. Chr. zum Opfer fiel. Eine derartige Elementarkatastrophe ist der Krieg nun offenbar auch nicht. Die Elemente selbst sind unschuldig am Krieg, der Krieg durchtobt sie nur zu *Lande*, zu *Wasser*, in den *Lüften*, mit Feuer, Schwert, Hunger und Pestilenz. – Der Krieg ist also eine von *Menschen ausgehende* „mit elementarer Gewalt hereinbrechende Katastrophe", er ist „jedoch der schrecklichste der Schrecken, (das ist) der Mensch in seinem Wahn." *Er ist Alles, nur keine Elementarkatastrophe, und damit ist schon unendlich viel gewonnen.*

Nach zwei Richtungen. Erstens. Mag der Geist die Herrschaft über die Elemente noch weiter, noch so ungeahnt fortschreiten, völlig Herr der Elemente wird der Mensch nie werden. Nur ein Utopist wie Fourier wird von den Fortschritten der sozialen Entwicklung einen Zeitpunkt erwarten, wo die Nordlichtkrone am Nordpol Orangen reifen lassen und das Meerwasser in Limonade verwandeln wird. Viel, sehr viel vermag der Geist auf die Beherrschung der Elemente, allein nie und nimmer wird er das Hereinbrechen kosmischer, tellurischer, neptunischer, vulkanischer Katastrophen völlig zu verhindern vermögen. Der Meteorball wird niederstürzen, die dünne Erddecke einbrechen, die Solfatarainsel sich aus dem Meer vulkanisch emporheben, wenn die Stunde dafür geschlagen hat, ob auch die Menschen auf der Erde zu jener Zeit lauter Newtons, Darwins und Edisons wären. *Das sind Elementarkatastrophen.* Allein die „mit elementarer Gewalt" Jahrhunderte lang tobende menschheitliche Katastrophe der lohenden Scheiterhaufen für Hexen und Ketzer, der Sklaverei hat der menschliche Geist zu besiegen vermocht, und sie können nun und nimmer wiederkehren, es sei denn, dass der Geist rückschreitet. *Dann ist die Rückkehr dieses Geistes die Katastrophe,* gegen die sich aber der Geist, der jetzt die Menschheit erleuchtet, aufs Ausgiebigste zu schützen vermag. Der Krieg ist also eine menschheitliche mit Elementargewalt hereinbrechende Katastrophe, aber nur so lange, als der menschliche Geist und die menschliche Sittlichkeit, also Wissen und Wollen, nicht das Bollwerk gegründet haben, welches das Hereinbrechen zur Unmöglichkeit macht. Und da das Wissen dessen, was zu geschehen hätte, und das Wollen dessen, was noth thäte, heute bereits nicht in einem, sondern in Tausenden von Herzen und Köpfen vorhanden ist, und da ferner wir in einer Zeit leben, in welcher die Technik des Dampfes und der Elektricität jene materielle Seite der menschheitlichen Solidarität bereits realisirt hat, welcher die moralische mit Nothwendigkeit folgen muss, und deren Fehlen im Alterthum und im Mittelalter den Krieg zur Unvermeidlichkeit hätte stempeln müssen, wenn auch lauter Sokratesse und Fenelons die Welt bevölkert hätten: so folgt daraus, dass die Weltkatastrophe des Rüstungswahnsinns und des drohenden Krieges identisch ist mit der Herzenslauheit und Geistesträgheit der grossen Masse, selbst der sogenannten Gebildeten, die „Ohren haben und nicht hören, und Augen und nicht sehen." Aber wie Musik klingt es ihnen, dass der Krieg „ein Elementarunglück" ist, das man in *thesi* ruhig hinzunehmen hat, wenn man nur gleichzeitig sein Gewissen durch fleissiges Anticipandocharpiezupfen beschwichtigt.

Zweitens bietet die Prophylaxe gegenüber einer wirklichen Elementarkatastrophe und jene gegenüber einer nur *per nefas* so betitelten, in der Gegenwart gänzlich und ausschliesslich in dem Stande und Grade menschlicher Intelligenz und Sittlichkeit wurzelnden Katastrophe, – eine entscheidende Grundverschiedenheit.

Es giebt unvermeidliche Elementarkatastrophen, wie wir gesehen, z. B. ein Erdbeben. Die Prophylaxe kann hier nur in Anlagen seismographischer Institute auf exponirten Punkten, wie Palmieri's Vesuvobservatorium, passender Bauart der Wohnobjekte und Ähnlichem bestehen. Die Insel Zante wird ewig ein gefährliches Paradies sein. Den Seismus selbst zu bannen, darauf muss im Voraus verzichtet werden.

Dann giebt's vermeidliche oder in ihren Wirkungen wenigstens modifikationsfähige und ganz oder theilweise unschädlich zu machende Elementarkatastrophen. Da hat die Prophylaxe schon ein weiteres Feld. – Ein gutes Aufforstungsgesetz für verkarstete Höhenzüge wird die Überschwemmungsgefahr für die Thallandschaften wesentlich herabsetzen oder schwinden machen. – Die Anlage von Blitzleitungen wird die Gefährlichkeit des elektrischen Fluidums neutralisiren, gute Bauordnungen werden der Feuergefahr immer weniger Spielraum bieten und so könnten die Beispiele, gehäuft werden. Gewiss und mit vollem Recht ist in diesen und den tausend anderen Fällen auch für den Fall des wirklichen Eintritts der Calamität vorgesorgt. Bricht also ein Feuer aus, dann hat eine gute Staatspolizei für eine wirksame Löschordnung, für Brand-Assekuranz- und Unterstützungskassen gesorgt, damit das betroffene Individuum nicht unter dem Schlage zusammenbreche. In Bezug auf die Cholera hat soeben die staatliche Prophylaxe in Oesterreich einen herrlichen Triumph gefeiert, und den wärmsten Dank aller Denkenden verdient die österreichische Regierung als Anregerin der Dresdener internationalen Sanitätsconferenz. Kurz überall sehen wir das Prinzip der Prophylaxe gegenüber den wirklichen Elementarkatastrophen von den Staaten mehr oder weniger hochgehalten, und in diesem Sinne ist gewiss auch der die beste Staatspolizei besitzende Staat der polizirteste Staat zu nennen, was schon die Etymologie andeutet.

Um wie viel mehr nun sollte bei jenen Katastrophen, den fürchterlichsten von allen, die in der Gegenwart ausschliesslich im Menschen-Hirn und Herzen ihre Wurzel haben, von deren so vielen, wie von Sklaverei, Tortur, Inquisition die Geschichte lehrt, dass die Menschheit in den vorgeschrittenen Staaten sie mit Stumpf und Stiel auszurotten vermocht hat, deren Sein oder Nichtsein also ganz in die Hand des menschlichen Wissens und Gewissens gelegt ist; – das Banner der wahren, rechtschaffenen Prophylaxe, der Gräuel Verhütung, hochgehalten werden! Rüsten und Charpiezupfen, letzteres auch nur ein Rüsten, wie ich in meinem offenen Sendschreiben an Herrn Prof. *Billroth* auf das Unwiderleglichste dargethan habe, in der uns beschiedenen Scheinfriedensperiode, das ist wahrlich nicht die echte und rechte Prophylaxe von Staat und Samariterthum. *Rüstet, ihr Staaten, gegen die Rüstung, d. h. macht sie überflüssig durch ein Staatentribunal, und rüstet, Ihr Samariter, gegen das Charpiezupfen, d. h. thut das Eure, auf dass man keine Charpie für überflüssig geschlagene Wunden brauche. Giebt es doch leider der unvermeidlichen Wunden so viele und wird ihrer immer geben. Leset das Buch „Die Waffen nieder" von Bertha von Suttner. Da findet Ihr echtes, wahres, urewiges Samariterthum. Die Idee dieses Buches wird siegen, denn in Wahrheit „Dieu le veut", wie die armen, irregeleiteten Kreuzfahrer einst riefen, und sie wird siegen durch die „homines bonae voluntatis" des Evangeliums, zu denen doch die Samariter vor allen Anderen gehören sollten.*

Aber freilich, ist der Krieg „eine Elementarkatastrophe", dann ist er auch unvermeidlich", dann ist er „ein Element in Gottes Ordnung" und „der ewige Friede ist ein Traum und nicht einmal ein schöner", wie *Moltke* so wunderherrlich für die Gedankenlosen und Phrasennachbeter gesagt hat. Aber wie hat derselbe Moltke seinen Gläubigen die Freude verdorben, welches *sagrifizio dell' intelletto* muthete er ihnen zu, da er auch im allerschönsten Widerspruch zu den obigen Orakelsprüchen im deutschen Reichstage sagte: „Der siegreichste Krieg ist ein Unglück und nicht blos für den Besiegten, sondern auch für den Sieger."

„Der Krieg ein Element in Gottes Ordnung?" Vielleicht eher ein Element in Gottes *Unordnung*, die, siehe *Lessings* „Erziehung des Menschengeschlechtes", offenbar nur dazu da ist, damit der Mensch sich an ihr erziehe, indem er Ordnung in ihr macht. Aber gesetzt, „der Krieg ist ein Element in Gottes Ordnung", die richtige „unvermeidliche" „Elementarkatastrophe", dann ist der Friede wenigstens doch wohl auch „ein Element in Gottes Ordnung". Was soll aber der Krieg im besten Falle? Offenbar den Frieden schaffen. Und was soll der Frieden? Etwa auch den Krieg schaffen? Nein, und tausendmal nein, er soll vielmehr sich selbst immer tiefer und dauernder gründen und befestigen. *Also ist der Krieg des Friedens wegen, der Friede seiner selbst willen da, der Friede ist Selbstzweck, ist die absolute Idee, und der Friede, also und nicht der Krieg ist ein Element in Gottes Ordnung. –* Und dieser Friede sollte ein Traum und nicht einmal ein schöner sein! Welche traurige Verirrung!

Aber der Krieg ist eine Thatsache! Und „Thatsachen beweisen", denken viele Menschen und offenbar auch die Samariter. Hegel aber erwidert auf solches Argument, das einer schlechten Sache unmittelbar oder mittelbar zum Existenzanspruch verhelfen soll: „Um so schlimmer für die Thatsachen." Kommt, ein Krieg, und ist im Publikum von hochangesehener Seite die Parole ausgegeben „Elementarkatastrophe". „Element in Gottes Ordnung", „unvermeidliche Thatsache", dann ist die Friedensbewegung, die Friedenshoffnung, die Friedensbestrebung für die Massen *ad absurdum* geführt, und „Elend kann zu hohen Jahren kommen". – *Dem denkenden Friedensfreunde aber wird die brutale Thatsache des Krieges so wenig imponiren, so wenig sakrosankt sein, wie die Thatsache des Tigers dem Tigerjäger.*

Moritz Adler.

SI VIS PACEM PARA BELLUM
Eine zeitgemässe Entlarvung von Moritz Adler[5]
1893

Motto:
„Zweifle an der Sonne Klarheit,
Zweifle an der Sterne Licht,
Leser, nur an meiner Wahrheit
Und an Deiner Dummheit nicht."
(Gräfin von Egloffstein und Prof. v. Müller.)

Wie Professor Biedermann erzählt, hatte Goethe zum Verdruss der Gräfin E. und des Professors M. eine neue Schrift Schellings, trotz allem Drängens der Beiden, lange Zeit ungelesen auf seinem Pulte liegen. Da riss ihnen die Geduld und sie versuchten es mit dem heroischen Mittel obiger Provocation, die Goethe eines Tages auf dem Umschlag des Schelling'schen Buches fand. Das Mittel schlug an, Goethe lachte, ward neugierig und las. Zugegeben nun, lieber Leser, dass ich kein Schelling bin, aber vielleicht auch Du – nimm mir's ja nicht übel – kein Goethe, so sehe ich doch nicht ein, warum ich das probate Drasticum Dir gegenüber nicht verwenden soll. – Lache, lieber Leser, aber lies, lies aufmerksam mitdenkend und urtheile dann, ob, umgekehrt wie bei Bismarcks Depesche, aus der Fanfare des Motto eine Chamade geworden ist.

„*Si vis pacem, para bellum*"	„*Si vis pacem, para pacem*"
(altrömisch).	(Adler).
„Es kann der Frömmste nicht	„Wer Waffen schmiedet,
im Frieden bleiben,	bereitet Krieg / und muss
Wenn es dem bösen Nachbarn	davon der Zither Klang
nicht gefällt"	erwarten."
(Schiller's Tell.)	(Goethe's Achilleis-Vulcan.)

Wer hat Recht, Altrom oder ich, der Moderne, Schiller's Tell oder Goethe's Vulcan? – Beide, denn sie widersprechen einander nicht.

---

[5] Textquelle I Moritz ADLER: *Si vis pacem para bellum*. In: Die Waffen nieder! 2. Jg. (1893 [Heft 6]), S. 209-215.

Der scheinbare Widerspruch beruht auf bösem, folgenschwerem, jammervollem Missverständniss. – Wir wollen es beleuchten und den blutrünstigen Spuk verjagen.

Wie ist das nun möglich, dass bei identischen Vordersätzen und conträren Conclusionen doch beide Sätze Wahrheiten sein sollen, sowohl *„Si vis pacem para bellum"* als *„Si vis pacem para pacem?"* Die Wahrheit des letzteren Satzes ist offenbar einleuchtend wie der Tag, und es wäre Beleidigung des Lesers, viele Worte an den Beweis dieser Wahrheit zu wenden. Es ist so ziemlich eben so selbstverständlich, dass, wenn ich den Frieden oder den Krieg wünsche, ich den Frieden oder den Krieg vorbereiten muss, als dass ich, wenn ich Paris oder London gesehen haben will, nach Paris oder London gereist sein muss. Aber wohlgemerkt, wenn ich London sehen will, so nützt mir die Reise nach Paris allein nichts, und man sollte also meinen, wenn ich die Stadt *Pax* besuchen will, so kann mich eine Reise zur Antipodenstadt von *Pax*, nämlich zur Stadt *Bellum*, unmöglich an mein Ziel führen. Also ist *Si vis pacem para bellum eine Lüge*? Natürlich. Aber Sie sagten ja, es sei eine Wahrheit? Auch ganz richtig. – Also lässt der Satz zwei und zwar ganz richtige Deutungen zu? Jawohl, und zwar zwei Deutungen, die einander logisch postuliren, und deren eine stets die beste Evidenz für die andere in sich trägt.

Jahrzehnte meines Lebens hindurch habe ich *Si vis pacem para bellum* nur für eine Lüge, für die fürchterlichste und mörderischste aller Lügen gehalten, und ich glaubte sie zu entlarven, als ich mein *Si vis pacem para pacem* zum Motto meines Sendschreibens an Professor Billroth machte. Allen jenen meiner Leser, die dem weltbeherrschenden Sprüchlein, dieser Quintessenz unzähliger Depeschen, Parlaments- und Thronreden, ein gründliches Nachdenken gewidmet haben, wird es nicht anders gegangen sein als mir. An die Wahrheit des Satzes glauben oder scheinen auch zu glauben die Regierungen, die Diplomaten und insbesondere unbedingt die Kriegsminister, und demgemäss sehen wir ja auch alle Staaten, selbst das seine Panzerflotte so namhaft verstärkende *friedensfreundliche* Nordamerika nicht ausgenommen, über Hals und Kopf im Rüstungsfieber einander überbieten. Aber diese selben Regierungen sehen wir gleichzeitig in den Thronreden und Botschaften trotzdem als Ankläger des Rüstungsfiebers, das sie alle ergriffen, auftreten, und so müssen wir schliessen, dass ihnen selbst vor jener tausendfach und feierlichst betheuerten Friedenssehnsucht, vor jenem *Si vis pacem* zu grauen beginnt, das die Welt mit einem *para bellum*, einer Rüstung sondergleichen in den blutigsten Kriegsepochen der Geschichte, bedeckt, und die blühenden Fluren der Erde für das Cassandraauge des politischen Sehers schon heute in blutige Nebel und schwarze Trauerschleier hüllt. Und hinter diesem Grauen vor dem herrlichen allgemeinen Friedenswillen des *Si vis pacem* und vor den „Gräueln, ohne die es", nach der Antwort des Kriegsministers in der Delegation an Billroth, „im nächsten Krieg ohnehin nicht abgehen wird", erblickt wiederum das geschulte Auge des fortschrittlichen Denkers, dankbar erquickt, das Morgengrauen des Tages, an welchem den Herrschern und den Beherrschten die Schuppen von den Augen fallen, und an dem ihnen der Gedanke einer Schlacht genau so höllenentsprungen, so unmöglich erscheint, wie wir heute einen bösen Traum zu träumen glauben, wenn wir in Llorente's kritischer Geschichte der spanischen Inquisition (aus Originalacten der Archive der Inquisition) die grausige Schilderung des grossartigen *Auto de fé* lesen, welches im Jahre 1559 am 21. Mai, dem Dreieinigkeitsfeste, auf dem grossen Marktplatze zu Valladolid abgehalten wurde – in Gegenwart von auf Emporbühnen im Halbkreise zuschauenden hohen und höchsten geistlichen und weltlichen Personen, worunter die Regentin Johanna, Schwester Philipp II., der vierzehnjährige Kronprinz Don Carlos[6], die beiden Erzbischöfe von Sevilla und San Jago di Compostella, vier andere Bischöfe, das ganze Collegium der Inquisition und die Collegien der Staatsbeamten. Und ist nicht solch' ein *Auto de fé* selbst, wobei 15 Lutheraner und sogenannte Ketzer des Flammentodes starben, nur ein kindlich unschuldiges Plaisirchen jenes bösen Geistes des Absurden zu nennen, das die menschlichen Dinge heute unter dem Namen des Krieges wie damals im Namen der alleinseligmachenden Liebe beherrscht, gegenüber einer

---

[6] Ist's bei solcher Erziehung, bei solcher Vergiftung zarter Jugend verwunderlich, wenn dieser selbe Don Carlos acht Jahre später, am Weihnachtsabend 1567 einem Priester beichtet, dass er beschlossen habe, einen Menschen zu ermorden, und der Prior des Klosters von Atocha ihm Äusserungen entlockt, aus denen man erkennt, dass er gegen seinen Vater einen Anschlag gefasst habe. Ein Attentat gegen den Infanten Don Juan zog ihm in der Nacht des 18. Januar 1568 seine Verhaftung durch den König zu. So rächt sich der Fanatismus des Vaters im Mordwahnsinn des Sohnes.

Schlacht der Gegenwart oder gar der Zukunft, wo das Leben von 15 Menschen und darüber einem einzigen wohlgezielten Shrapnellschuss erliegt, und wo die Verlustziffern der Menschheit sich um Millionen Leben und Milliarden von Werthen bewegen?

Die Signatur jener Zeit war religiöser Fanatismus und äussere Glaubensheuchelei der von der alleinseligmachenden Liebe Bedrohten, sie ist heute Rüstungswahnsinn, vergiftendes Misstrauen und Zwang zu höchstpersönlichen Leistungen in Mord und Verheerung, während gleichzeitig der kritisch prüfende, individualistische Geist der Epoche die vom Pseudopatriotismus auferlegten Opfer zur völligen Unerträglichkeit gerade für jene geistig und moralisch höher veranlagten Naturen steigert, die zu ihrem Unglück von der bösen Gewohnheit des Denkens nicht lassen können – just wie damals die Ketzer und Lutheraner.

Also nochmals, wie kann *Si vis pacem para pacem* eine hohe, herrliche Wahrheit sein, wenn *Si vis pacem para bellum* eine furchtbare, blutrünstige Lüge ist, und wie kann *Si vis pacem para bellum* in einem Wahrheit sein und Lüge zugleich?

Es soll, wie ich hoffe, den Leser nicht gereuen, den Gedankengang mit mir zu wandeln, der zur hochwichtigen und unwidersprechlichen logischen Wahrheit führt.

Die Lösung selbst schicke ich aber voraus. Sie liegt einzig und allein in der Doppelbedeutung des Wortes *Pax* oder Frieden, und in der unglücklichen, missbräuchlichen Unterschiebung des einer höheren Culturepoche ungehörigen Sinnes dieses Wortes für den einer niedrigen oder niedrigsten Culturstufe entsprungenen ursprünglichen Begriff desselben in einem Satze, der eine handgreifliche triviale Wahrheit ausspricht, und der durch die eingeschlichene, falsche Ausdeutung zur gefährlichsten, Hoch und Niedrig am Geiste, Herrscher wie Beherrschte, irreführenden Lüge geworden ist. –

Vorerst ein Wort zur Etymologie und Sprachphilosophie des Gegenstandes. *Pax*, Stamm *pac* von *pango* urspr. *pago*, gr. [...] wovon πηγνυμι *befestigen*, dann *festsetzen = schliessen, verabreden, ausbedingen, pangere pacem* bei Livius, *pangere foedera* bei Virgil. *Frieden*, das Abstractum von *frey* (nach Adelung), mit Freiheit im Grunde gleichbedeutend, so das *Freyth* d. i. *Freiheit und Fried* sehr oft in den mittleren Zeiten verwechselt werden. „Wo öffentlicher Friede ist, da ist Freiheit und auch umgekehrt." Das Verbum *„frieden"* im Hochdeutschen veraltet, bedeutete ehedem schützen, vertheidigen. Befriedigen, *befrieden d. i. einzäunen, durch einen Zaun gegen einen Anfall von aussen in Sicherheit setzen.*

Nun zur Sache! Der deutsche Sprachgeist, der unendlich besser zu differenziren und nüanciren vermag als der verhältnissmässig unbeholfene Roms, sei unser Führer.

Si vis pacem hat nämlich einen Doppelsinn, es enthält eine Zweideutigkeit, die der feinfühlige deutsche Übersetzer sofort berücksichtigen wird. Ist nämlich bei Anwendung des Sprichworts im landläufigen Sinne von Staaten die Rede, so werde ich deutschem Sprachgeist gemäss übersetzen: *Wer* **den** *Frieden, d. i. den rechtlich und richterlich sanktionirten Frieden, will, der rüste zum Krieg.* Dann habe ich scheinbar (d. h. dem einseitigen Wortsinn, der schielenden Bedeutung gemäss) richtig übertragen, aber jene furchtbare aus der römischen Welt überkommene Lüge weiter propagirt,

Ist aber im Lateinischen *pax* auf Individuen gemünzt, die sich wechselseitig *bedrohend einander in Respekt halten wollen,* dann werde ich diesen selbstverständlichsten aller Truismen so übersetzen: *Wer Frieden (**Ruh'**) **haben** (oder behalten) will, der sei für den Kampf gerüstet* Das ist nun ebenso wahr als das Erste durch und durch falsch ist. Und offenbar ist dieser Gemeinplatz nur durch den eben entwickelten Doppelsinn des Wortes *Pax* zu der erschlichenen, missverständlichen Ehre gelangt, durch die Jahrtausende der alten, neuen und neuesten Geschichte als Hauptarcanum tiefster politischer Weisheit zu gelten, den Frieden durch Rüstungen zu gefährden, und den Krieg mit apodiktischer Nothwendigkeit herbeizuzerren.

Ja, ja, daran und nur daran liegt's ganz offenbar. *Velle pacem* heisst den Frieden wollen, d. h. jenen wahren Frieden, der öffentliche Rechtssicherheit im Inneren der Staaten sowohl als zwischen den Staaten bedeutet, der einen Richter über den Individuen wie über den Staaten voraussetzt, welch' letzterer aber für das Nebeneinander der Staaten fehlt, so dass eine wahre *pax* auf der Basis des *pacisci* d. i. der (wahre) Frieden zwischen ihnen eine Unmöglichkeit, eine Chimäre ist. *Velle pacem* heisst aber auch, sich Frieden, Ruh' schaffen wollen, und da ist das Mittel *para bellum* allerdings probat und unentbehrlich, während der *Friede* sein Hauptmerkmal gerade darin besitzt, dass er die Rüstung überflüssig macht, ja geradezu verpönt.

Ich lebe in einem Staat, also im Frieden, das Auge des Gesetzes wacht, und ich geniesse mit Freuden die Errungenschaft der Kultur, mich ohne Keule, pardon, ohne Revolver auf die Strasse, ja sogar in den Park wagen zu dürfen. Ja, trüge ich eine geheime Waffe bei mir, so wagte ich selbst dabei etwas, denn da ich im Staate, im Frieden mit meinen Mitbürgern lebe, so würde der Richter mich wegen des verbotenen, Andere bedrohenden Waffentragens bestrafen. Nun steht mir aber eine Reise bevor, ich nehme einen Waffenpass für einen sechsläufigen Revolver, System Ideal, denn mein Weg wird mich und mein Ross durch einen dichten, recht übelbeleumundeten Wald führen. Ich habe also gegen die Herren Räuber und Wegelagerer, die erst kürzlich einen Reisenden ausgeplündert und später nur gegen Lösegeld freigegeben haben, gerüstet, ganz im Sinn der bewährten Schulweisheit *Si vis pacem para bellum*. Habe ich nun im Geist der Etymologie von *Pax* und *Frieden* etwas befestigt, festgesetzt, verabredet, ausbedungen oder befriedet d. i. eingezäunt, durch einen Zaun gegen einen Anfall von Aussen in Sicherheit gesetzt? Habe ich auch nur einen Augenblick daran gedacht, *pacem*, *den* Frieden zu wollen, d. h. den Wald zu pacificiren, den Frieden des Waldes herzustellen, damit Handel und Wandel frank und frei ihn in Hinkunft zu passiren vermögen? Nein, nicht im Traum habe ich mir das einfallen lassen können, da diese staatliche Aufgabe weit über meine Kräfte gegangen wäre, wenn mich auch Edelmuth und Ritterlichkeit dazu begeistert hätten. Ich habe einfach mittelst der *ultimo ratio* Revolver Frieden – nicht *den* Frieden – Ruh' vor Räubern und Wölfen mir schaffen wollen – und die Erfahrung lehrte mich, wie wohl ich gethan, dem uralten Sprüchlein zu folgen. Aber gewiss, ich hätte nicht anders gehandelt, wenn es auch nie einem alten Römer eingefallen wäre, das selbstverständliche Gebot der Vorsicht, gegenüber den Folgen der Uncultur und Rechtlosigkeit in einen Gemeinplatz zu fassen. –

Obwohl nun bereits meine über allen Ausdruck wichtige These für jeden logischem Überzeugtwerden zugänglichen Geist im sonnenklaren Lichte dasteht, so soll der nun folgende Gedankengang den Eindruck womöglich noch verstärken; denn unendlich Hohes und Wichtiges für Menschheitsbeglückung und Sittlichkeit hängt davon ab, dass wenigstens die Gebildeten und Strebenden geistig gewappnet seien gegen das Medusenhaupt des *Si vis pacem, para bellum*, das die Besten und Edelsten lähmt und versteinert, wo es ihnen entgegentritt. –

Wir versetzen uns im Geiste in den prähistorischen, vorstaatlichen Zustand der Menschheit. Zehn Familien, durch kein Band untereinander geeint, von der Jagd lebend, bewohnen in Höhlen oder Erdhütten den weiten, undurchdringlichen Urwald. Auch noch nicht einmal der Name Rom, geschweige die vielbewunderte altrömische Weisheit, condensirt in dem wunderbar tiefsinnigen *Si vis pacem para bellum*, dem heute noch weltbeherrschenden, dämmert am Horizont der Menschheitsgeschicke. Aber, o Wunder, die Rohesten der Rohen, diese Ärmsten der Armen am Geiste, diese nackten, Gorillaähnlichen Urmenschen handeln schon ganz, als ob sie in Gymnasien und auf Parlamentsbänken das Sprüchlein tiefsinnig zu fassen, zu bewundern und zu befolgen gelernt hätten. Offenbar muss es ihnen die gütige Natur mit der Muttermilch eingeflösst haben, so sehr steckt es ihnen schon in Fleisch und Blut. Kleidung, Nahrung, Wohnung heben sie fast kaum über das Thier hinaus, aber Keule, Bogen, Köcher und Pfeile, vielleicht vergiftete, wenn er sich schon zu cultiviren beginnt, besitzt ein Jeder, wenigstens jedes Männchen, das ganz, wie das Thier, sein Weibchen und sein Junges schützt. Ohne Latein oder Deutsch zu können, ohne vielleicht bis zehn zählen zu können, *will er pacem*, Frieden, Ruh' haben vor Wolf, Bär, Tiger oder Nachbar, der übrigens gewöhnlich im betreffenden Idiom Wolf, Bär oder Tiger mit irgend einem recht, grausigen Epitheton *ornans* heisst, und sich mit diesem Titel nicht um ein Haar weniger freut, sich nicht weniger darauf zu gut thut, als der heutige Vertreter des *homo sapiens* auf den bunten Reichthum seiner Titulaturen.

Also hier haben wir die primäre, noch ganz **ein**deutige, weil vorstaatliche Auslegung oder vielmehr Darlegung des *Si vis pacem para bellum*. Von der Idee dessen, was wir oder die Römer unter „**der** Frieden" „*pax*" begriffen, mit dem ihm immanenten Staats-, Rechts- und Richterschutzgedanken, ist in diesem praktisch geübten *Si vis pacem para bellum* offenbar auch nicht die leiseste Spur zu finden.

Nun setzt's einmal wegen eines Weibchens, eines Weidegrundes oder eines Jagdstückes Streit und Kampf. Die vom stärksten Arm geführte Keule hat mehr Köpfe gefällt, als jede andere, oder als alle Anderen zusammen. Der siegreiche Keulenträger, wie Moltke von

Deutschland sagt, „nicht geliebt aber geachtet", ist bald der erste Duodeztyrann auf Erden. Die Staats- und Rechtsbildung hat ihren ersten entscheidenden Schritt gethan, die Autorität ist, meist im Gefolge von Unrecht, Mord, Verrath in die Welt der Wirklichkeit eingetreten. Und es ist wahrhaftig wunderwürdig, der inneren Verkettung nachzuforschen, die mit Naturnothwendigkeit durch das complicirte Spiel der Egoismen aus Rohheit zur Cultur, aus Unrecht zum Recht empor führt. Der Tyrann selbst mag die Verkörperung aller Scheusslichkeiten gewesen sein und auf dem Thron bleiben, er selbst als Einzelner mag die seiner Herrschaft Unterworfenen mit Despotenlaunen placken und an Leib und Leben gefährden oft bis zum unglaublichsten Grade; er muss doch im Ganzen, *im eigensten Interesse seiner Selbsterhaltung,* um nicht durch die Majorität der Unzufriedenen gestürzt zu werden und einen Nachfolger zu erhalten, als Staats- und Rechtsgründer, als Richter und besonders als *Schützer der vielen, und vereint doch mächtigeren Schwachen gegen den einen oder die mehreren Starken auftreten.* Denn dies ist die unumgängliche Grundbedingung für die Behauptung seines Platzes. Hochinteressant ist in dieser Richtung ein ganz merkwürdiger Parallelismus der biblischen und römischen Legende. Kain erschlägt seinen Bruder Abel, wie Romulus den Remus. Und die Bibel lässt den Kain eine Stadt bauen d. i. einen Staat gründen, so wie der Brudermörder Romulus der Gründer Rom s wird.

Das *Si vis pacem para bellum* ist nun in seiner trivialen Vorsichtsregel-Bedeutung um eine Stufe hinaufgerückt, im Inneren des Staates hat er seine Geltung verloren, der Waffenbesitz und Gebrauch ist nur mehr für die Zwecke der Autorität vorbehalten und gewöhnlich einer Klasse oder Kaste anvertraut. Für das Innere des Staates hat nun das *para bellum* (das einzig mögliche, rechtschützende *bellum justum) die edle Bedeutung der Rüstung gegen mächtige Übelthäter* gewonnen, weil eben der Staat wesentlich die *pax* will und überhaupt nur *des Friedens* wegen, als der Grundbedingung für Selbsterhaltung und Freiheit des Einzelnen in's Leben getreten ist. Aber gegenüber den gleichzeitig aufgetauchten Despotencollegen des Häuptlings A tritt die triviale Rüstungs- und Vorsichtsbedeutung des Spruches wieder in ihr Recht, und es ist Erschleichung und Usurpation, wenn nun dem Frieden, der *pax,* der Sinn unterschoben wird, der diesen Ausdrücken nur im innerstaatlichen Verhältnisse zukam. Hier müsste sich, um auf der im Staat erreichten edlen Höhe zu bleiben, der Satz in *Si vis pacem para pacem* umbilden, und das ist leider und zur Schmach und Trauer der Menschheit auch noch der heutige Stand der Frage. Alle Thronreden und Parlaments-Debatten geben sich den Anschein der Begeisterung für „den Frieden", während sie correcter- und aufrichtigerweise sich nur für's „Ruh' behalten" echauffiren sollten. Dieses „Ruh' behalten" ist aber ein Ding der Unmöglichkeit, so bald ein anderer mit der politischen Lage unzufriedener, nach Bismarck'scher Terminologie „nicht saturirter" Staat kein anderes Mittel hat, sein wirkliches oder vermeintliches Recht durchzusetzen, als die „Ruh'" des Ruhe behalten wollenden und sich deshalb für „friedensfreundlich" proclamirenden Staates zu stören. Also hie „Dreibund" hie „Zweibund", und beide „friedensfreundlich" zur Potenz erhoben. Der Dreibund und die ihm verbündete Presse schwört auf seine Friedensfreundlichkeit, denn er wolle nur den *Status quo* in Deutschland, Italien und den Balkanländern bewahrt sehen. Russland aber, dessen Apologet ich wahrlich zu allerletzt sein wollte, ist z. B. gerade dieser *Status quo* am Balkan ein Dorn im Auge. Und kann Russland oder Frankreich, dürfen die Mächte des Dreibunds vergessen, dass es einmal in Deutschland und Italien einen für diese letzteren recht unbequemen *Status quo* gegeben hat, den diese Mächte mit grösster Ungenirtheit und ganz gegen den Geschmack Russlands und Frankreichs zum *Status quo ante* gemacht haben? Unterliegt der Dreibund, so wird sein Erstes sein, die Heiligkeit des neuen Status quo anzufechten.

Und klingt es nicht wie ein schlechter Spass, wenn Bismarck in einer seiner Reden auf die „Saturirtheit" Deutschlands als auf die Bürgschaft für die Ehrlichkeit seines Friedenswillens hinweist? Der Andere will sich ja eben deshalb auch saturiren, weil er glaubt, dass der Saturirte sich an dem saturirt hat, was zur eigenen Saturirung ihm so nöthig erscheint, wie etwa Frankreich das zur Saturirung Deutschland's verwendete Elsass-Lothringen. Dieses Argument ist, ohne die Friedensliebe und selbst das relative Recht Deutschlands im Entferntesten antasten zu wollen, offenbar keinen Schuss Pulver werth; es müsste denn dem saturirten Löwen, der eben ein Schaf zerrissen, eine echtere, wahrscheinlichere Friedensliebe zugeschrieben werden als einem vor Hunger blökenden und strampelnden Lamm. Und wenn die Rüstung auf Friedensfreundlichkeit beruht, und das *para bellum* der Beweis für das *velle pacem* sein soll, dann ist ja auch der von der Natur so permanent und prachtvoll gerüstete Löwe der Typus des Friedensfreundes in der Thierwelt und das so stiefmütterlich mit Waffen bedachte Lamm der Friedensfeind? Fort, fort also mit den gefährlichen, leeren Phrasen und Floskeln von *Status quo*, Saturirtheit, Europäischem Gleichgewicht, natürlichen Grenzen und ähnlichem, veralteten Kram. Die Wahrheit ist das Privileg des Rechts und nur des Rechts. Eine Variante des oft citirten Spruches hat schlecht und recht ein alter Autor Publius Svrus geliefert. *„Diu apparandum est bellum ut vineas celerius"* „Man bereite den Krieg von langer Hand vor, um rasch zu siegen." Das ist ein Truismus, aber ein weit weniger gefährlicher, ein nicht *zwei*deutiger Gemeinplatz, der die grossen Rüstungen in den Dienst ihres wahren Schutzpatrons, des Krieges stellt, den sie vorbereiten, und nicht in den Dienst des Friedens, den sie bedrohen.

Durch die bisherigen Ausführungen ist auch die herrliche Wahrheit der poetischen Verurtheilung der Rüstungen in Goethe's Achilles „Wer Waffen schmiedet u.s.w." dargethan. Und will man Schiller's oft citirte Tellverse „Es kann der Frömmste nicht u.s.w." richtig erfassen, so ergänze man ihren Sinn durch das Wort Walter Fürst's im Tell: *„Wär' ein Obmann zwischen uns und Oesterreich, so möchte Recht entscheiden und Gesetz."*

„Vis consili expers mole ruit sun." Horaz.
(Gewalt, verlassen von der Besonnenheit,
bricht zusammen unter der eigenen Wucht.)

Aus dem besten englisch-deutschen Lexicon blickt einem das Wort
„Sport" so unschuldig wie möglich entgegen. „Spiel, Lust" u.s.w.
„Sportsman", „Jagd, Fischereiliebhaber" u.s.w. In der Praxis aber,
im Leben ist der Nebenbegriff einer kindischen, leidenschaftlich ge-
fährlichen Übertreibung, und zwar einer solchen, die das Ernste
zum Spiel erniedrigt, und das Spiel widerlich zu hohem, feierlichem
Ernst aufbauscht, davon unzertrennlich. Den Alpensport mit seinen
Fexen, die nur den eigenen Hals riskiren, den Modegecken und das
Gigerl und ähnliche Species des grossen Genus könnte man sich am
Ende gefallen lassen. Ein bemitleidendes Lächeln des Vernünftigen
und sie sind abgethan. Aber keinem denkenden Beobachter des Lebens, keinem Geschichtskenner kann es entgehen, dass die wichtigsten, den Entwicklungsgang der Menschheit bestimmendsten Institutionen keinen ärgeren Feind und Verwüster ihrer wohlthätigen
Wirksamkeit zu verzeichnen haben, als den Sport d. i. die Neigung
zum Überreiz und zur leidenschaftlichen Übertreibung, die nicht
minder als der ewige Wandel und Wechsel der Zeiten, aus „Vernunft, Unsinn", aus „Wohlthat Plage" macht. Der Sport, in diesem
Sinne und in diesem Lichte betrachtet, hat im bisherigen Lauf der
Geschichte noch keine einzige, selbst der wohlthätigsten Institutionen verschont, und er ist das lebendige Widerspiel der *Besonnenheit,*
jener köstlichen Errungenschaft des Studiums des Menschen und
seiner Geschichte, die die Fehler der Vergangenheit bei neuen Entwicklungen vermeiden lehrt, indem sie, mit Spinoza zu sprechen,
die Dinge und den Weltlauf, soweit dies menschlichem Intellekt
möglich, „sub specie Aeterni" im Lichte der Ewigkeit, nicht der au-
genblicks verrinnenden Spanne Zeit, betrachtet und gestaltet.
Blicken wir z. B. auf die so unabsehbar wichtige Institution der

---

[7] Textquelle | Moritz ADLER: *Kriegssport und Sportskrieg.* In: Die Waffen nieder! 2.
Jg. (1893 [Heft 9]), S. 345-352.

Religion, insbesondere der weltbewegendsten aller, der christlichen. Was hätte sie der Menschheit werden können, werden müssen, wenn sie im Geiste ihres Stifters, des Schlichten, des Allliebenden, des Kinderreinen, des Weisheits- und Einfallsvollen, den Versucher Sport abzuweisen verstanden hätte. Allein nur ihr Morgenroth bewahrte diese Kraft. Im Laufe der Jahrhunderte kam und siegte, verdarb und verheerte der Sport. Aus der Kraft der Entbehrung und der Sittenreinheit wurde Weltflucht, unfruchtbare, unaltruistische, müssiggängerische Askese und Selbstpeinigung. Aus der in Wahrheit alleinseligmachenden Kraft der Liebe liess der Sport als Fanatismus oder noch ärger als Fanatismusheuchelei, Kreuzzüge, Kinderkreuzzüge, Tortur und Inquisition hervorwachsen, und Scheiterhaufen, von grausiger Pracht der Kostüme und Prozessionen umsäumt, emporlodern. Der Bekehrungssport ist es denn auch, der Johannes Huss angesichts des mordlustigen Pöbels sein „O sancta simplicitas" erpresst, und den Peter Bayle, der berühmte Verfasser des „Dictionnaire historique et critique", nach der Zurücknahme des Edikts von Nantes (1685), nach dem Gefängniss- und Opfertode seines eigenen Bruders, des reformirten Predigers, vernichtend angreift in dem philosophischen Commentar über die Worte des Evangeliums *Compelle intrare"*, *„Nöthige sie einzutreten"*, in welchem die Schändlichkeiten und Nachtheile aller gewaltsamen Bekehrungen auseinandergesetzt und mit nie verblassenden Farben geschildert sind.

Heutzutage ist der Sport des gewaltthätigen *Compello intrare* auf dem Gebiete konfessioneller Bekehrungssucht – wahnwitzige und unsaubere antisemitische Spekulanten, die eine Judenhetze nach den bewährten Mustern von Tisza-Eszlar und Xanten inszeniren wollen, ausgenommen – obsolet, ja lächerlich geworden. Mit der Luft des Jahrhunderts athmet heute schon das Kind Bayleschen Toleranzsauerstoff ein, und der vielbewunderte Commentar Bayle's zu „Compelle intrare" ist historisches Material für den Geschichtsphilosophen geworden.

Allein „was heisst und zu welchem Ende studirt man Universalgeschichte", frage ich mit Schiller, was frommt es uns, dass „ein weltbürgerliches Band jetzt alle denkenden Köpfe verknüpft, und die Schranken durchbrochen sind, welche Staaten und Nationen in feindseligem Egoismus absonderten", wozu „regt sich in uns der stille Wunsch, an das *kommende* Geschlecht die Schuld zu entrichten, die wir dem vergangenen nicht mehr abtragen können", wenn wir aus der Geschichte nicht lernen, was vor allem Anderen noth thut, *Besonnenheit*, das einzige Präservativ und Antidot gegen den Sport, den proteusartigen Überwucherer und Zerstörer alles Edlen und Heilsamen in jedweder Institution?

Erfahren wir also aus der Geschichte z. B., dass das *„Compelle intrare"* – das Prinzip der äusserlichen Hineinzwängung Andersgläubiger in eine confessionelle Form des religiösen Gedankens ohne innere Freiheit und Assimilirung – ein fürchterlicher Irrthum, eine echt- oder geheuchelt fanatische Übertreibung und Ausartung des im idealen Sinne richtigen und begeisternden Grundgedankens einer Universalkirche der alleinseligmachenden Liebe ist: so müssen wir, – wenn wir der Menschheit in unseren Tagen noch weit gefährlichere Umwege und Verirrungen ersparen wollen, – jedem sich in einer Institution geltend machenden Sport, jedem neuen *„Compelle intrare,"* jeder sich unabweislich rächenden Vergewaltigung der freien Individualität unerschrocken in's Antlitz leuchten und den Verführer in der neuen Metamorphose entlarven.

Kann, ich will nicht sagen, ein Denker, kann ein Mensch bei gesundem Verstande überhaupt einen Augenblick das Moment der schon grotesk lächerlichen, wenn auch gleichzeitig bejammernswerthen Übertreibung, mit einem Worte das Sporthafte der die ganze Erde, Land und Meer überpanzernden Rüstung und des ihr zugehörigen Zahlenrausches verkennen? Wie viele Milliarden mag nur der durch die langen Friedensdecennien sich fortspinnende komische Wettkampf zwischen den imaginären Feindinnen Kanone und Panzerplatte bereits verschlungen haben! Der Römer klagt über das *„propter vivendum vivendi perdere causus"*, dass man den Lebenswerth für das nackte Leben hergebe, und wir Modernen gefährden und verlieren um der Rüstung willen Alles, um dessenwillen die Rüstung sich verlohnt. Wir opfern während der langen Perioden des Scheinfriedens nicht zu beziffernde Schätze an vom Schweiss der Nationen triefenden Gütern, und dieser Schweiss ist meistens ein blutiger, denn man lese nur z. B. eine Statistik der Berufskrankheiten, der Berufsmortalität, der Selbstmorde wegen des *struggle for life*, und man wird sich leicht überzeugen, dass es des aus latent patentgewordenen Krieges mit seinen Würgengeln, Schlacht und Pest nicht erst bedarf, um (ich zitire nach Büchmann, Prof. der Geschichte: Heinrich Leós geschichtlichen Monatsbericht Juni 1843): „die Bevölkerung zu sichten und das skrophulose Gesindel zu zertreten, was jetzt den Raum zu eng macht, um noch ein ordentliches Menschenleben in der Stickluft führen zu können."

Und all' dieser Jammer und Schaden ist nicht der ganze, nicht der tausendste und nicht der millionste Theil des ganzen Schadens. Der lässt sich einfach auch noch so ausschweifend bescheiden nicht beziffern, weil nicht ausdenken. Denn es handelt sich um Imponderabilien, um der Zahlenfassung nicht zugängliche Unendlichkeiten von moralischen Gift- und Pestkeimen. – Die praktische, die grosse, die hohe (?) Politik! Was ist sie heute, wie vor Jahrhunderten, wie vor Jahrtausenden anders, als ein Gewebe von List, Argwohn, Boudoirgeträtsch. Welches ein Bismarck für die deutsch-russische Verstimmung, analog mit der Vorgeschichte des siebenjährigen Krieges, verantwortlich macht, Spionirerei, oft auch Bestechung, kurz das Widerspiel von dem, was sie nach christlicher Moral vor Allem sein sollte, nämlich die praktische Durchführung brüderlichen Zusammenwirkens der Staaten und Völker? Das ist schon ein unleidlicher Zustand, bei dem die besten Kräfte und Säfte des Gesammtorganismus für den Dissens vergeudet werden, statt der Synthese, der Solidarität dienstbar zu sein.

Aber all' dies ist nur wieder das kleinere, relativ verschwindende Unglück. Das grosse, das entscheidende Unheil liegt in der Vorbildlichkeit des unmoralischen Inhalts der Zeitgeschichte für Mit- und Nachwelt. In der Gegenwart wird dadurch jedes Zeitungsblatt, in der Zukunft jedes für die Volksschule berechnete, dürftige Geschichtscompendium zum Prediger der edlen Wahrheit, dass ohne Überlistung, ohne Vergewaltigung, ohne „Macht vor Recht", nicht der heute im Besitz wohnende Staat A, sondern der Staat B, der das offenkundige Recht auf seiner Seite hatte, im vernünftigen Kampf um's Recht vor dem Richter Sieger geblieben und seiner Provinz oder gar seiner staatlich nationalen Existenz nicht verlustig gegangen wäre. Da aber Thatsachen bekanntlich beweisen und entscheiden, so müssen die göttlichsten Wahrheiten der Moral, und sprächen Priester und Lehrer mit Engelszungen, vor tauben Ohren, verhallen, sobald die Geister der grossen und kleinen Kinder einmal herausgefunden haben, nach wem sie sich zu richten haben, um überhaupt zu existiren und womöglich glücklich, angenehm, berühmt und gepriesen zu existiren. – Denn existiren wollen sie vor Allem und wenn schon gekämpft sein muss, lieber siegen als unterliegen. So wird denn also der tägliche, heute noch so schwierige und unumgängliche Kampf ums Dasein bis in die tiefsten und breitesten Schichten hinein vergällt und vergiftet. Überschlauheit, Korruption und Reptilienthum feiern Orgien, und ereignet sich dann ein Panamafall, so reibt sich alle Welt verwundert die Augen, als ob die Pestbeule, in der die Fäulniss des Organismus ausbricht, etwas irgend Verwunderliches besässe. Panama aber wird jede Weltordnung sein und bleiben, so lange nicht die Überzeugung von der organischen Solidarität der Menschheit sich in einer grundlegenden, universalen Rechtsschutzorganisation verkörpert, und den Staaten die Möglichkeit bietet, den Bevölkerungen mit dem Beispiel hoher Rechtsachtung voranzuleuchten, statt ihnen in der Politik die hohe Schule der Übervortheilung, des Rechtsbruchs und der Vergewaltigung vorzuführen. Eine zweite Gattung unglückseliger Imponderabilien, die die Menschheit dem Kriegssport, den Millionenheeren und Milliardenbudgets verdankt, ist die wegwerfende Behandlung jedweden Rechtes der freien Individualität, sobald es sich um das sakrosankte Anschwellen der Armeen, Rüstungen und technischer Massenmordexperimente handelt. Plinius schon sagt: *„Maiores nostri in quocunque civium summum esse volnerunt"*, „Unsere Vorfahren wollten in jedem Bürger die hohe Würde und die volle Freiheit des freien Mannes geachtet wissen." So sprach ein Römer zu einer Zeit, wo fremd und Barbar gleich galten und die Staatsidee für die Geister den Brennpunkt aller Tugend und Sittlichkeit bildete, wo der Krieg eine relative Nothwendigkeit war und wo die römische Idee des Weltimperiums sich in der naiven Freude an und in der Begeisterung für Krieg und Eroberung, in dem Worte des grössten Dichters verkörperte *„Parcere subiectis et debellare superbos"*, Rom sollte die Welt zu seinen Füssen sehen, die Unterjochten schonen, die Steilnackigen bekriegen.

Wie sieht es dagegen mit der Staatsfreudigkeit der Gegenwart aus? W. Hoffmann in „Deutschland einst und jetzt im Lichte des Reiches Gottes" und Alexander v. Humboldt in den Briefen an Varnhagen von Ense erzählen übereinstimmend, dass Friedrich Wilhelm IV. von Preussen in Scherz und im Unmuth oft von *„dem Racker von*

Staat" gesprochen habe. Der König habe aber den Ausdruck von einem Bauer aus dem Bezirk Merseburg übernommen, der ihm in der Audienz auf die Ablehnung einer Forderung antwortete: „O ich wusste wohl, dass nicht mein geliebter König mir entgegenstellt, sondern der *Racker von Staat.*" Wäre der Ausdruck auch nur als Scherz im römisch-griechischen Alterthum denkbar gewesen? – Im Rededuell zwischen Richter und den Sozialdemokraten im Deutschen Reichstag entwickelten letztere durch den Mund Bebels ihr Ideal sozialdemokratischer *Zukunftsstaatslosigkeit.* – Das Christenthum, auf dessen Basis der moderne Staat zu stehen vorgibt, mit seiner hyperidealistischen Moral, dass man die linke Wange dem Schlage darbieten solle, nachdem die rechte den Schlag empfangen, ist – trotz des Rathes, dem Cäsar zu geben, was des Cäsars ist, über welchem aber das höhere Gebot, Gott mehr als den Menschen zu gehorchen, waltet – in seinem innersten Kern kaum staatsfreundlich zu nennen. Es versagt den Reichen die Seligkeit, es treibt die Käufer und Verkäufer zum Tempel hinaus, es stösst die Tische der Wechsler und die Stühle der Taubenhändler um, und es spricht von den Machthabern förmlich wegwerfend. Man denke an die Stellen Luc. 22, 25ff. Math. 20, 25ff.: *„Die Könige der Völker herrschen über sie, und die Gewalt über sie ausüben, lassen sich gnädige Herren nennen; aber so soll es unter Euch nicht sein,* sondern der Grösste unter Euch sei wie der Kleinste und der Oberste wie der Diener." Und dann das Wort des Apostels Paulus: „Weidet die Euch anvertraute Heerde Gottes und führet die Aufsicht. – *nicht als Gebieter,* sondern ein Vorbild der Heerde zu werden." Der Geist, der in diesen und ähnlichen Stellen webt, ist echt theokratisch und es ist unmöglich, diesen theokratisch-staatsfeindlichen Geist zu verkennen, wenn man sich der Stellen im alten Testament I. Sam. 9 erinnert, in welcher bereits die Stellung des Evangeliums zum Staate präformirt erscheint. „Gieb uns einen König, der uns richte", sprach das mit den beiden Söhnen Samuels, „den das Recht beugenden Richtern" unzufriedene Volk zu Samuel. Samuel betete zu dem Herrn. Und der Herr sprach zu Samuel: „Höre auf die Stimme des Volkes …, *denn nicht* **dich** *haben sie verworfen, sondern* **mich** *haben sie verworfen, dass* **ich** *nicht König über sie sein soll."* Nun warnt Samuel „mit den Worten des Herrn" das Volk ganz besonders vor dem bevorstehenden, offenbar schon damals gründlich gehassten *„Compelle intrare"* der allgemeinen Wehrpflicht, indem sich aus dem Königthum Rüstung und Krieg erheben werde. „Dieses wird die Weise des Königs sein, der über Euch herrschen soll. Eure Söhne wird er nehmen und wird sie auf seinen Wagen setzen und zu seinen Reitern machen … Und er wird sie setzen zu Obersten über Tausend und zu Obersten über fünfzig und sie werden machen sein Kriegsgeräthe und sein Wagengeräthe. Da werdet Ihr schreien an jenem Tage über Euren König, den Ihr Euch gewählt: aber der Herr wird Euch nicht antworten an jenem Tage." Christen- und Judengott also, königs- und staatsfeindlich. Aber auch Zeus fehlt nicht als Dritter im Bunde, obschon hier in der Äsopischen Fabel von den Fröschen und Zeus der theokratische Beigeschmack gänzlich mangelt. Die Frösche verlangen von Zeus einen König, und er wirft ihnen einen Holzklotz in's Wasser, den sie aber nur zu verächtlicher Kurzweil benützen. Nun sendet ihnen Zeus eine sie auffressende Hydra, und jetzt, bereuen sie ihren thörichten Wunsch. Das *Fabula monet* dieser Erzählung ist aber offenbar mehr antimonarchisch und republikanisch gemeint und sagt auch ausdrücklich, dass, wer das Glück der Freiheit geniesst, sich nicht nach dem Joch der Knechtschaft sehnen solle.

Bis zum Überdruss wird von Halbdenkern uns vorerzählt, dass wir im Zeitalter der freien Individualität leben. Aber die Halbdenker bringen es auch regelmässig nur zu Halbwahrheiten. Es ist wahr, dass der Gedanke und die Spekulation auf dem Gebiete der Naturwissenschaft, der Philosophie und ganz besonders der Religionsphilosophie die lähmenden Fesseln des mittelalterlichen Scholasticismus von sich geworfen, und die überzeugenden Argumente der Scheiterhaufenbrände nicht mehr zu fürchten haben. Es ist aber eben so gewiss, dass auf allen Territorien der Theorie und Praxis, die in einem mehr oder minder nahen Connex mit den vom Sport der Gegenwart heimgesuchten Regionen der Menschheitsentwicklung stehen, – also auf den Gebieten der Nationalität, der überspannten Begriffe der politischen Souveränität und Macht der Staaten, des Krieges, der Rüstungen, der allgemeinen Wehrpflicht und ihrer finanziellen Voraussetzungen, der Steuerpolitik und Praxis – nicht Freiheit, sondern Prokruszwang für die Individualität in Wort und That die Losung des Tages geworden ist. – Daher auf dem Gebiet der Nationalität ihr Sport, der Rassenhass, der Antisemitismus, dummdreist stolzirend, auf *dem* der politischen Grösse un-

glückselige Allmacht des Chauvinistischen und Pseudopatrioti-
schen Sports, auf *dem* der Rüstung in allen ihren Ausläufern, der
Sport der Ungeheuerlichkeit! Und nirgend, nirgend die Erkenntniss,
dass es sich bei all' dem um nichts als Sport und wieder Sport handelt, d. h. um Ausartungen und Übertreibungen, die man, wenn
heute die Kirche ein *Auto da fé* Andersgläubiger vorbereiten wollte,
sofort als solche erkennen würde, die man aber mit dem feierlichs-
ten, überzeugtesten Ernst gewähren lässt, wenn von allen Staaten
mit unsäglichem Eifer, mit dem Aufgebot aller geistigen und materiellen Kraft und strenger Niederbeugung auch der besonnensten
Opposition ein mehr oder weniger fernes Weltelend vorbereitet
wird, statt mit denselben Faktoren und Potenzen, den einzigen Fak-
tor der Intoleranz ausgenommen, gegenwärtigem und künftigem
Unheil und ganz besonders der Verfrühung des sozialistischen
Problems zu steuern. Haben wir aus der Geschichte der Inquisition
gelernt, dass es der grauenhafteste aber auch kindischeste Fehl-
schluss von der Welt war, durch Hass und Verfolgung um Liebe zu
werben, so können wir keinen Augenblick bezweifeln, dass unsere
Nachkommen an der Begabung einer Epoche mit Menschenverstand werden irre gehen müssen, in welcher man durch die Gewalt,
durch das mordbewaffnete Unrecht, durch das Würfelspiel einer
Schlacht zum Recht gelangen wollte. Genau im selben Lichte, wie
uns heute das *Auto da fé*, nur noch unendlich grässlicher und wahn-
witziger wird dann dem späten Enkel der Begriff einer Schlacht entgegentreten, als eines fürchterlichen Etwas, dessen Kunde, histo-
risch verbürgt, aber geistig unergründlich, auf ihn überkommen
sein wird.

„Das kostbarste Kapital ist der Mensch" sagte Kronprinz Rudolf.
Ganz richtig und doppelt kühn gedacht in einer Zeit, in der man sich
den Luxus eines unsinnigen Menschenverbrauchs erst in patriotischen, faustballenden Drohtoasten und später „in Knochen und
Muskeln" bei dem erstbesten Schnäbele-*Casus belli* gestattet, wenn
die Gelegenheit etwa günstig zum Präventivkrieg oder sonst der
Ehre der Aufbauschung zur Staatsaffaire würdig erscheint.

Das kostbarste Kapital des kostbarsten Kapitals, Mensch, ist aber
unstreitig die Zeit. Ja nicht etwa im bornirten Krämergeiste des englischen *time is money*, sondern im edlen Sinne der pflichtgemässen,
eifrigen und zweckvollen Ausgestaltung unseres Daseins als Indivi-

duen und als lebendige Glieder der Menschheit. Eben darum ist aber auch das kostbarste Kapital der Menschheit selbst die Zeit; auch die der Menschheit zugemessene ist nur das Segment einer unendlichen Ewigkeit. Ist wie die Zeit des Individuums nur eine Spanne, die statt Geburt und Tod, mit dem Kataklysma beginnt und dem Kataklysma entgegenrollt. Wie traurig schon, wenn der Einzelne „um schöne Stunden vom Glück getäuscht" dem Einbruch der Nacht entgegentreibt, „wo Niemand wirken kann." Wie fürchterlich aber, wenn die Stunden der Menschheit, die Jahrtausende, statt von liebender, erleuchteter Brüderlichkeit, statt von immer beglückteren auf dem rechten Wege planvoll zu den Zielen im Lichte wallenden Geschlechtern, erfüllt werden von Finsterniss, Irrweg und Qual. *Wer der Menschheit Irr- und Umweg erspart, der und nur der allein ist ihr wahrer Wohlthäter. Der Erfinder, und heisse er selbst Guttenberg oder Edison, ist es nur bedingt.* Denn die Presse druckt auch den „*Hexenhammer*" und das Telephon vermittelt Schlachtenordres wie werthvollen Gedankenaustausch. Aber die uns vom Übel erlöst haben der Tortur, der Inquisition, der Intoleranz, der Sklaverei, die Spee, die Thomasius, die Beccaria, die Lessing, die Beecher Stowe, *die haben Heil und nichts als Heil verbreitet,* und sie haben den Boden vorbereitet für die segnenden Genien der Zukunft, welche die Siege über Prostitution, feile Presse, Krieg und Massenelend krönen werden.

Doch ich will kein Buch schreiben und will daher nur noch eine einzige, alle Anderen überragende Schädlichkeit des Kriegssports unserer Tage beleuchten. *Sie liegt darin, dass der **Kriegssport** mit fast mathematischer Sicherheit zum **Sportskrieg** führen muss, und dass jeder Zukunftskrieg, welchen Phrasenmantel man ihm auch umhänge, nur Sportskrieg und nichts als Sportskrieg sein kann und wird.*

Was Kriegssport ist, haben wir gesehen. Aber was bedeutet ein Sportskrieg? *Vor Allem einen Krieg, dessen absolute und selbst relative Überflüssigkeit im Sinne einer rechtschaffenden Entscheidung in unserer Zeit dem unverdorbenen Menschenverstand auf den ersten Blick einleuchten muss und dessen im Sinne des Causalnexus doch nothwendig gewordener Eintritt, vor allem anderen auf den Kriegssport, die Rüstungsmanie und den Zahlenrausch zurückzuführen ist.*

Absolut und selbst relativ überflüssig ist in der Gegenwart der Krieg, weil fast jeder Tag uns das in's Leben treten neuer internationaler Berathungskörperschaften bringt, in diesem Augenblicke

z. B. die von Oesterreich vorgeschlagene internationale Cholera-
kommission, und weil es für den beschränkten Unterthanen-, aber
unbeschränkten Menschenverstand ewig ein Räthsel bleiben wird,
warum für alle erdenklichen Anliegen der Staatengemeinschaft zu
dem augenfälligen Mittel der Schaffung gemeinsamer Autoritäten
gegriffen wird mit alleiniger Ausnahme gerade des denkbar wichtigsten aller staatlichen und menschlichen Anliegen, des Rechtsschutzes. Die Entschuldigung, dass der Staat B. nicht mitthäte, wenn
auch der Staat A, oder gar die Staaten A, C, D wollten, verfängt
nicht; denn das Übelwollen des B spricht den A oder den A, C und
D nicht im Entferntesten von der Verpflichtung los, ihrerseits das
Rechte zu wollen, und diesen Willen schleunig, schleunig in That
umzusetzen. Diese That soll und braucht nicht ein Krieg gegen B zu
sein; denn das hiesse, den Teufel durch Beelzebub austreiben. Wohl
aber kann und soll nach heiligster Pflicht der Staat A ein Manifest
richten an B, C, D und alle übrigen Mitstaaten, und ein zweites Manifest an seine eigenen Völker *und in diesen feierlichen Erklärungen soll
er vor Gott und Menschen fest und überzeugend aussprechen und besie-
geln, dass er für seinen* Theil je eher je lieber bereit sei, die Ära der für
die obersten Regionen des Völkerlebens noch privilegirten, mit dem
Namen Souveränität geschmückten Selbsthilfebarbarei zu schliessen, und sich von der furchtbaren ihr anhaftenden Verantwortung
zu entlasten.

Hat der Staat A so gesprochen, mit unzweideutigem Ernst, überzeugender Entschlossenheit und mannhafter Kraft so gesprochen,
bereit, dem Wort die That folgen zu lassen, und überzieht ihn jetzt
oder später B mit Krieg, dann und nur dann ist A des Verdachts,
einen Sportskrieg zu inszeniren, los und ledig. Er ist dies selbst
dann, wenn er durch die Verkettung der Umstände als erster sein
Schwert der Scheide zu entreissen genöthigt wird. Denn er hat nach
dem gerechten Richter gerufen, dem wahren Stellvertreter Gottes
auf Erden, statt sich hinter der wohlfeilen Verantwortlichkeit vor
Gott und dem eigenen Gewissen zu verschanzen. Ein solcher Staat
– , warum, o Gott, ist er in Europa noch immer nur Phantasiege-
schöpf – , wird den ihm aufgedrungenen Kriegssport gar nicht so
erschöpfend wie der rechtsfeindliche Staat auszustatten brauchen.
Allianzen werden ihm zufliegen, wenn er, der Hort des Rechts bedroht wird, Herz und Tasche seiner Bürger werden ihm offen ste-

hen, und jeder seiner Krieger, wohl wissend, dass er für das Recht und die Selbsterhaltung, und nicht für den Sport kämpft, wird „sein Alles setzen an seine Ehre", wird ein Leonidas werden.

Alles, alles drängt dazu, den Staaten das von mir geschilderte Vorgehen zur heiligsten, unabweislichen Pflicht zu machen. Der Kriegssport verschlingt nicht blos unersättlich die besten Reichthümer der Völker, demoralisirt sie nicht nur und verkennt die Rechte der freien Individualität, sondern er drängt und zwängt die Geister, Wissenschaft und Technik, sie Alle entladend, mit goldener Lockung in den ärgsten aller Abwege, den Abweg brutaler, wenn auch überraffinirter, erfinderischer Zerstörungskunst. Nicht genug, dass jede auch die wohlthätigste Erfindung, schädlich benützt, zur Plage wird, regnet es jetzt Erfindungen, die nur schaden und absolut nicht nützen können, direkte Ausgeburten des Genius des Bösen. Ein Gerücht ging vor einiger Zeit durch die Blätter, Edison habe ein von ihm erfundenes, unerhört verheerungskräftiges Bombenluftschiff Frankreich angeboten. Edison berichtigte – wenn schon, so würde er sein unwiderstehliches Schiff eher dem deutschen Kaiser offerirt haben. Das Ganze, offenbar und hoffentlich ein Märchen, ist so recht typisch für den brutalen Gedankengang, für die Verrohung, die sich in den Köpfen der Massen in Folge all' der herrlichen Gruselschilderungen von Ecrasit, Dynamit, Melinit, 6 ½ Millimeter Caliber, Werndl, Krupp und Gruson'scher Beglückungsleistungen und ähnlichen geist- und herzerhebendem Zeitungsinhalts, einzunisten beginnt. Edison's oder eines Anderen Luftstinkbombe als Verleiherin der Welthegemonie an den glücklichen Besitzer des duftigen Arcanums! *Fin de siècle!* Was willst Du noch mehr?

Dass aber der Kriegssport nothwendig den Sportskrieg herbeiruft, das kann Niemand bezweifeln, der mit Logik, Geschichte, Politik, Menschenkenntniss und der Kenntniss von den inneren Triebkräften der Institutionen und insbesondere des Krieges auf vertrautem Fuss steht. –

Bösen Dämonen vergleichbar, in fürchterlicher Mannigfaltigkeit aufgestapelt, starren sie uns überall entgegen, die kleinen, die zierlichen Mordmaschinen bis zu den plumpen Ungethümen, deren einmalige *Benützung* (?!) ein Vermögen verschlingt und Hunderte von Menschenleben und mit saurem Fleiss erworbene Güter begräbt. Neben ihnen Zündstoffe aller möglichen Zusammensetzungen. Die Errungenschaften aller angewandten Naturwissenschaften der Bedienung der Dämonen geeignet, Dampf, Elektricität, Magnetismus, Akustik, Optik, Chemie, Mechanik, Hydraulik. – Ein schadenfroher Funke, und der schlafende Dämon erwacht zu todverbreitendem Leben. – In den Kanzleien unscheinbare, gelbe oder grüne Zettelchen – sie flattern durch die Lande, und all' all' die Dämonen bekommen Leben und speien Tod. Und die Beherrscher und Knechte der Dämonen, die armen Menschen, werden nun selbst, Dämonen, aber zu ihrem Unglück können sie die Fühllosigkeit der Erzdämonen nicht erreichen, und sind verdammt sie zu beneiden. –

Müssen aber die Zettelchen wirklich aus ihrem Gewahrsam zum Todesflug hinausflattern über die blumigen Fluren und Gefilde? Wohl müssen sie es. Denn Ruhmeskränze, Macht und Ehren, ja selbst die hohen, edlen Freuden geprüfter und als bewährt erprobter Thatkraft männlich bewiesenen Pflichtgefühls, der Standesehre, des weltbewegenden und angestaunten Genies, winken verlockend und begeisternd den Trägern *derselben* Institution, die zur Hüterin der kleinen, unheilschwangeren Zettelchen bestellt ist. – Daher stammen jene Toaste beim perlenden Glase, beim frohen Liebesmahle, die den Frieden faul, und den Krieg frisch und fröhlich nennen, deren Lectüre den Geist des Denkers empört, das Herz des Menschenfreundes wie Dolchstich verwundet, und uns mit Faust ausrufen lässt: *„Das Schaudern ist der Menschheit bestes Theil"*. – Aber nicht die Träger der Institution des Krieges, sondern die Institution klagen wir an. –

Moritz Adler.

„Er liebt sich bald die unbedingte Ruh."
Goethe, Faust.

1. *„Und es waren auf der ganzen Erde einerlei Sprache und einerlei Worte."*

4. „Sie sprachen: ‚Wohlan, lasset uns eine Stadt bauen und einen Thurm, dessen Spitze reiche bis zum Himmel. *So machen wir uns einen N a m e n, damit wir uns nicht zerstreuen über die ganze Erde."*

6. „Und der Herr sprach: Siehe! *es ist ein einziges Volk und einerlei Sprache bei Allen;* und solches beginnen sie zu thun! *Ja dann wird nichts für sie zu schwer sein, was sie denken auszuführen!"*

7. „Wohlan! so lasset uns hernieder steigen, und ihre Sprache dort verwirren ..."

8. „So zerstreute sie der Herr von da über die g a n z e Erde, und sie hörten auf, die Stadt zu bauen."

9. *„Darum nannte man ihren Namen Babel* (d. i. Verwirrung) ..."

1. Buch Mose, Kap. 11.

Es giebt Gegner, mit denen im Geisteskampfe sich zu messen, an das Urtheil der Urtheilsfähigen zu appelliren, Ehre und Freude ist. Es sind jene, denen man Talent und tiefes Wissen, aber auch Wohlmeinung und Ehrlichkeit hochachtungsvoll zuspricht, und denen man deshalb die Ehre erweist, sie für überzeugungsfähig zu halten.

Solcher Gegner giebt es auf allen Kampfplätzen keine allzu grosse Schaar und sie ist leider besonders klein auf der Geistesarena, wo um die allerunmittelbarste Reformberechtigung der internationalen Schiedsgerichts-Idee gerungen wird.

Ein vornehmer Kämpe dieser Art ist der Universitäts-Docent Dr. Karl Walcker zu Leipzig, der soeben mit einer gehaltvollen, wenn

---

[8] Textquelle I Moritz ADLER: *Der babylonische Thurmbau und die politischen Grenzen.* In: Die Waffen nieder! 4. Jg. (1895 [Heft 3]), S. 82-90.

auch sehr kurzen Schrift von vierzig Seiten „*Die Nothwendigkeit einer europäischen Abrüstung und Steuerentlastung*" zu den oder vielmehr gegen die Ziele, die Bestrebungen, Methode und Problemerfassung der Eriedensgesellschaften Stellung genommen hat.

Walcker's Hauptthese und Grundirrthum – gleichzeitig der Grundirrthum der erdrückendsten Majorität der Machthaber, der Parlamente und der Publizistik der Gegenwart – steckt in dem scheinbar ganz friedensfreundlichen Absatz B, S. 6: „Wenn Jemand sagt, der sogenannte ewige Friede könne auch nach Jahrhunderten nicht zu Stande kommen, so liefert er einen neuen Beweis dafür, dass die Extreme sich berühren. *Da die Kriege in der Regel nicht zwecklose Metzeleien sind* (wie die extremen Friedensfreunde fälschlich behaupten), *sondern zu festen Grenzen der Gross- und Kleinstaaten zu führen streben, so ist es möglich, ja sogar wahrscheinlich, dass dereinst die Kriege, wenn auch nicht die Konkurrenz der Völker ganz aufhören werden.*" – –

In diesem letzten Satz sind nicht weniger als vier ebenso populäre als folgenschwere Irrthümer eingekapselt und dabei doch typisch ausgesprochen, von denen ich nur *den die politischen Grenzen betreffenden* eingehender zu behandeln beabsichtige: denn zerstiebt der, so verflüchtigen sich die übrigen.

I) *Die Kriege sind in der Regel nicht zwecklose Metzeleien.*

II) *Die Kriege streben zu **festen Grenzen** der Gross- und Kleinstaaten zu führen.*

III) Ist es deshalb möglich, ja sogar wahrscheinlich, dass dereinst die Kriege, wenn auch nicht die Konkurrenz der Völker ganz aufhören werden.

Und es geht endlich aus I, II, III und ihrem logisch-causalen Ineinandergreifen hervor:

IV) *Die allerfestesten, wo möglich für alle Ewigkeit erstarrten politischen Grenzen der Gross- und Klein Staaten wären daher, als Vorbedingung für das Aufhören der Kriege, ein „summum bonum" der Menschheit, „ein Ziel, aufs Innigste zu wünschen."*

Bevor ich jedoch mich mit meinem Hauptthema, den politischen Grenzen, beschäftige, erkläre ich meinerseits contradictorisch, den Gedankengang Walcker's begleitend:

1) *Die Kriege sind in der Regel, ja ausnahmslos, **zwecklose**, wenn auch*

oft für den einen – durchaus nicht immer den angegriffenen – Theil unver-
*meidliche, weil aufgenöthigte **Metzeleien.***

2) Denn *zwecklos* ist jede Mittelergreifung, die an der Vernunft, ja
selbst am blossen Verstand sich vorüber schleicht, um ihr Ziel zu
verfolgen. Und überdiess *zwecklos selbst im Sinne Walcker's sind die*
*Kriege, weil sie eben (im höheren Sinne **glücklicher Weise**) zu allem An-*
deren eher zu führen streben, als zu festen politischen Grenzen. Auf das
Motto von Walcker's Schrift, „die Weltgeschichte ist das Weltgericht", berufe auch ich mich, aber in einem höheren, unendlich wei-
terschauenden Sinne. Denn die ganze bisherige Weltgeschichte ist
da, um zu beweisen, dass es den blutigsten Kriegern und glücklichs-
ten Siegern noch nie gelungen ist, nie gelingen konnte, die Grenzen
ihrer Reiche zu festen zu machen. Denn feste, d. i. gesicherte Grenzen bedürfen ja vor Allem einer doppelten Sanction, eines doppelten
Rechtsschutzes nach Aussen und nach Innen, d. h. *die übrigen Staaten*
und Völker und das oder die eigenen Völker müssen jene Grenzen nicht
*bloss äusserlich. sondern **innerlich** achten und anerkennen.* Diese inner-
liche Sanction zu erzwingen vermag kein noch so siegreicher Krieg,
kein noch so kleines Kaliber der Brisanzgeschosse. Sie ist ganz undenkbar ohne den Rechtsschutzverein der Staaten, oder wenigstens
seine Vorstufe, das staatliche Schiedsgericht. – Man denke an die dä-
monischesten, fatalistischesten Sieger der Weltgeschichte! Wo sind
die festen Grenzen ihrer Reiche? Der Krieg hat sie gegeben, der
Krieg hat sie wieder genommen – oder – wird sie nehmen – über
kurz oder lang. – Wie oft hat eine und dieselbe heiss umstrittene
Scholle, das Rheinufer, Lombardo-Venetien, im Laufe eines Jahrhunderts den Herrn gewechselt? – O über die *festen* Grenzen!

3) *Es ist trotz des allgemeinen, den Kriegen entgegen wirkenden Kul-*
turfortschritts unmöglich, umsomehr unwahrscheinlich, dass dereinst die
Kriege der Völker ganz aufhören werden, wenn die öffentliche Meinung
nicht auf's Gründlichste darüber belehrt wird, dass, besonders im
Lichte der Aufklärung der Gegenwart und besonders *die Kriege der*
*Gegenwart nichts Anderes sind, als sporthafte, vollkommen **zwecklose***
*Metzeleien, die nie zu festen, sondern vielmehr zu ganz vorzüglich **wan-***
***delbaren, veränderungsbedürftigen** und **ewig bedrohten** Grenzen zu*
führen streben. Was Hugo Grotius 1625 von seiner Zeit sagt: *„Die*
ganze Christenheit stürzte sich, schlimmer als die ärgsten Barbaren, ohne
Rechtsgrund und Überlegung in Kriege", das passt auf die Gegenwart,

und wird auf die Kriege und Rüstungskriege der Zukunft nur immer besser und besser passen, je grösser der übrige Kulturfortschritt geworden sein wird. *„Schlimmer als die ärgsten* **Barbaren***"*, deren Entschuldigung die Barbarei ist.

4) *Und dass weder der Krieg – die mit Schlauheit und List – der Faust des Geistes – verbündete Gewalt –, noch selbst die edelsten und bestgemeinten Anstrengungen begeisterter Völker, hochsinniger Fürsten und erhabener Genies, die Utopie fester Grenzen zu realisiren vermögen, welche nach Walcker und der* **Communis** *opinio durch ihre unbeugsame Starrheit der* **Menschheit** *dereinst die Geissel der Kriege ersparen würden: das ist in Wahrheit höchstes Glück für die Entwicklungsfähigkeit unseres Geschlechts und anbetungswürdige Weisheit des Weltgeistes.* Von seinen Plänen werden für ein irdisches Auge die Schleier nie ganz fallen. Aber grossen Genien, einem Lessing in seiner „Erziehung des Menschengeschlechts", einem Goethe im „Faust", der abgrundtiefen Erkenntniss und Symbolik der Bibel – solchen **Sehern** in ihren begnadetsten Augenblicken ekstatischen Schauens und Erkennens ist oft ein blitzartiges Lüften des Schleiers vergönnt worden. – Lasset uns mit Andacht vernehmen, was sie verkünden.

———

Wenn der Leser die beiden Citate aus „Faust" und dem 1. Buch Mose aufmerksam prüft, so muss er sofort finden, dass sie beide Gott oder den Weltgeist eine und dieselbe Wahrheit aussprechen lassen: der moderne Dichter als Reflexion, der antike als tiefsinnigstes, dramatisch belebtes Symbol. Diese ewige Grundwahrheit ist für Natur wie Menschheit das Gesetz nie rastender Entwickelung oder Evolution, ein *horror immobilitatis*, wie die Physik des Raumes einen *horror vacui* konstatirt. – Im „Faust", dem grossartigen *Strebedrama* der Menschheit, gilt alle Satire, Spott und Hohn dem Famulus, dem Ruhemenschen Wagner, für den „der ganze Himmel niedersteigt", wenn sein Herr und Meister „ein würdig *Pergament*" entfaltet, und der in seiner Unfähigkeit, Natur, Evolution und Organismus zu begreifen, unter Mephisto's Sarkasmen in der chemischen Retorte einen Phiolenmenschen, den *Homunculus*, fabricirt. Dessen erstes Geschäft ist, sich über Papa Wagner lustig zu machen: „Komm', drücke mich recht zärtlich an Dein Herz! Doch nicht zu fest, damit das Glas nicht springe."

Dem *Strebemenschen* Faust dagegen wird Irrthum und Sünde verziehen. Hat er doch die ärgste Sünde, die wahre Sünde gegen den heiligen Geist nicht begangen – die Sünde „sich die *unbedingte* Ruh' zu lieben." Darum eben „hat an ihm die Liebe gar von Oben Theil genommen": und *„gerettet* ist das edle Glied der Geisterwelt vom Bösen: *wer immer* **strebend** *sich bemüht, den können wir erlösen".* – So der Triumphgesang der Engel am Schlusse des II. Theiles.

Ist nun für Goethe „sich die *unbedingte* Ruh' zu lieben" *„das Böse", die unverzeihlichste aller Sünden,* so nennt die Bibel genau im selben Sinne diese Liebe zur *unbedingten* Ruh', *den Versuch trägen entwicklungsscheuen Beharrens auf einem Punkte,* als freche Empörung gegen das schöpferische Gesetz des Lebens und der Entwickelung „**Babel**, d. i. **Verwirrung**". – Das ist sonnenklar – und einfach anbetungswürdig. –

Es wäre gar so wunderschön gewesen, so einfach, so naheliegend, *„Ein einziges Volk und einerlei Sprache bei Allen."* Just wie heute die Universalmonarchie. Wie Russland ihr zusteuert, oder die festen politischen Grenzen, die den Kriegen den Garaus machen sollen. Aber „es wäre zu schön gewesen, es hat nicht sollen sein." – *Denn was damals Babel, d. i. Verwirrung, hiess, nennt sich heute Utopie, d. i.* auch *Verwirrung.* Auf gut Deutsch eins und dasselbe.

Wer die Utopie der *festen* Grenzen in Wahrheit zu realisiren vermöchte, der könnte eben so gut die Ströme zu Berge laufen, die Erde stillstehen lassen; für ihn würde, mit der Bibel zu sprechen, „nichts zu schwer sein, was er dächte auszuführen." Aber wie in der Bibel, so mündet auch heute jedwede Utopie, jedwede Empörung gegen die Vernunft und das eherne Naturgesetz ins Babel, in die Verwirrung, und daher die Behauptung der festen Grenzen unabänderlich in den *Krieg, die allerärgste Verwirrung von Allen.*

Die Erbauer des bis zum Himmel reichenden Thurmes wollten sich offenbar nicht zum Nachdenken über ihre Absicht bequemen. Ohne diese sündhafte Denkfaulheit hätten sie gar bald erkennen müssen, dass jedes Sträuben gegen die von der Natur gebotenen Wanderungen und Besiedlungen, gegen Zerstreuung und *Differenzirung in Volk und Sprache* ohnmächtig sei. Ihre Weisen und Propheten, auf deren Wort sie wahrscheinlich so wenig hören mochten, als wie es heute des Landes der Brauch ist, waren gewiss schon dahinter gekommen, dass Mannigfaltigkeit, also Differenzirung, das Grundgesetz aller lebendigen Entwickelung und Grundbedingung aller Schönheit sei, die ja nichts Anderes ist, als Einheit in der Mannigfaltigkeit. – Aber Babel, d. i. Verwirrung, musste erst über sie kommen, bevor sie nachgaben.

Genau so werden heute die Völker von Rüstungen erdrückt und von Kriegen gegeisselt, der sogenannten festen Grenzen wegen, die doch selbstverständlich gerade durch Rüstung, Spionage und Krieg permanent bedroht, unterwühlt, und *verändert* werden. Zwei Männer, die aus Furcht vor einem unten lauernden wilden Thier – nennen wir es Anarchismus – auf einem und demselben Baumast sässen und wegen ihrer Bequemlichkeit hadernd den Ast zu durchsägen anfingen, würden genau so vernünftig verfahren, als zwei Nachbarstaaten, die wie Deutschland und Frankreich die **feste** (!) Grenze Elsass-Lothringen durch Jahrhunderte hin und her zerren. – *Da ist Babel*, d. h. *Verwirrung*.

Seitdem Kriege geführt und die Intervalle mit Rüstungen ausgefüllt werden, seit dem grauesten Alterthum also bis auf unsere Tage, *galten neun Zehntel derselben dem Interesse an den politischen Grenzen.* Bald wollten Eroberer die festen Grenzen ihrer Staaten erweitern, arrondiren. Womöglich zu natürlichen Grenzen gelangen und dann immer weiter zu unnatürlichen vordringen, die man freilich in den Staatsschriften mit diesem Titel zu schmücken sich weislich hütete. In allen Raubzug-Manifesten der Grrrandenation [sic] unter Ludwig XIV. oder Napoleon I. ist immer nur ganz bescheiden von *les limites* **naturelles** die Rede, die *unnatürlichen Grenzen*, um die es sich gegen Geschichte und Völkerwünsche handelte, wurden säuberlich todtgeschwiegen. Nur in der Ungenirtheit der Privat-Korrespondenz findet man oft den Erobererwahn in seiner Nacktheit, ohne jedes Mäntelchen, patriotische Pirouetten schlagend. Richelieu, der französische Erzchauvinist, lässt sich in einem Briefe aus dem Jahre 1612 also vernehmen:

*„La sage conduite et l'affection et fidélite de plusieurs bons serviteurs nous garantiront des maux du dedans. Pour ceux du dehors, je les baptiserai d'un autre nom, s' ils nous font naitre **les occasions d'accroître nos limites***

et de nous combler de gloire aux dépens des ennemis de France."[9]

Hatte man erobert, so hatte man die „erworbenen" (!) oder „gewonnenen" (schon richtiger) neuen *festen,* sofort auch *festungsgespickten* Grenzen gleich gegen vier Kategorien von Feinden, – denen die *neuen festen Grenzen* noch immer nicht genug fest schienen, um ihnen die Lust zu Angriffen zu benehmen – durch neue Kriege zu vertheidigen. Natürlich Defensivkriege! Denn man war im Besitze und wohnte also im Rechte. Die vier Bedroherkategorien erräth man leicht; es waren und sind ziemlich regelmässig:

a) *Die Beraubten* – schöner klingt aber: die Depossedirten. Die Geraubten hatten gar oft den Räuber als Retter ersehnt und begrüsst. Aber legitim war doch der Beraubte geblieben, und hatte hüben und drüben mächtige Freunde, die ihm die neuen Grenzen bedrohen halfen.

b) *Die noch nicht Beraubten,* die aber infolge der neuen erweiterten *festen* Grenzen des Siegers demnächst an die Reihe zu kommen fürchteten und lieber das Prävenire spielen mochten, was man ihnen ja nicht einmal verargen konnte. Sie hatten die Gepflogenheit, sich bei solchen Anlässen zu Zwei-, Drei-, Vierbünden, ja zu Coalitionen zusammenzuschaaren, so dass der Eroberer, und hiess er selbst Rom oder Napoleon I., Jahrzehnte oder Jahrhunderte hindurch alle Ursache hatte, für die neuen *festen* Grenzen, um die er das *Reich gemehrt* hatte, auf seiner Hut zu sein. Da hiess und da heisst es nach Moltke, mindestens 50 Jahre gerüstet bleiben, damit sich die lieben Nachbaren, bei denen man an Achtung so viel und an Liebe so wenig gewonnen hat, an die neuen festen Grenzen zu gewöhnen Zeit hätten, eine Periode, die diese Nachbaren gewöhnlich mit Revanchebrüten ausfüllen – *„Toujours en vedette",* gerade wie im lieben Naturzustande, heisst es hüben und drüben, und man vertreibt sich die Zeit mit Rüstungen und Schnäbele- und Dreifuss-Affairen. – Freilich hat dieser noch heutzutage die gesammte civilisirte (was heisst aber dann nicht civilisirt?) Welt beherrschende Status quo die unschätzbare Segnung in seinem Gefolge, dass Rüstung, Kriegsheer, Steuer-

---

[9] [‚Die weise Führung und die Zuneigung und Treue vieler guter Diener wird uns vor den Übeln im Inneren schützen. Diejenigen, die von außen kommen, werde ich mit einem anderen Namen taufen, wenn sie uns die Gelegenheit geben, unsere Grenzen zu erweitern und uns auf Kosten der Feinde Frankreichs mit Ruhm zu überschütten.']

druck und Menschenunwürdigkeit des *Standard of life* der Massen, der Masse als gottgewolltes, unentrinnbares Menschenloos im Jammerthal Erde *ad oculos* demonstrirt werden. Und hin und wieder labt man sich doch auch an geschriebener und gesprochener, trostvoller und unverfrorener Weisheit des grössten Staatsmannes der Zeit, wenn er darauf hinweist, wie wunderbar das Alles in der besten aller möglichen Welten bestellt sei. Denn wie müssten allgemeine Wehrpflicht, die herrlichen Heere, für die eben der russische Generalstabsoberst Klembowsky ein eigenes Buch über Militärspionage im Kriege und Frieden veröffentlicht hat, Tapferkeit, Mannszucht, Gottesfurcht und noch so viele andere schöne Dinge verkümmern, wenn die Staaten und Völker im Schatten eines Friedenstribunals oder wenigstens des Schiedsgerichtsprinzips, in Liebe und Brüderlichkeit neben einander wohnten. Pfui, wie langweilig! Nein, nein, der ewige Friede ist nicht einmal ein schöner Traum, wie Moltke so richtig meinte.

c) *Die nicht geraubten*, aber „annektirten" oder „neugewonnenen Brüder". Man traut ihnen nie recht, auch wenn sie sich noch so lange ruhig verhalten. Ohne Dictatur-Paragraph ist mit ihnen doch nicht auszukommen, vorzüglich wenn der Staatssekretär des Siegerstaates, v. Puttkamer, in der Lage ist, auf eine Neubegründung der Patriotenliga im Nachbar-Revanchestaate und auf nicht weniger als 47 Emigrationsvereine – , um die Emigration nach Revanchia zu fördern und *„pour maintenir la question d'Alsace-Lorraine ouverte"* – in dem „gewonnenen" (?) Grenzländchen hinzuweisen. *„Toujours en vedette"*!

d) *Die Sieger*, die sich durch die Bank nichts ersiegt haben als *Unglück*. Sagt doch Moltke selbst ebenso wahr als jämmerlich inkonsequent zu seinem „Der ewige Frieden ist nicht einmal ein schöner Traum", dass *„der siegreichste Krieg ein Unglück sei auch für den Sieger"*. – Blicken wir auf die grossen Lehren der Geschichte. Überall siegen sich die Sieger zu Schanden, zu Tode. Bald ersticken und verkommen sie in Glanz und Schwelgerei, um unter kraftvollen Natursöhnen den Nacken zu beugen, wie Assyrier, Babylonier, Meder, Perser, Römer, Osmanen. Bald bezahlen sie den Fünfmilliardensegen in unseren Tagen mit allgemeiner Verrohung, anarchistischer Antisemiterei, unerhörter Rüstung und Steuerdruck, und mit der Selbstverdammung zu ewigem, in ein höllisches System gebrachtem

Spioniren und Ausspionirtwerden, inmitten eines entadelten – eines Zerrbildfriedens. Bald müssen sie nach Siegen, wie Custozza und Lissa, dem Besiegten den Siegespreis, Venetien, vor die Füsse zu werfen sich glücklich schätzen. Bald müssen sie – die Unersättlichen – (*La Russie en 1839* par J. Custine) die bittere historische Wahrheit sich in's Antlitz schleudern lassen: „*Le gouvernement de la Russie, c'est le despotisme mitigé par l'assassinat*". Oder sie müssen ('S. „*Les Juifs Russes*", *Extermination ou Emancipation,* par le professeur Leo Errèra à l'universite de Bruxelles, avec une lettre – préface de Th. Mommsen) sich damit abfinden, dass ein Pobedonoszev durch ein ganzes Jahrzehnt auf Alexander III. einen Druck auszuüben vermochte, wie etwa Torquemada auf Ferdinand und Isabella oder *le Père La Chaise* auf Ludwig XIV. Errèra erzählt, dass man sich im Publikum eine Schreckensantwort zuraunte, die P. auf die Frage gegeben habe, was man dann mit den fünf Millionen russischer Juden anfangen solle. „*Un tiers se convertira, un tiers émigrera, et le reste mourra de faim*". A. Leroy-Beaulieu berichtet die herzzerreissende Geschichte eines jungen Judenmädchens, das nach Moskau kam, um sich und ihre arme Familie durch Erlernung der Stenographie zu erhalten. Um in Moskau leben zu dürfen, musste sie die gelbe Karte der Prostituirten sollicitiren und bei sich tragen. Und als die Polizei gar bald die Überzeugung gewann, dass das arme Geschöpf sein Metier nicht ausübte – wurde es ausgewiesen. – – Ist etwa das glänzende Elend der allzu riesigen Ausdehnung des ein Siebentel der Erde umspannenden Weltreichs eine Entschädigung so für den Herrscher wie für die Beherrschten dafür, dass ein edelherziger Menschenfreund, wie Alexander II., die für ihr Vaterland, ihre Religion und Muttersprache ihn anflehenden Polen anherrschen musste: „*Surtout pas de rêveries, messieurs*" ? Oder der jetzige Kaiser – an den, wie es scheint, mit Recht, sich die Hoffnungen von Hunderten von Millionen inner- und ausserhalb seines Reichs knüpfen – , schon die schüchterne Andeutung eines Reformwunsches seitens des Semstwo Twer mit dem kalten Wasserstrahl „*absurde Träume*" niederschrecken muss? –

Und was anders ist der Grund für die Versagung der elementarsten Freiheitsrechte an die *führende Nation,* als die Unmöglichkeit, den ehernen Reif zu lockern, der das Völker-, Sprachen- und Religionenchaos umspannt? Diesem Phantom der Grösse – das sich in der stolzen Selbstherrlichkeit *eines* Menschen condensirt, der dann wie

der jüngst verstorbene Czar mit dem Machtbewusstsein des Über-
menschen, die ganze Menschheit in Thränen und Elend stürzen zu
können, den festen Entschluss verbindet, von dieser grauenhaften
Macht keinen oder nur zur Vertheidigung des Kolosses Gebrauch
zu machen – diesem Phantom muss Alles zum Opfer fallen, was für
hundert Millionen Menschen das Leben menschenwürdig und lebenswerth machen würde. – Für die russischen Überwinder ist die
Freiheit, für die überwundenen Polen, für die Deutschen in den Ost-
seeprovinzen sind Freiheit und Nationalität, für Katholiken, Protes-
tanten, Stundisten und Juden die Freiheit ihres Bekenntnisses „absurde Träume". Und doch hat Goethe Recht:

> „Volk und Knecht und Überwinder,
> Sie gesteh'n zu jeder Zeit,
> *Höchstes Glück der Erdenkinder*
> *Sei nur die Persönlichkeit*".

Und was die Persönlichkeit für den Einzelnen, das ist und wird noch
lange für ganze Völker bleiben Religion, Nationalität, Sitte und
Sprache. Sie auslöschen wollen aus dem Buche der Lebendigen wie
man einer Kerze das Lebenslicht ausbläst, ist grausamer Frevel. –
Und dann, wenn die 8 Millionen Polen, die 3 Millionen Deutsche,
die 5 Millionen Juden, die Muselmanen und so viele andere Völkerschaften und Glaubensgenossenschaften wirklich orthodoxe Muss-
russen geworden sind, glaubt, man, dass die Russen dann noch das
geblieben sein werden, wozu sie in ihrer fanatischen Uniformi-
rungs- und Schablonensucht all' die Bedauernswürdigen umkneten
und umknuten wollen, – *nämlich reine Stockrussen?* Das sollten die
Deljanow, Durnowo und Pobedonoszew doch bedenken.
*Was zum Heil der Staaten und der Menschheit den politischen Grenzen
noth thut, ist nicht Festigkeit, die ewig Schein und Utopie bleiben muss,
sondern viel mehr* **höchste Elasticität** *– ,* die Fähigkeit, sich dem nie
rastenden, quellenden Leben, das inner- und ausserhalb ihrer Mar-
ken pulst, mit möglichst geringer Störung sanft anzuschmiegen.
Dass die politischen Grenzen ganz wegfallen, ist ein Ideal aus Ne-
belfernen, das Völkern und Staaten nur Leuchte auf dem Weg zum
Menschheitsbunde sein soll. Dass sie aber, wie bisher, wie noch in
unseren Tagen „der Hauptinhalt alles Trachtens und Kämpfens,

aller Opfer an Gut und Blut, an Glück und Lebensfreude der Einzelnen, der Völker und der Staaten zu bleiben haben, – das darf kein Kenner der Geschichte, kein Menschenfreund, kein Denker zu behaupten wagen. Sie sind Mittel, nicht, Selbstzwecke, Mittel, die dem Fortschrittsbedürfniss der Zwecke zu folgen, nicht, dem Fortschritt und der Entwickelung übermächtiges Hemmniss zu werden, die Fähigkeit haben sollen. Sie haben keinen höheren Zweck, als den zu Staaten organisirten Völkern nach Innen und Aussen Ruhe und Frieden – die Grundbedingungen gedeihlicher Entwickelung – zu verbürgen. Diese – Ruhe und Frieden – sind Selbstzwecke. – Erfüllt nun die alte Grenze diesen Zweck nicht, oder gefährdet sie ihn gar, dann hat offenbar ihre Stunde geschlagen, und sie hat einer Nachfolgerin Platz zu machen, die wieder nicht als unantastbares Heiligthum zu gelten haben wird. Allein dieser einfache, selbstverständliche Process, der sich in barbarischen Zeiten und noch in der Gegenwart in Rüstungen und Kriegen austoben muss, weil man Vernunft und gesunden Menschenverstand prinzipiell von seiner Leitung ausschliesst, und weil man, in abscheulichen Erfindungen schwelgend, „das bischen Himmelslicht nur braucht, um thierischer als jedes Thier zu sein", der würde in dem Augenblick aller seiner Schrecken ledig, wo die Staaten sich entschlossen, genau dasselbe zu thun, was sie in ganz gleichem Fall dem Hans und dem Töffel gebieterisch einschärfen, wenn diese wegen einer Hufe Landes einander in die Haare fahren wollen. Dem Hans und dem Toffel befiehlt der Staat, befehlen alle Staaten: **„Seid vernünftig"**, nämlich – lauft zum Richter. Aber weil der Staat die Vernunft und die Interessen von hundert Millionen Menschen zu vertreten hat, die noch dazu wahrlich nicht lauter Toffel sind, unter denen es doch Denker, Dichter, Menschenfreunde, Priester, Publizisten und Professoren – Professoren der Ethik sogar – die schwere Menge giebt, darum hält er sich offenbar für berechtigt, nicht in dürren Worten, aber durch recht concludente Handlungen auszusprechen: *„Ich bin unvernünftig" aber ich habe das Recht dazu; denn meine Nachbaren sind gerade so unvernünftig wie ich."*

Dieses letzte Argument als unwidersprechlich anzustaunen, nachzubeten, ihm hypnotischen Gehorsam zu leisten, ist offenbar die Weltmode der Gegenwart. Es giebt aber doch unbescheidene Frager – und ich bin stolz darauf, seit vierzig Jahren zu ihnen zu zählen –, die den einzelnen Staat so interpelliren: Zugegeben, o

Staat, o Vaterland, Du bist und Du handelst unvernünftig, nur weil *die Anderen* unvernünftig sind und handeln. Sie rüsten, also rüstest Du auch, sie bespioniren Dich, also auch Du sie, sie wollen – oder sie fallen Dich an, also wehrst Du Dich, oder kommst ihnen sogar zuvor. Dafür aber musst Du mir zugestehen, dass das ein recht beklagenswerther, jämmerlicher Zustand ist, und jede Thronrede, jede Botschaft an die Parlamente zeugt auch dafür, dass Du dieses Zugeständniss frank und frei machst. Jedes dieser Documente enthält, frei nach des Dichters „Viel Irrthum und ein Fünkchen Wahrheit", überschwenglich viel Friedenssehnsuchtsirrthum, aber stets auch das obligate Fünkchen Rüstungsbeklagungswahrheit. So weit wäre Alles in Ordnung. Ich gebe Dir das Rüsten, Spioniren, Kriegführen als wegen der Anderen nöthig zu, Du mir das Jammervolle dieses Zustandes. *Aber nun trennen sich unsere Wege. Warum und mit welchem Rechte ergiebst Du Dich, o Staat, in ein Elend, das Du zugiebst? Werden diese Deine Ergebung, Dein Zugeständniss nicht zweideutig, wenn Du nicht sonnenklar Dein eifervolles Streben nach Besserung, nach Menschenwürdigkeit an den Tag legst?* **Die Anderen** *mögen thun oder lassen, was sie wollen. Aber hast* **Du** *protestirt, agitirt, für den Frieden gerüstet, die Friedensbestrebungen organisirt, nach dem Richter gerufen? An all' dem hätten die Anderen Dich nicht hindern können, wenn Du nur zum tausendsten Theil so gründlich das* parare pacem *hättest betreiben wollen, wie das verderbenschwangere* parare bellum. *Dann ist aber auch Dein Rüsten. Spioniren, Kriegführen gerichtet, Dein Jammern darüber – unerklärlich.*

Was hat der Refrain „Mein Vaterland muss grösser sein" an Blut und Jammer gekostet! Und doch wird kein Vernünftiger ernstlich glauben, ein schweizer Bürger habe Ursache, mit einem Russen zu tauschen, weil – wie die Phrase lautet – ohne Erlaubniss des Czaren in Europa kein Kanonenschuss fallen dürfe, während der Präsident der Schweiz sich mit der Ehre eines ersten Vorgesetzten freier Männer zu begnügen hat. „König über Könige" zu sein, ist der höchste Ruhm englischer Könige. Ist es Spiel des Zufalles oder vielmehr tiefes weltgeschichtliches Symbol, dass Athen, Florenz und Weimar, und nicht Grossstaaten und Weltstädte, die die Jahrtausende durchleuchtenden Fackeln der Kultur wurden? J. von Sonnenfels predigt den Deutschen in einem Tractat „Über die Liebe des Vaterlandes" Römerpatriotismus. Goethe zermalmt die ärmlichen Einfälle des Autors und fährt dann auf: *„Und man sieht nicht, dass man in die Luft*

redet, und ausgezischt zu werden verdient, wie Einer, der Damen im Reif-
rock Eva's Schürzchen vorpanegyrisiren wollte!" Das beweist, dass
schon der junge Goethe 1771 sich gegen die wesenlose Übertragung
von in der Antike relativ berechtigten Auffassungen von Staat,
Krieg, Heldenthum, Patriotismus auf unsere von ganz verschiedenen Lebenssäften sich nährende Gegenwart empörte und wehrte.
Ich freue mich, derselben Gesinnung mit Rücksicht auf antike und
moderne Kriege in einem Aphorismus Ausdruck gegeben zu haben:
„Wenn zwei Menschen dasselbe thun, ist es nicht dasselbe. Gilt das
nicht auch von zwei Zeitaltern? Und sind darum nicht die modernen Kriege tausendfach verdammungswürdiger als die des Alther-
thums?"

Ich habe gezeigt, dass *feste,* d. h. starre, ewig unveränderliche
Grenzen durch Kriege nicht zu erreichen sind, dass sie, genau wie
das Babel der Genesis an der naturgewollten Differenzirung der
Menschheit, an dem gleichfalls unwiderstehlichen Entwickelungs-
gesetze der Völker und Staaten Schiffbruch leiden müssen. Und wären sie keine unausführbare Utopie, und könnten sie beschafft werden, so wären sie noch immer Unheil und Hemmschuh für die
Menschheit. *Austria erit in orbe ultima,* ist eine Prophezeiung, zu deren patriotischem Geist, wir uns gern bekennen. Allein wie oft hat
die Austria im Zeitenstrom ihre Grenzen sich weiten, sich verengen
gesehen?

Und eben weil die Festigkeit, die Unveränderlichkeit der Grenzen – die Ewigkeit der politischen Landkarte – Utopie ist und immer
bleiben wird, eben darum wird auch das Schiedsgericht, ja das mit
Recht und Macht zur Executive ausgestattete und kraftvoll fun-
girende Welttribunal einer vielleicht allzufernen Zukunft weder
feste Grenzen schaffen, noch sie zu schaffen den Ehrgeiz haben. *Sein*
Segen wird im Gegentheil die höchste Elasticität, die Freizügigkeit der Völ-
ker, die Nichtgebundenheit der Scholle an irgend ein bestimmtes Staatswe-
sen sein. Und weil bei solcher Weltordnung die Macht, die Menschenzahl, die Ausdehnung eines Reiches nicht mehr den Ausschlag
geben und den Erfolg verbürgen, sondern des Richters Spruch das
Recht, die neue, zu erstreitende Grenze gründen und finden wird,
so werden selbstverständlich Menschenzahl und Territorialausdeh-
nung aufhören, heissumstrittene Güter zu sein, *weil der Begriff der*
politischen Macht in dem Augenblick veraltet, wo der des Rechts actuell

wird, und der Schwache darum noch nicht der Rechtlose ist. Die Grenzen der Staaten werden sodann nicht unveränderlich, aber fester sein als die blutgedüngten der Gegenwart, weil sie die Sanktion des Rechts besitzen, und weil Jene, um die es sich handelt, ihre Stimme geltend zu machen vermögen werden.

O dass der so bibelkundige Herrscher Deutschlands, der so gern seiner Schiffsmannschaft persönlich aus der Schrift vorzutragen pflegt, sich bei dem herrlichen Sinn der von mir behandelten Legende Rath[e] [h]erholte, wie er über Elsass-Lothringen denken solle. *Nicht auf Abtretung, sondern auf Befragung eines unparteiischen Schiedsgerichtes, welches dann der Welt für immer erhalten bliebe und die feindlichen Völker versöhnen würde, ginge dieser Rath.* Auch hätte ich die feste Zuversicht, dass der Richterspruch das relative Recht Deutschlands respektiren und entweder für Deutschland oder für die selbstständige Constituirung Elsass-Lothringens eintreten würde. Die Ära der Socialistengesetze hätte dann ausgespielt, wie zu hoffen stünde, und die Ansprachen an die Rekruten würden dann nicht auf die fürchterlichen Möglichkeiten des Schiessens auf Brüder und Väter hinzudeuten brauchen. Solon rechtfertigte bekanntlich sein Gesetzeswerk gegen den Vorwurf des Mangels einer Strafbestimmung gegen den Vatermord damit, dass man auf die Möglichkeit eines solchen Verbrechens nicht einmal hindeuten dürfe. – Feste, politische Grenzen, die starrsten, die man zu erdenken vermag, kann es vielleicht unter *einer* Voraussetzung – *auf dem Monde* geben. Die Voraussetzung ist, dass er vor seiner Vereisung von Menschen bewohnt gewesen sei. Diese hätten es allerdings, so wie ihre irdischen Brüder, weder auf dem Wege der Kriege, noch auf dem des Schiedsgerichts zu festen Grenzen gebracht, so lange sie sich der freundlichen Gewohnheit des Daseins erfreuten. – *Aber die letzten Grenzen – unmittelbar vor dem Beginn der Todtenstarre für den armen Planeten – das sind vielleicht die einzigen festen weiland politischen Grenzen im Universum.*

Moritz Adler.

DAS CREDO EINES FRIEDENSFREUNDES[10]
1885/1896

„Die Friedensbewegung und die soziale Frage" ist die Überschrift eines in der Nummer vom 12. November der „Volkspresse" enthaltenen, dringenden Appells an die Friedensfreunde, dem Socialismus gegenüber Farbe zu bekennen. Da aber bei den Friedensfreunden so wenig wie bei den Socialisten ein *autoritativ* zu sprechen berufenes Organ existirt, noch bei den tausendfachen Spaltungen und Schattirungen existiren kann, so ist das Folgende das Credo, *eines* – nicht *der* – Friedensfreunde, über welches sich Wohldenkende in beiden Lagern ihr Urteil bilden mögen. –

Auf den ersten Blick leuchtet ein, dass jeder rechtschaffene Friedensfreund Socialist und jeder gründlich denkende Socialist Friedensfreund sein muss. Trifft dies nicht zu, so verdienen sie die Epitheta des vorigen Satzes nicht, ermangeln der Klarheit über ihre eigenen Bestrebungen und der Berechtigung zur Namensführung, Friedensfreund, Socialist. Die beiden Probleme sind vollkommen gleichberechtigt, ihre immer umfassendere Lösung für jeden Denkfähigen vom Weltgeist geplant, und darum unbedingt notwendig. Nicht das Ob, nur das „Wie" und „Wann" der Lösung und der Lösungsmethode ist in die Hand der Menschheit gelegt. –

Allein es giebt einen grossen Unterschied. Der Socialismus ist das *umfassendere*, der Friede, als Abschaffung des Krieges, der Rüstung, der Wehrpflicht, als Völkerschiedsgericht, als Welttribunal, das *dringlichere* Problem. Der Socialismus, welcher ohne den Granitunterbau des *Friedens als Institution*, wirken, schaffen will, ist entweder Anarchismus, Unterspecies, Antisemitismus, oder Utopie, Selbsttäuschung, Schlag in's Wasser. Gerade der Socialist, der denkende, begeisterte, zielbewusste Socialist, muss der werktätigste und eifrigste Mitarbeiter des Friedensfreundes werden, und er arbeitet dabei nicht blos logisch und principiell der socialistischen Zukunft [vor], *sondern er gestaltet auch, – und in der einzig denkbaren Weise, – mit hochactuellem Eingriff, den relativen Socialismus der Gegenwart.*

---

[10] Textquelle | Moritz ADLER: *Das Credo eines Friedensfreundes.* In: Die Waffen nieder! 5. Jg. (1896 [Heft 2]), S. 43-49.

Über den Anarchismus will ich kein Wort verlieren. Er ist gerichtet, dieser gefährlichste Feind des weisen, zukunftsvollen Socialismus, dieser Werber und Platzmacher der Reaction.

Also Selbsttäuschung, Schlag in's Wasser!

Zwei Beispiele aus hundert!

Der Unwille der Socialisten, unter Anderem Anton Menger's, flammt überall und berechtigterweise gegen das Ammenunwesen auf. Als Idealerfolg würde nach den auf den Parteitagen laut gewordenen Postulaten das formelle Verbot begrüsst werden, einem armen Neugeborenen im bedrohtesten Lebensalter, die naturgewollte, zärtliche Pflegerin und Ernährerin, die Mutter, zu entziehen. Nehmen wir an, das wird Gesetz. Welcher Pyrrhussieg! Welche Nahrung wird das Kind aus den unernährten Brüsten der hungernden Mutter sich holen? Krankheit, Tod! Das schreiende Kind einer solchen hungernden Mutter nahm einst Maria Theresia im Schönbrunnergarten an die eigene Mutterbrust.

Der Wiener Stadtphysikus, Dr. Witlacil, weist in seinem Bericht u. a. auf die engen Lichthöfe der neuen auf theueren Gründen erbauten Häuser als Quelle zahlreicher Krankheiten in dürftigen Arbeiterfamilien hin. Nehmen wir an, es werden von nun ab nur hygienisch zulässige Wohnungen mit Licht und Luft in erweiterten Räumen bewilligt, so liegt es auf der Hand, dass der Zins mit Rücksicht auf den theuren Grund steigen muss, und es ist offenbar ziemlich gleichgiltig, ob der Arbeiter an der Schädlichkeit der wohlfeilen oder an der Theuerung der gesunden Wohnung zu Grunde geht. – Wo liegt da Abhilfe? – Die vielbesprochenen Verhältnisse der Wienerberger Ziegelarbeiter sind ja in Jedermanns Erinnerung. –

Dass aber der Friedensfreund sich stets auf Seiten des Socialisten befinden wird, wo es sich um nicht spiegelfechterische sondern klar dargelegte Interessen handeln mag, ist selbstverständlich. Er wird stets z. B. für die möglichst erreichbare Erhöhung des steuerfreien Existenzminimums oder für die freie Verköstigung armer Schulkinder auf Staatskosten stimmen, wenn er sich auch, wie jeder einsichtige Socialist, selbst wird sagen müssen, dass der beste Theil dieser Wohltaten durch die correspondirende Erhöhung der Steuern, besonders der indirekten nothwendigerweise neutralisirt würde.

Wie ganz anders gestaltet sich das Bild, wenn der Socialist die Kraft seiner Überzeugung in den Dienst des Friedens als seiner eigensten und dringendsten Angelegenheit stellt. Hier ist alles im Lichte der kristallklarsten Logik zum Greifen überzeugend, und wer sich doch nicht überzeugen lässt, der hat entweder die Mühe des aufmerksamen Hinblickens gescheuet, oder sein Geist ermangelt der unerlässlichen Normalität, oder endlich – leider der häufigste Fall – er *will* sich nicht überzeugen lassen. – Hat er aber einmal die Mühe redlichen Nachdenkens nicht gescheuet, und ist in den Dienst der Friedensidee getreten, so wird er es gar bald inne werden, dass er seinem Ideal nicht nur als Bürger kommender Zeiten im Sinne Posa's, sondern selbst auch in dem Sinne des zum Genuss hastenden Faust dient, „aus dieser Erde (*diesen Tagen*) quillen meine Freuden, und diese Sonne scheinet meinen Leiden."

Und nun mein Credo

I. Ich glaube fest und überzeugt, dass in der staatlichen Wehrpflicht die Hauptquelle der allerschlimmsten, dem Stand der allgemeinen Cultur nach überflüssigen, daher selbstverschuldeten Leiden der Menschheit zu suchen ist. – Es giebt heute nur eine einzige berechtigte, naturgewollte Wehrpflicht, die ewige Wehrpflicht der liebeumschlungenen, sich verbrüdernden Menschheit gegen das Böse, das Schädliche – in der Natur, gegen das Böse in uns, gegen die Bösen unter uns. Die Leuchten und Waffen der Menschheit in diesem Kampfe sind auch eine Trias, die Wissenschaft, das Gewissen, der machtbewährte Richterspruch, für die Einzelnen wie für Völker, Staaten, Klassen und Genossenschaften. Denn wozu hätte wohl die Cultur die Wehrpflicht der Individuen im Staate beseitigt, wenn es ihr versagt sein sollte, ihr Werk zu krönen, und die Staaten selbst zu *cultiviren* d. h. ihnen die Selbsthilfe zu entreissen, nachdem sie die Individuen *cultivirt* d. h. ihnen die Selbsthilfe entrissen hat? Dann wäre ja die Cultur in der allerärgsten Sackgasse verrannt, und das cultivirte Individuum, das sich zu den Thaten der Unkultur, zum Hauen, Stechen, Sengen und Morden hergeben muss, unendlich schlimmer daran als sein fast thierähnlicher Altvorderer. Während diesem unter dem Drange einer auf der damaligen Stufe unausweichlichen Nothwendigkeit und infolge seiner Rohheit, seines unentwickelten Nachdenkens und Gewissens die Ergebung in sein Schicksal nicht schwerfallen

konnte, protestirt der moderne Mensch gar häufig, selbst in der sogenannten Friedenszeit, schon gegen die blosse Zumuthung, sich
für das möglicherweise seiner wartende Grauen zu drillen, mit –
dem Selbstmord, mit dem Hinwerfen eines mit solchen Schatten be-
lasteten Daseins!

Der moderne Mensch fragt, wozu muss ich mich *für* den Ernstfall
drillen, im Ernstfall todtschlagen lassen? Kann es ihm einleuchten,
dass er seinen Staat mit all' den bösen Anderen hunderte von Ver-
trägen über alle erdenklichen Interessen abschliessen sieht, mit alleiniger Ausnahme *des* Grundvertrags über Rechtsgemeinschaft, auf
welchem all' die anderen ruhen müssen, soll ihnen anders sittlicher
Werth, Kraft und Dauerfähigkeit innewohnen. Man sagt ihm, die
bösen Anderen würden nicht wollen. Ja, fragt er weiter, hat mein
Staat sich denn überhaupt mit diesem Antrag an all' die Übrigen ge-
wandt? Hat er auch nur einen Versuch in dieser Richtung gemacht,
und hat er so von dem Bewusstsein der ungeheuern Verantwortlichkeit Zeugniss gegeben, die für die aussaugende Rüstung und für
den blutigen Krieg auf ihm lastet? Doch ein Thor wartet auf Antwort. –

Man sagt ihm, dass der Drill, das Exerciren, Turnen, Marschiren
für die Bevölkerung, für ihre körperliche Entwickelung doch gewiss
von grossem Werth sei. Das wird er nicht in Abrede stellen, wird
aber leicht herausfinden, dass das Alles und noch weit Besseres für
all' die Rüstungsmilliarden dem Volke, frei von Übertreibung und
verhasstem Zwang, in Hinkunft geboten werden könnte, wenn
diese Erziehung zur körperlichen Tüchtigkeit, zum Muth, zum Gehorsam, zum Ehrgefühl, *unter das Zeichen der Liebe statt des Hasses
gestellt würde.* – Man erinnert sich an das biblische Gleichniss vom
goldenen Nasenring im Rüssel eines Schweines.

Kommt heute in einem Staate mit z. B. einer Million Bewohner
ein Knabe auf die Welt, dann bringt er sich mit a) seine Flinte, oder
seine Parzelle Kanone, Torpedo, Panzerschiff, gerade wie der Wilde
seine Keule, b) nur 999.999 *„Freunde"*, gegen – man denke,
1.599.000.000 **„Feinde"**, da man die Bevölkerung der Erde jetzt auf
1.600 Millionen Menschen, berechnet. Auf einen *„Freund"* immer
1600 *„Feinde"*, die ihm, mathematisch gewiss nicht persönlich direkt,
aber indirekt, durch Nöthigung zur Rüstung, zum Kriege, zu Pla-
ckereien für Handel und Industrie, sein ganzes Leben vergällen und

vergiften werden. Stand es wohl dafür, in eine solche Welt gerufen zu werden, in die Welt der 1600 Feinde per Kopf!

Und wie sollen die Keime aufgehen und gedeihen, die Religion, Moral und Schule in den vom Hassunkraut des „Freund" und „Feind" übersponnenen Boden der Gemüther senken, wenn schon das Lesebuch der Volksschule den Erfolg der Schlauheit und Gewalt bei Gründung grosser Reiche im vorbildlichen Sinne zu preisen bezweckt, und wenn später der Erwachsene aus jedem Leitartikel, aus jeder diplomatischen Note, die grosse Lehre empfängt, dass selbst das Gute nur auf dem Wege der Gewalt errungen werden könne, der Friede nur auf dem Wege der Rüstung und des Krieges?

„*Pax quaeritur bello*" (Den Frieden erringt man durch den Krieg) ist die Legende auf Cromwell'schen Münzen, und der modernste, in seinem Sinne friedensfreundliche Monarch unserer Tage, verkündet „Wer nur auf Gott vertraut, und wacker um sich haut, hat nicht auf Sand gebaut." Aber ist der auf Gott vertrauende, wacker um sich hauende Frieden in Wirklichkeit der Frieden? Papst Leo XIII. bestreitet dies aufs Entschiedenste. –

II. *Aus der staatlichen Wehrpflicht, besonders in ihren Potenzirungen als allgemeine oder gar Milizwehrpflcht, entspringen naturgemäss – von allen anderen Anlässen ganz abgesehen – das, Völker und Volksgeist vergiftende Wettrüsten, und endlich' der Schlachtenkrieg, – der Sportkrieg, als unausbleibliches Produkt des Rüstungs- oder Kriegssports.*

Wäre es nicht so jämmerlich traurig, gewiss es wäre urkomisch, dieses allgemeine, in der Publizistik aller Farben wie in der Diplomatie Alles übertönende, Denkfaule oder heuchlerische Gewinsel über das täglich zunehmende „In Waffen Starren" der Staaten. Wie sollten die Staaten nicht in Waffen starren, wenn „jedes junge Jahr" Ausdehnungen, Prolongationen, und Erschwerungen der staatlichen Wehrpflicht, in der Art und Weise des zweiten Strafjahrs der einjährigen sog. Freiwilligen, bringt, wenn jede Abkürzung der effektiven Präsenzdienstzeit durch um so stärkere Füllung der Cadres von Heer, Landwehr, Landsturm und Miliz, und auch infolge der stetigen Zunahme der Bevölkerung, die Vergrösserung der Zahlencolonnen der Heere sich auf dem Fusse folgen sieht. Ist jeder männliche Neugeborene Soldat und Heldenthumsaspirant, und sind die Heere wirklich die echten und rechten Erziehungsanstalten für das

Volk in Waffen, wie steht Euch dann das Jammern, und die Verwunderung über das riesige Anschwellen der Heere zu Gesicht? Kann eine ärgere Unlogik oder eine schlimmere Heuchelei wohl denkbar sein? Und wie will man dann den in den Thronreden und Trinksprüchen (zuletzt Salisbury's) stereotyp gewordenen Schlusseffekt, den Ausblick in die blaue Abrüstungszukunft, mit der von politischen Conjuncturen unabhängigen, *automatischen* Vergrösserung der Heere und ihrer Ausrüstung vereinbaren? – Denn jeder neu zuwachsende Mann braucht doch wenigstens für den Kriegsfall sein Pferd, seine Flinte, oder sonstige Waffe mit Munition. –

Nein, nein! Und wenn ein Elihu Buritt zum Weltregiment berufen würde, er könnte nicht blos nicht abrüsten, sondern müsste rüsten, rüsten wie ein Besessener, wie man eben heute rüstet, wenn er die allgemeine- oder gar die Miliz-Wehrpflicht als *Noli me tangere*, als Erziehungsanstalt, als heiliges Recht der Nationen zu respectiren, verpflichtet wäre.

Und wenn der Krieg nicht abgeschafft und nicht durch die allein vernunftgemässe Institution des Staatentribunals mit der Vorstufe des Schiedsgerichts ersetzt wird, dann könnte auch das so heissersehnte Milizsystem nach Schweizer Vorbild, der Welt das ewige Weiter- und Wettrüsten mit der Ausschau auf kriegerische Erprobungen all' der Wehrverfassungen, Volksheere und höllischen Erfindungen eben so wenig ersparen, als die allgemeine Wehrpflicht die Erwartungen zu rechtfertigen vermochte, die man, meist mit Hintergedanken, an dieselbe zu knüpfen behauptete oder vielmehr vorgab, vorspiegelte. Schon 1868 erklärte ich die allgemeine Wehrpflicht in meiner Schrift *„Der Krieg"* als ein heuchlerisches Kompromiss zwischen den Konservativen, welche die Massen zu discipliniren und zu militarisiren, und den Democraten, welche die Völker zu bewaffnen und zu revolutioniren gedächten. Zuerst von Preussen gerufen kam, sah, und siegte sie allüberall. Aber sind die Rüstungen, die Kriegsbudgets kleiner geworden, wie man zu erwarten, die Miene annahm? Sie haben sich verzehnfacht und krebsartig wachsen sie weiter, rauben den Völkern Saft und Kraft, und der wahren Erziehungsanstalt der Menschheit, der Schule, Mittel und Theilnahme. Es hiess, jetzt, wo Jeglicher selbst seine Haut werde zu Markte tragen müssen, wo Volksvertretungen die Steuern zu bewilligen haben, werde es keine Kriege mehr geben. Man stellte sich, als ob man die Völker für Engelschaaren, die Parlamentsmänner für Seraphe hielte, und musste doch ganz gut wissen, dass selbst Engel gar bald zu raufen anfingen, wenn kein *richterlicher* Oberengel Ruhe und Frieden zwischen ihnen verbürgte. Man that, als ob man nicht wüsste, dass hinter jedem Kriegsausbruch ein ganz unentwirrbarer Rattenkönig von unsauberen privaten Interessen und Intriguen steckt, wenigstens auf *einer* Seite, z. B. 1870 auf Seite der Franzosen, deren beste Männer mit Wuth und Verzweiflung gegen das à Berlin Geschrei der Hohlköpfe und der erkauften Meuten kämpften. Kein Volk als solches trägt an einem Kriegsausbruche Schuld, ganz einfach, weil es dazu nicht in die Lage kommt. – Ist doch noch nie, ausser bei wilden Stämmen, ein Krieg über plebiscitäre Befragung geführt worden. – Und so kann es höchstens eine Art von Verantwortlichkeit – aber auch nicht für den Einzelnen – rücksichtlich der Machthaber und Vertreter geben, denen das Volk die Lenkung seiner Geschicke im Lauf der Geschichte oder in der Gegenwart übertragen hat. – Allein sogar, wenn es denkbar wäre, dass das Volk selbst mit erdrückender Majorität oder mit Einstimmigkeit einen Krieg zu beschliessen vermöchte, könnten die Völker offenbar nichts Erspriesslicheres anstreben, als sich all- und gegenseitig die Ausübung dieses fürchterlichen Rechtes unmöglich zu machen, welches das höchste Unrecht in sich schliesst –, das Recht nicht nach dem Richter zu rufen! Das Recht, zum Unrecht kann nie Recht, wahres Recht sein. –

III. *Das 2 x 2 = 4, erscheint mir nicht einleuchtender und nicht selbstverständlicher, als, dass die mindestens 20 Milliarden Mark, die auf Erden jährlich der Vergeudung durch Rüstung und Krieg zum Opfer fallen, den aus Urzeiten hingethürmten, erratischen Riesenblock darstellen, welcher auf der Bahn der Menschheit, den Zugang zu den Problemen des Socialismus und einer ethischen Weltordnung versperrt.*

Kristallklar liegt vor dem Blicke des Kundigen Weg und Methode zur Friedfertigung der Menschheit. „Leider" aber, schreibt Bertha von Suttner, „haben so wenige Menschen kristallfähige Augen." Trifft man jedoch auf Verdunklungen und augenscheinliche Verdunklungstendenzen für den allerdurchsichtigsten und nicht zu missdeutenden Sachverhalt im befreundeten Lager der Sozialisten, dann bedarf es wahrlich pflichttreuer Aufraffung und Niederkämpfung bitterster Gefühle, „um's nicht am Ende gehen zu lassen, wie's Gott gefällt."

V. bedeute uns ein Volk von 50.000.000 Seelen, *M.* die Militärmacht dieses Volkes, von 1.000.000, *A.* Arbeiterschaft, $^1/_5$ der Bevölkerung, also 10.000.000 Menschen, die zur Hälfte dem Arbeiter-Proletariat angehören, während die andere Hälfte ein Familienexistenzminimum von 1000 Mark jährlich aufzuweisen hat. *V.* (Volk) opfert nun jährlich für *M* (Militär) 500.000.000 Mark und soll einstweilen von der Nützlichkeit oder Schädlichkeit dieser Aufwendung ganz abgesehen werden. Das für *M.* von *V.* gebrachte Opfer einer halben Milliarde nennen wir *V.O.* (Volksopfer) und den – infolge a) der indirekten Steuern, b) der Rückwirkung der direkten Steuern der $^4/_5$ reicheren Bevölkerung, die wir *R.* nennen, auf Productions- und Consumerschwerung und auf die Lohnverhältnisse von *A.*, so wie c) der persönlichen Kriegsdienstleistung in Krieg und Frieden, – auf *A.* entfallenden Antheil an *O.* nennen wir *A.O.* (Arbeiterschafts-Opfer.)

Ist, es nun nicht in die Augen springend, dass, wenn durch Vereinbarung der Staaten, eine Organisation, ein Staatentribunal in's Leben träte, *welches die Obliegenheiten von M.* (Militär) *nebst Diplomatie, nämlich die Herbeiführung von Entscheidungen über zwischen den Staaten auftretende Streitfragen*, mit dem Mittel der Vernunft, durch das richterliche Ermessen besorgen würde, die unausweichlichen Folgen hiervon sein müssten:

1) Dass *V.* (Das Gesammtvolk) *V.O.* (das fürs Militär gebrachte Volksopfer), und dass *A.* (die Arbeiterschaft) *A.O.* (das durch indirekte Steuern, persönliche Dienstpflicht, erschwerte Produktion, verringerte Consumfähigkeit, gebrachte Arbeiterschaftsopfer) in Hinkunft ersparen würde.

2) Dass die ersparte halbe Milliarde nebst dem ebenso hoch anzuschlagenden Geldwerth der gewonnenen Arbeitstag-Millionen wohlthätig wie die ersehnte Nilüberschwemmung durch tausend und abertausend Saugadern Handel, Industrie und Agricultur befruchten, zu ungeahnten Flor emporbringen würden.

3) Diese allgemeine, unausbleibliche Hebung des Volkswohlstandes würde ein unberechenbares Anschwellen der Einnahmequellen des Staates herbeiführen, die naturgemäss in sociale Veranstaltungen zu Gunsten der bedürftigsten und vernachlässigsten Volksschichten einmünden und auslaufen würden, jener Schichten,

deren Loos Goethe, der Unvergleichliche, so herzergreifend beklagt: „In stillen Winkeln liegt der Druck des Elends, der Schmerzen auf so vielen Menschen. *Verworfen scheinen sie, weil sie das Glück verwarf.*"

IV. Schiller sagt: „Ein grosses Beispiel weckt Nacheiferung, und giebt dem Urtheil höhere Gesetze". Das grosse Beispiel der Rechts-achtung, – der Triumph des Rechts des Schwachen über das Unrecht des Gewaltigen in den Händeln der Staaten und Grossen, von weit-hin sichtbarer Stätte hinleuchtend über die Lande, – das Versinken in die Nacht des Gestern der von der Geburtsscholle abhängigen *„Freund- und Feindschaft"* unschuldiger Menschen für's ganze Leben: – Dies alles würde, müsste dem menschlichen Dasein eine Würde, eine Sittlichkeit und Freudigkeit verleihen, die als wahre Lebensluft für altruistische Gefühle nicht die Barmherzigkeit sondern die Ge-rechtigkeit zur Gestalterin der Geschicke der Enterbten berufen würden. „Wohl Dir, dass Du ein Enkel bist" dürften wir dann hoff-nungsvoll dem uns ablösenden Geschlecht zurufen. – Greifbar, doch unbegriffen! Selbstverständlich doch unverstanden!

Man will sich, man will Andern das augenscheinlich Unmögli-che, Unglaubliche glauben machen, dass Jemand sich besser dabei steht, wenn er einen möglichen Konkurrenten auf eigene Kosten im Schweisse seines Angesichts aushält, und *seine kostspieligsten und ru-inösesten Ansprüche befriedigt,* vorausgesetzt, dass er nur nicht das Gewerbe seines Ernährers ausübt: als wenn er der Eventualität einer neuen Konkurrenz ruhigen Muths ins Antlitz schaut und dafür die Früchte seines Fleisses unverkümmert für sich behält und verwen-det. Der angeblich concurrenzscheue Jemand, die producirenden Klassen des Volks, werden augenscheinlich weit besser prosperiren, wenn sie die Konkurrenz der gegenwärtig der Armee angehörigen und der Production zurückzugebenden Mitbürger annehmen und als Gegenwerth, um beim obigen Beispiel eines Staates mit 50 Milli-onen Seelen zu bleiben, eintauschen: a) Eine Milliarde an ersparten Steuern und Arbeitstagen, b) Die Befreiung von der Blutsteuer, c) Die Erlösung von dem ewigen Alpdruck der Rüstung und des Krie-ges, d) Die reinere Atmosphäre gehobener Sittlichkeit, in der die Brust sich freier heben und athmen wird, e) *last not least – Die Mög-lichkeit, die unerlässlichsten Lösungen der Probleme der Produktion, der Überproduktion, der Consumtion und der Güterverteilung nicht durch*

die blutrünstigen Illusionen des Anarchismus und nicht mit den blutleeren
Abstraktionen des Kathedersocialismus, sondern durch die dann erst, wis-
senschaftlich und praktisch möglich gewordene That, zu versuchen und zu
gestalten.

Wien, November 1885. Moritz Adler.

KRIEGSAPOTHEOSE UND DARWINISMUS[11]
1897

Theile und herrsche, kräftig Wort,
Verein und leite, besserer Hort.
(GOETHE.)

Denn *Patroklus* liegt begraben,
Und *Thersites* kommt zurück.
(SCHILLER, Siegesfest.)

Ja der Krieg verschlingt die Besten.
(SCHILLER, Siegesfest.)

Gott schütze mich nur vor meinen Freunden, würde der Krieg ausrufen, wenn er die zu seinen Ehren sich aufthürmende Literatur zu
studiren verurtheilt wäre, besonders wenn er literarischen Geschmack, und ein richtiges Verständniss für seinen eigenen, relativen Werth zu dem Geschäft mitbrächte. Fort mit den ungeschickten
Lobhudlern, würde er zornentflammt rufen. Da lobe ich mir die ehrlichen, braven Feinde, die meine Bedeutung, meine Majestät, besser
begreifen als meine Schranzen, und die mir die Ehre anthun, mich
ernst zu nehmen, den Dämon, nicht den Popanz, in mir zu bekämpfen.

Es ist tieftraurig! Es ist unglaublich! Soeben habe ich die Lectüre
eines 87 Seiten starken Druckheftes „Einfluss der Kultur auf Krieg
und Kriegsrüstung" von v. Reichenau Generalmajor (Berlin 1897)

---

[11] Textquelle I Moritz ADLER: *Kriegsapotheose und Darwinismus.* In: Die Waffen nieder 6. Jg. (1897), S. 241-246.

beendet. Das *Opusculum* überfliesst von Hohn, Gift und Galle gegen die *„salbungsvollen Redensarten der Abrüstler vom kommenden Weltfrieden"* (S. 85), bezeichnet (S. 65) *„diese Agitation als **staatsfeindlich**, und, wenn es ihr gelingen sollte, noch weitere Kreise zu bethören, auch als **staatsgefährlich**."* Es enthält einige sparsame Citate, u. A. von Ad. Wagner, Morselli und Max Nordau über Selbstmorde und Entartung, Fettaugen auf der mageren Brühe. – Was es aber nicht enthält, was man vergebens darin suchen wird, das ist auch nur ein einziges Citat aus den Werken eines massgebenden Friedensfreundes. Und hat man die Schrift gründlich gelesen, so verfällt man gar bald darauf, dass dieses vornehme, pauschalverurtheilende Todtschweigen der gegnerischen Stimmführer die trifftigsten Gründe haben dürfte. Vor Allem ist es die gewiss bequemste und expediterste Gattung von Polemik, gerade die unbequemsten Gründe des Gegners dem eigenen Leserkreise zu verschweigen, selbst, wenn man sie kennt und geprüft hat. Nur gehört hiezu freilich jener Grad von fraglicher Achtung vor seinem Publikum, der beim Autor keinen Verdacht an die Möglichkeit selbständigen Lesens, Denkens und Prüfens seitens des Lesers aufkommen lässt. Aber der Hauptgrund scheint ein anderer, noch näher liegender in diesem Falle. Man citirt nämlich und bekämpft gewiss nicht Argumente, die man nicht kennt, aus Schriften, die man nicht gelesen hat, auf deren Existenz und Thema man aber vom Hörensagen aus sich verlassen kann. *„Salbungsvolle Redensarten der Abrüstler."* Wozu noch lesen? Der reine Zeitverderb und Raub an Raum für die eigenen unbeirrten Gedankengänge. –

Mein polemisches Princip ist ein grundverschiedenes. Schon in den bisherigen wenigen Zeilen habe ich bewiesen, dass ich den Gegner am liebsten selbst zum Worte kommen lasse, und meine Citate waren seit jeher so eingeleitet und gewählt, dass ich den Vorwurf, Stellen aus ihrem Zusammenhang gerissen und Missverständnissen preisgegeben zu haben, nie zu fürchten hatte. Und das Princip meines Nachdenkens über streitige Fragen ist auch ein wenig bequemes, aber dafür ein gerechtes und schon deshalb richtiges. Ich pflege mir nämlich den Kopf des Gegners immer noch mehr zu zerbrechen, als meinen eigenen, d. h. ich bin auf's höchste misstrauisch gegen meine vielleicht von meiner gesammten Subjectivität ungünstig beeinflussten Gedankengange, und kann ihnen erst trauen, wenn sie sich dem gegnerischen Feuer gestellt und erprobt haben. Will ich eine Institution angreifen, so habe ich die Pflicht, sie früher zu begreifen. Als Friedensfreund muss ich nicht nur von dem Akt nehmen, was ehrliche und geistvolle Vertheidiger des Krieges vorzubringen haben, sondern in der innerlichen Dialektik meines Nachdenkens muss ich dem Krieg die vollste Gleichberechtigung mit dem Frieden einräumen, wenn meine Stellungnahme für den Frieden von Werth sein soll. Und militärische Schriftsteller von hohem hierarchischen Range sollten nicht von der stillschweigenden Voraussetzung ausgehen, dass das Publicum längst in die wissenschaftliche Rumpelkammer gehörende und tausendfach widerlegte Gründe für den Werth von Krieg und Rüstung blos deshalb mit der disciplinirten Gläubigkeit eines aufhorchenden Cadettenauditoriums hinnehmen werde, weil es den Autoren gepasst hat, zu schreiben, zu schreiben, und Buch auf Buch zu pfropfen, ohne von den gegnerischen Stimmen im Interesse der Sache und eines fortrückenden Abschlusses der Diskussion Kenntniss zu nehmen. –

Dabei liegt es auf der Hand, dass zwischen Kriegs- und Friedensvertheidigung ein wichtiger Grundunterschied obwaltet. Der Friedensanwalt vertheidigt eine Institution, – den durch einen Weltbund geschützten Weltfrieden, – die, wenn errungen, den Glück, der Gesittung und dem Fortschritt der Menschheit ungeahnte Perspectiven erschliessen würde. Da er es mit einer einleuchtenden, wenn auch schwer zu realisirenden Wahrheit zu thun hat, so verfällt er leicht in den Fehler der Seichtigkeit und Truistik, und schlägt in diesem Falle den Leser in die Flucht, der trotz der besten Tendenz von der Welt, das Recht hat, Neues, Unterhaltendes, Belehrendes zu erfahren, wenn er dem Autor geistige Gefolgschaft leisten soll. Das ist aber auch die Hauptgefahr, die seitens der „salbungsvollen Redensarten der Abrüstler" drohen kann.

Der Kriegsanwalt dagegen, der nicht etwa einen, sondern *den* Krieg als Institution, der Welt anpreist, sei es als Universal-Panacee, sei es als Schule, als Stahlbad, als einziges Präservativ gegen Schimmel und Verwesung, als die jeder Neuschöpfung nothwendig vorausgehende Zerstörung des Überlebten, als durch die Entwicklung bedingte, von der Natur gewollte Auslese der Tüchtigen und Zukunftsvollen aus den Verkommenen und Verkommenswerthen – der predigt offenbar eine dem Geiste nicht einleuchtende, dem Herzen unerfreuliche, der Religion, Moral und Philosophie stracks zu-

212

widerlaufende Lehre, und er predigt Weltbeglückung durch ein coordinirtes System von Individuen = Völker = und Welt = Elend. – Letzteres bezeugen ja die klaren, tausendfachen Aussprüche ungezählter militärischer Halbgötter, den Obergott Moltke miteingerechnet, der den Krieg ein Unglück für den Sieger wie für den Besiegten, also für Jedermann, nennt. Kein Wunder daher, dass der Kriegsanwalt mit Vorliebe zum die Armen im Geiste bestrickenden Sophisma greift, um seine Thesen plausibel zu machen. Auch das wäre noch kein Unglück. Aber nun erst die Hauptsache. Der friedensfreundliche Truist ist schlimmstenfalls ein durch und durch harmloser Schwätzer, der keinem Kinde ein Haar krümmt, keine Thräne vergiessen macht, und höchstens etwas verursachte Langweile auf dem Gewissen hat. Der Kriegssophist dagegen ist fast regelmässig ein hochmögender, einflussreicher Militär, mindestens General, Moltke, Boguslawski, Dragomirow, v. Reichenau. Er ist gewohnt, autoritativ zu sprechen, sich für eine Autorität zu halten und dafür gehalten zu werden. Er hat das Gefühl, ein bedrohtes Berufspalladium mit geistigen Waffen zu schützen, und Sympathie und Hochschätzung der Kriegsheere und Kriegsherren sich zu verdienen. Und dringt er durch, bethört und siegt der Sophismengeist über den schlichtbürgerlichen Gegner, gesunder Menschenverstand, dann verkörpert sich das Sophisma in grauenvollen Zwangsorganisationen, in Vergeudungen von Kraft, Gut und Blut, und jede Zeile, jedes Wort ist Geissel und Skorpion geworden, und Thränen = und Blut = Aussaat. – Diese Sachlage schliesst naturgemäss und besonders für den militärisch hochstehenden Kriegsfreund, eine ungeheuere Verantwortlichkeit in sich, die er sich stets klar zum Bewusstsein bringen sollte, bevor er die Feder zu den kühnen, friedenmordenden Thesen ansetzt.

Wie die sieben Weisen Griechenlands durch ihre kurzgefassten Axiome, wie *„Das Wasser ist das Beste"* oder *„Alles fliesst"* in der Geschichte der Philosophie fortleben, so könnte man in einer Geschichte der menschlichen Irrthümer fast jedem der militärischen Kriegsvertheidiger sein Sophisma als Wappenschild zutheilen. An Moltke richtete der Verfasser dieser Schrift unmittelbar nach seiner bekannten Reichstagsrede ein in der krausistischen philosophischen Zeitschrift „Die Neuzeit" veröffentlichtes Sendschreiben. Ich erbat mir Aufklärung darüber, wie man sich die logische Konkordanz seiner beiden Weisheitssprüche zurechtzulegen habe, a) „Der siegreichste Krieg ist ein Unglück, und nicht nur für den Besiegten, sondern auch für den Sieger", b) „Der ewige Frieden ist ein Traum *und nicht einmal ein schöner Traum.*" – von Boguslawski verewigte sich damit, dass er dem Kriege „die Fortschritte der Chirurgie" in's Habenconto setzt, woraus natürlich zu folgern, dass das bei Glatteis übliche Bestreuen des Trottoirs als ein der Chirurgie abträglicher Missbrauch abgestellt werden sollte. – Dragomirow meint, „dass „nicht zerstören gleichbedeutend sei mit nicht neuschaffen" und ich hoffe, ihn in meinem *Advocatus diaboli* darüber aufgeklärt zu haben, dass es nicht logisch sei, die vandalischen Kulturvernichtungen der Kriege mit den werthvollen Umbildungen und Benützungen auf eine Stufe zu setzen, die Frieden und Kultur zum Zwecke planvoller Neuschöpfung an und mit unbelebtem und belebtem Naturstoffe vorzunehmen haben. Und wenn von Reichenau getrost schreibt (S. 4): *„Die Kraft der Völker aber liegt in ihren Kriegsrüstungen"*, so wird ihm ein tausendstimmiger Protest aus den Munde grosser Denker und Volkswirthschafter, aus dem Munde edler, das Schicksal ihrer Völker tiefbeklagender und ihnen Erlösung verheissender Herrscher, obenan Kaiser Franz Josef, und aus der Mitte des Volkes entgegenschalle: *„Die Schwäche vielmehr der Völker liegt in ihren Kriegrüstungen"* Und wenn von Reichenau gewiss zum grossen Jubel der nie rastenden Massenmordmaschinenerfinder ausführt: „Kraft ist ein Besitz, der stets erneut errungen werden will, ein Besitz, der niemals zu gross sein kann, denn im Kampf siegt immer nur die *grössere* Kraft", so liegt es ganz im Gegentheil klar vor Jedermanns Blicken, dass die wahre Kraft vor der Entscheidung, bei Jenen anzutreffen sein wird, der Maass gehalten und sich am wenigsten mit dem tagtäglich veraltenden Erfindungsplunder belastet hat.

Ein Lieblingsparadepferd ist für v. Reichenau wie für seine zahlreichen Gesinnungs- und Tendenzgenossen der Daseinskampf, der missverständlich ausgebeutete und entstellte Darwinsche Grundgedanke der Naturauslese der tüchtigen und zur Fortpflanzung und Höherbildung der Gattung berufenen Lebewesen. Sollte es vor Allem einen Schriftsteller, der zu Gunsten des Krieges sich vornehmlich auf den Darwinismus stützen zu können vermeint, nicht bedenklich machen, wenn er Häckel, den Freund, Apostel und wissenschaftlichen Testamentsvollstrecker des grossen Britten als begeisterten und begeisternden Vorkämpfer im Lager der Friedensfreunde erblickt. Wenn er, freilich unter der Voraussetzung, dass er Häckel's literarische Stellungnahme gegen den Krieg kennt, bemerkt, dass seine Aussprüche sich nur als Ausführungen, Begründungen und Vertiefung meines Schillermottos darstellen: „Ja der Krieg verschlingt *die Besten*", d. i, im naturwissenschaftlichen Sinne, die Kräftigen, die Jugendlichen, die Zukunftsvollen! Auf allen Gebieten der sozialpolitischen Wissenschaften finden wir in der Gegenwart denn auch mehr oder weniger entrüstete Proteste führender Geister gegen pseudo-darwinistische Übergriffe. Als wichtigen Vertreter dieses soziologischen Pseudodarwinismus nenne ich dem Leser ,Otto Ammon: *Die Gesellschaftsordnung und ihre natürlichen Grundlagen'*. Prof. Gumplowitcz aus Graz und Prof. Beling aus Breslau haben es mit ebenso viel Geist als Glück übernommen, den neuen Rufer im Streit für aristokratische Gesellschaftsorganisation unter Darwinistischer Fahne in den Sand zu strecken. Ich kann es mir nicht versagen, einige besonders beherzigenswerthe Worte des Strafrechtsforschers Beling anzuführen: „Gerade die darwinistische Theorie zeigt ja doch deutlich genug, dass im Kampf um's Dasein ausschliesslich die *Stärke* siegt, ohne Rücksicht auf ethische und rechtliche Qualification der Individuen. Das Naturgesetz begünstigt in gleicher Weise den energischen Schurken, wie den energischen Ehrenmann. Gäbe es keine Rechtsordnung, die als geistige Macht herrschte, so würde gerade das kraftvolle Verbrecherthum, die rohe Gewalt, „die blonde Bestie" den Sieg im Kampf um's Dasein davontragen. Räuber und Mörder würden die „Auserlesenen" sein, die „Ausscheidung" würde deren Opfer treffen. Das wäre die natürliche Strafrechtspflege."

Passt nicht diese ganze Stelle, Wort für Wort, auf den Krieg, wenn man in dem Schlusssatze das Wort „Völkerrechtspflege" für „Strafrechtspflege" substituirt, und die ganze Stelle statt hypothetisch affirmativ so lauten lässt: ,Es giebt keine Rechtsordnung …' u.s.w.? Schon die griechische Weisheit verkündete den Satz: „*Der Mensch* ist das Maass der Dinge." Der Mensch, nicht das Mineral, die Pflanze, das Thier, der Stern, die Natur, das Universum. Nur der Mensch! Was heisst das anders, als dass er sein geistiges, sein sittliches Richtmaass an Alles, auch an die ihm zugängliche Ordnung der Natur anzulegen berechtigt und verpflichtet ist. Wenn wir uns unseren Planeten als nicht blos lebenspendendes sondern selbst belebtes, Raum und Zeit nach ungeahntem Plan und Ziel durchsteuerndes Weltwesen denken, wer ist sein Herr und Meister, seine Seele, sein Bewusstsein, seine Vernunft, sein sichtbarer Gott? Wer anders als der Mensch? Er ist das immer und ewig souverän umwandelnde, umwerthende, über Leben und Tod entscheidende Korrektiv der irdischen Natur, und da die Wirkungen sich in's Unendliche hinein verketten, so greift der menschliche Geist mit freiem Schwingenschlag auch in die Aetherstrassen des Kosmos hinüber. Tiger und Löwe sind gleichzeitig mit Rind und Pferd von der Natur hingestellt. Welche die kraftvolleren Racen sind, braucht nicht gesagt zu werden. Aber Tiger und Löwe, als der menschlichen Entwickelung schädlich, verschwinden vom Schauplatz, und Rind und Pferd, als Hauptvehikel der Civilisation können erst mit dem Menschen selbst aufhören, die Erde zu bevölkern.

Ebenso ist bei richtiger Auffassung der Idee Darwins der **tüchtigere** *Mensch niemand Anderer als der wichtigere Mensch, – der wichtigere nämlich für die Gattung, die Menschheit,* – und zwar, weil die Menschheit selbst Ziel, Blüthe und Zweck der ganzen irdischen Entwicklung, für sich selbst aber Selbstzweck ist.

Jenes Exemplar der Gattung, welches in der Veranlagung seines Geistes, Gemüthes, Charakters, seiner That- und Leidenskraft, seiner harmonischen Durchbildung, den besten Verein wirkender Kräfte für die zielsichere Evolution des Menschheitgedankens und damit der irdischen Gesammtnatur aufzuweisen vermag, ist auch das tüchtigste, wichtigste und dauerwürdigste Glied der Gattung Mensch. Denn jede Gattung muss aus sich selbst, und aus den Postulaten ihrer relativen Idealität heraus beurtheilt werden. Die Idealität welcher Thiergattung immer, liegt in der individuellen Verkörperung äusserer, materieller, körperlicher, für das Gedeihen der Gattung wichtiger Eigenschaften und Instinkte. Das bedarf keiner Beispiele. Inbezug auf den Menschen aber ist es klar, dass äussere Vorzüge der Gestalt, der Kraft, des Ebenmasses, der körperlichen Ausdauer u.s.w., wenn auch für das Individuum und mittelbar für die Gattung wichtig, doch für diese letztere weitaus nicht so entscheidend sind, als besonders die höheren Geistes-, Gemüths-, Charakter- und Kunstanlagen. Was von den Werken des Aristoteles erhalten blieb, das wirkt heute noch befruchtend und gestaltend auf die Lebensführung der Menschheit. Wie verschwinden neben solcher Fortdauer und solchem Fortwirken die Siege der kraft- und schönheitprangenden Olympioniken jener Zeit! Was ist für die Menschheit die Erinnerung an die Herrlichkeit der Erscheinung eines Alkibiades neben der Überlieferung von dem Schierlingstrunk seines Lehrers mit dem Faungesicht oder dem Opfertod Christi, und neben den Nachwirkungen dieser Überlieferung? Schon das Alterthum hatte für die Wahrheit dieser Auffassung eine tiefe Empfindung.

Eine orientalische Sage berichtet, dass zur Zeit des Moses, dessen Milde und Bescheidenheit neben den grossen Eigenschaften des Führers und Gesetzgebers die Bibel preist, ein König des Morgenlandes einen Maler zu Moses sandte, um dem König das Bildniss des grossen Mannes heimzubringen. Der Maler zeigt dem König sein Werk, es sind die niedrigen, verworfenen Züge eines Räuber- und Mörderantlitzes. Der König, von der Unmöglichkeit der Wahrheit dieses Bildes überzeugt, glaubt an die Untreue oder Verwegenheit seines Sendbotens, und lässt ihm in seinem Zorn den Kopf vor die Füsse legen. Nicht besser ergeht es noch mehreren Malern, die er an Moses sendet und die genau dieselben unglaublichen Züge im Konterfei mitbringen. Da befrägt der König einen Weisen über das unerklärliche Ereigniss. Der grosse Mann könne doch unmöglich von der Natur so willkürlich gebrandmarkt sein. – Nein, belehrt der Weise den König, die Natur hat nicht gelogen, und die Maler haben dich nicht betrogen, die du ungerecht verdammt hast. Die Grösse des Moses ist es eben, dass er das aus sich gemacht hat, was die Welt an ihm bewundert, und nicht das geworden ist, was die Natur aus ihm machen wollte. – Es scheint also, dass schon im grauen Alterthum der Fabulirer dieser Legende gegen die von Natur aus gebundene Marschroute des Individuums und der Völker zum Raufboldtbum, modern „Daseinskampf" betitelt, energisch protestiren und auf menschliche Freiheit und Selbstbestimmungspflicht hinweisen wollte.

Nun noch ein Schlusswort über „Staatsfeindlichkeit" eventuell „Staatsgefährlichkeit" der „salbungsvollen Redensarten der Abrüstler vom kommenden Weltfrieden". Unwillkürlich denkt man bei „staatsfeindlich" und „staatsgefährlich" an den Staatsanwalt und an das Gefängniss. Eine ebenso natürliche Ideenassociation führt aber auch zu Sokrates im Gefängniss, wie er auf die Aufforderung der Richter, er möge sich selbst für eine der drei Strafen, Geldstrafe, Verbannung, Tod, abschätzen, erklärt, er verdiene als Strafe die ehrenvolle Verpflegung im Prytaneion auf Kosten des Staates. Genau so scheint aber in unseren Tagen der grosse Dynamitrüster und gleichzeitig salbungsvolle Abrüstler Nobel über die Bestrebungen für den kommenden Weltfrieden gedacht zu haben; dass nämlich erfolgreiche, aufopfernde und geniale Anstrengungen im Dienste des Friedensgedankens den wohlverdienten Anspruch auf das Prytaneion verleihen, welches er edlen und grossen Kämpfern denn auch für alle Zeiten gerüstet hat.

Moritz Adler.

DAS VERHÄLTNISS DER DEUTSCHEN SOCIALDEMOKRATIE ZU KRIEG UND RÜSTUNG[12]
1898

„Oderint dum metuant".

Die Taktik der im Sack geballten Faust hat selten einer politischen Partei Rosen gebracht, und bleibt gar die Faust ein halbes Jahrhundert geballt in der Tasche, so mögen die Mienen noch so trutzig den Gegner herausfordern, die Caligula sagen dann doch in allen Zungen: „Mögen sie hassen, wenn sie nur den Respect bewahren und pariren." Der französische Caligula – ich spreche hier nicht blos von den gekrönten, sondern von den Caligulanaturen überhaupt – sagt: „Qu'on me batte quand je ny suis pas", und meint vom ohnmächtigen, innerlich knirschenden Gegner: „Le ridicule tue", und der czechische Caligula hat das Wort gemünzt: „Jen ti mluv když ja jsem zdruv." Friedrich der Grosse lässt Pasquille unter den Linden niedriger hängen. Und Wehe der Partei, die unter einem Schutze wie der des Croaten

---

[12] Textquelle I Moritz ADLER: *Das Verhältniss der deutschen Socialdemokratie zu Krieg und Rüstung*. In: Die Waffen nieder! 7. Jg. (1898 [Heft 12]), S. 464-469.

aus Wallensteins Lager ihre Capuzinerpredigt ableitet, ihr Sprüchlein sagt und es uns mittheilt. Vom römischen Prätor heisst es: *„Interna non iudicat praetor"*; ihn kümmert die That, die Prüfung von Herz und Nieren überlässt er getrost den Göttern.

Kurz, Grundbedingung des Erfolges einer jeden politischen Partei ist vor Allem die kräftige Differenzirung vom Widerpart. Diese für jeden Denkenden und ganz besonders für die Massen einleuchtende Differenzirung ist dann die *raison d'être*, das Rückgrat der Partei. Sie ist aber auch die Würde der Partei, die Bürgschaft für Klarheit und Wahrheit unter Ausschluss jeder Hinterhältigkeit und Zweideutigkeit, der Missverständnisse, Übertölplungen und geheimen Kompromisse. *Clara pacta boni amici.* In England giebt es bekanntlich eine allergetreueste Opposition Ihrer Majestät, der schönste Titel für eine Opposition, wenn sie sich nach ernster Selbstprüfung zu dessen Führung für berechtigt halten darf, d. h. wenn sie sich bewusst ist, das Gute zu wollen, und das, was sie für das Schlechte hält, im Ministerium verkörpert glaubt. Eine solche Opposition weiss zweierlei, sie weiss, was sie will, und was sie wollen soll, und dass sie vor Allem um keinen Preis das wollen darf, was die von ihr bekämpfte Regierung will. Ihr Wort ist, wie das Evangelium vorschreibt, ja, ja, nein, nein.

Es giebt aber auch eine, wenn unehrlich, niederträchtige, wenn ehrlich, bedauernswerthe, allertreueste Opposition, eine decorative, eine bestellte, und auch eine wie bestellte allergetreueste Opposition. Mit der letzteren, *der unfreiwillig komischen und allerschädlichsten* habe ich mich hier zu beschäftigen, indem ich den angeblichen Kampf der Socialdemokratie gegen den Militarismus zu beleuchten versuche.

In der ältesten Geschichte Athens begegnen wir der Heroengestalt des Theseus als Personification der echten, allergetreuesten Opposition gegen seinen König und Vater Aegeus. Den Namen des damaligen Ministerpräsidenten habe ich in den Quellen nicht gefunden. Die Athener hatten sich daran gewöhnt, alle neun Jahre für die Küche des stiernackigen Prinzen Minotauros auf Kreta sieben Knaben und sieben Mädchen abzuliefern. Eine unechte, allergetreueste Opposition hätte sich gewiss nicht klar von der Regierung differenzirt, sie hätte vielleicht z. B. im Interesse des Gutangeschriebenseins Athens beim Minotauros vierzehn Knaben und dreizehn Mädchen vorgeschlagen. Vielleicht aber hätte sie herrisch und ungeberdig sich auf's Feilschen verlegt, und justament nur sechs Knaben und fünf Mädchen bewilligt. Aber Theseus, der echte, allergetreueste Opposition machen wollte, dachte: Nein, nicht ein Knabe und nicht ein Mädchen! Und da er ein Held und ein kluger Mann war, *erlegte er sogar den Minotauros selbst, nachdem er sich zuerst den Ariadnefaden versorgt hatte,* um sich in dem Labyrinth zurecht zu finden. Heute dreht es sich in Deutschland jetzt z. B. um so und so viele Panzerschiffe und Torpedos für das neue Flotten-Septennat, und der Minotauros heisst Flotten- und Kolonialsport. Die echte, allergetreueste Opposition würde sich gründlich von den Plänen und Idealen der Regierung differenziren, anstatt zu feilschen. Kein einziges neues Schiff mehr und keine Kolonialexpansion in Afrika und Ostasien wäre die richtige Oppositionspolitik à la Theseus gewesen. Und damit hätte man dem Lande und dem Monarchen den grössten und wahrsten Dienst erwiesen. Denn zumal bei dem ostasiatischen Abenteuer kann man sich nicht erwehren, an den Delphischen Orakelspruch zu denken, dass Crösus, wenn er über den Halys setze, ein grosses Reich zerstören werde. In Friedenszeiten bedarf der deutsche Handel offenbar keines so ausserordentlichen Schutzes, im Kriegsfalle aber dürfte die deutsche Panzerflotte, stets trotz der ungeheuren Opfer sich vor rauhen Berührungen mit den Flotten der wahren Seemächte zu hüten, Ursache haben. *Man will aber die Panzer nicht wegen der Kolonien, sondern man macht Kolonialpolitik, um Panzersport zu treiben.*

Die Socialdemokratie kämpft den guten Kampf gegen eine veraltete Politik, gegen unnütze Kriege und absurde Rüstungen mit vollkommen stumpfen Waffen; es sind eben dieselben, die ihr die zahlreichen Fiascos, den Gegnern eben so zahlreiche Triumphe bereitet haben. Schon der Umstand, dass Machthaber und Regierungen im Grossen und Ganzen stets bereit waren, die sogenannten liberalen und demokratischen Programme zu den ihrigen zu machen, hätte sie bedenklich machen müssen. Die allgemeine Wehrpflicht z. B. ist seit fünfzig Jahren so recht das Schibboleth der liberalen Parteien gewesen, ein Paradies auf Erden, Aufhören der Kriege, ungeheure Ersparungen, volksthümliche Politik hatte man sich in aller Welt von ihr mit Sicherheit versprochen. Die Machthaber liessen sich überall mit verdächtiger Leichtigkeit für sie gewinnen. Sie siegte auch auf der ganzen Linie, und droht heute bereits selbst dem englischen Inselvolke, dem man eben in unseren Tagen das Nessushemd recht behutsam über den Kopf zu werfen sich anschickt. Aber wo sind die Segnungen geblieben, auf die man mit solcher Zuversicht Zukunfswechsel ausgestellt hatte? Die ewige Fata Morgana, nur hiess sie einst allgemeine Wehrpflicht, und heute Milizsystem.

Das führt zu dreifacher Schädigung des wahren Fortschritts. Der reactionären Politik der Kabinette wird in die Hände gearbeitet, indem ihr immer wachsendes Menschen- und Finanzmaterial zur Verfügung gestellt wird, die Bourgeoisie wird gleichzeitig erschreckt, und dazu geführt, in den Regierungen, wie sie es auch immer treiben mögen, die einzigen Schutzdämme gegen die drohende Sintfluth zu erblicken, und das Proletariat muss endlich an einer Führung irre werden, die sich und ihm Erfolge vorlügt, die es am eigenen Leibe nie zu spüren bekommt.

Wenn man, wie ich soeben, sich durch die öde Protokollsteppe des zu Hamburg im Oktober 1897 abgehaltenen Parteitages der sozialdemokratischen Partei Deutschlands durchgearbeitet hat, so fasst einen Staunen und Zorn über den Gang und Charakter einer Diskussion, die im Schosse der angeblich oppositionellen Partei sich überall auf das vom Gegner gewählte Terrain locken lässt, und sich fruchtlos den Kopf des Gegners um der Durchführung seiner Forderungen willen zerbricht. Die Ausnahme bestätigt bekanntlich die Regel, und so will ich mich an diese einzige, hochehrenwerthe Ausnahme, oder vielmehr an diesen Ansatz zu einer Ausnahme halten, und zeigen, wie ihr in und von der Regel mitgespielt wird.

Diese Ausnahme, dieser Differenzirungsembryo ist in den auf S. 136 abgedruckten Worten des Genossen Peus zu finden, der offenbar als Einziger ahnt, wo eigentlich der Schuh drückt, wenn er auch keine Klarheit darüber besitzt, wie dem Quälgeist beizukommen wäre. Aber auch schon das Erstere muss strenge geahndet werden, und es ist ebenso traurig als belehrend, zu sehen, wie dieser vorlauten Rita von den Ehren-Cavalieren des nackten Königs Militarismus, Schippel, Bebel und andern Grössen, heimgeleuchtet wird.

Mittag-Halle und Peus-Dessau polemisiren gegen Schippels nachgiebige Haltung gegenüber von regierungsseitig angesprochenen Rüstungskrediten. Schon Mittag-Halle hatte gesagt: „Wo unsere Parole ist: diesem System keinen Mann und keinen Groschen, da war der Genosse Schippel sogar für Kanonen zu haben!" Und Peus sagt schon ganz im Geiste des richtigen Princips: *„Wir wollen den vollen und ganzen Frieden: … Deshalb haben wir nicht dafür zu sorgen, die Soldaten mit Kanonen zu versorgen, damit sie nicht so gefährdet sind, sondern wir haben dafür zu sorgen, dass sie überhaupt nicht mehr dieser Gefahr ausgesetzt sind."* –

Das nenne ich eben wissen, wo der Schuh drückt. Allein das ist blosse Negation, hinter der aber das verständnissvolle Petit und die Angabe des Wie des Bessermachens fehlt. Denn das ewige Spielen und Tändeln mit Revolutionsandrohungen schreckt wohl und mit Recht den *Beatus possidens*, nicht aber Machthaber und Regierungen, die die Rathlosigkeit des Gegners ganz genau kennen, ausbeuten, und die zu ihrem, wenn richtig verstanden, eigenen Schaden thun dürfen, was sie wollen, nicht was sie sollen. –

Was antwortet nun Schippel dem Mittag und Peus? Was ist der Weisheit letzter Schluss, ob sie nun aus dem Munde Schippel's, Bebel's, Auer's, Liebknecht's, Singer's kommt? Schippel sagt (S. 137): „Gewiss, Genosse Peus mag Recht haben, die heutige Regierung lebt vom Kriege, wir müssen immer mit der Möglichkeit eines Krieges rechnen. *Ist man in einer solchen Lage, kann man die Kriege nicht verhindern, da kann man doch nicht unsern Soldaten schlechte Flinten, schlechte Kanonen geben."*

Auer weist auf den drohenden Krieg mit Russland hin und meint (S. 139): „Wollen Sie denn, dass dieser Krieg ev. geführt werden soll mit Kanonen, die von allen übrigen Staaten, Russland mit eingeschlossen, längst überholt sind?" Glaubt man nicht den Kriegsminister peroriren zu hören? Es ist aber Auer. Er fährt fort: „Jawohl, Parteigenossen, *auch wir verlangen Waffen.* Wird das Milizsystem eingeführt, so müssen wir doch auch Waffen haben." – Prachtvolles Argument das! Die Regierung schreibt sich's natürlich hinter's Ohr, dass auch wir, die Socialdemokraten, Waffen verlangen. Das „weil, wenn das Milizsystem eingeführt wird (welches aber nicht eingeführt wird), wir Waffen brauchen", wird die Nachtruhe des Kriegsministers kaum stören.

Katzenstein ahnt einen Theil der Wahrheit: *„Die Auffassung Auer's führt in ihrer Konsequenz nicht dazu, dass wir ablehnen, sondern dass wir bewilligen …* Der Krieg, ob er gegen Frankreich, ob er gegen Russland geführt wird, er richtet sich in letzter Linie gegen das arbeitende Volk, und dem müssen wir entgegentreten. ... Wer die Actionsfähigkeit der Armeen stärkt, stärkt den Kampf gegen das Proletariat, und das müssen wir ablehnen." – Ja aber, so sonnenklar es ist, dass Krieg und Rüstung immer ausnahmslos in letzter Auflösung gegen das eigene Volk gehen, so sicher ist es auch, dass der Staat sich wehren wird und muss, wenn Andere ihn angreifen oder bedrohen.

Liebknecht (S. 143, 144) weiss der allgemeinen Rüstungswuth eine hoffnungsvolle Seite abzugewinnen – eine Auffassung, um die ich ihn nicht beneide und durch die sich augenscheinlich die Regierungen im fröhlichen Rüstungssport keinen Augenblick stören lassen. „Vom Standpunkt des Militarismus müssen fortwährend Waffenverbesserungen und beständige Vermehrungen stattfinden und gerade die wirksamste Waffe, die die Socialdemokratie gegen den Militarismus und die Militärforderungen hat, ist, dass all' diese Forderungen immer weitere Forderungen nach sich ziehen. Es ist die Schraube ohne Ende." Ei, ei, wie kindlich doch diese Regierungen sind, die den gehassten Socialdemokraten derart das Wasser auf ihr Mühlrad treiben! So citirt auch Auer auf S. 136 als „ungemein interessant" die Erklärung Liebknecht's auf dem Nürnberger Arbeitertag von 1868 *peto.* allgemeine Entwaffnung. „Sie kann erst eintreten, *wenn alle* (!) *Feinde der Völker unschädlich gemacht sind.* Und das wird noch lange dauern ... es bleibt uns auch eine blutige Arbeit zu verrichten und eine heilige Pflicht zu erfüllen: *die Zertrümmerung Russlands, die Wiederherstellung Polens."* – Ohne besonderen Phantasieaufwand stelle ich mir recht lebhaft vor, wie der Kriegsminister bei Lesung dieser schwungvollen *ad graecas Kalendas*-Fanfare sich in Faustpositur wirft und munter vor sich in den Bart brummt: „Das drüben kann mich wenig kümmern, / schlägst du erst diese Welt zu Trümmern, / die andre mag danach entstehn / ... dann mag, was will und kann geschehn."

Bebel (S. 125) empfiehlt ruhiges, gesetzmässiges Vorgehen, „gerade diese unsere ruhige, gesetzmässige Thätigkeit ist es, die bei unseren Gegnern Grauen erregt. Wir können ihnen keinen grösseren Gefallen thun, als auf dem Wege der Gewalt vorzugehen." Ich denke dabei *Credat Judacus Apella,* und glaube im Gegentheil, obschon mit der braven Gesetzlichkeit vollkommen einverstanden, dass ein ruhiges, gesetzmässiges Verhalten der Socialdemokratie im

Grossen und Ganzen nur einen Lieblingswunsch welcher Regierung immer erfüllen heisst. Die Regierungen sind im allgemeinen gewiss froh, ihre Zirkel nicht gestört zu sehen, und Regierungen mit *Agent provocateur*-Gelüsten gegenüber grossen, gefürchteten Parteien dürften zu den Raritäten gehören. –

Dem aufmerksamen Leser dieser kurzen, mit grösster Unparteilichkeit ausgewählten Citatologie sollte nach meinem Wunsche eine doppelte Klarheit erschlossen werden.

Erstens, dass die socialdemokratische Partei wohl schimpft, aber kauft, d. h. der Regierung für Krieg und Rüstung unter allen möglichen Vorwänden und Selbsttäuschungen die allerschätzenswerthesten Dienste leistet. *Eine Opposition – wie bestellt!*

Zweitens, dass das auch gar nicht anders sein kann, weil diese Partei eines klaren, practischer Durchführbarkeit verbürgenden Programms mit festumschriebenen, einleuchtenden Postulaten und streng an die Sache sich haltender Kampfmethode, völlig ermangelt. Ein Kokettiren mit Revolution, mit Ruhe und Gesetzlichkeit, mit einem für europäische Grossstaaten unter den heutigen Verhältnissen ganz utopischen Milizsystem, welches aus Schlimm nur Schlimmer machen könnte, so wie die Absurdität der heutigen Millionenheere und Milliardenrüstungen die ehemaligen Söldnerheere als unschuldiges Idyll erscheinen lässt. Dafür ein Vorübergehen an den Forderungen der Logik, an den Erfahrungen der Geschichte, an den Mahnungen des Zeitgewissens, an dem Drange des Volkes nach Lebensgenuss und Kultur. Wie himmelweit verschieden müsste der Erfolg der Partei mit dem Moment werden, wo sie über die Grundbedingung, Ziel und Methode ihrer Action zur Klarheit und Übereinstimmung gelangen würde. Meine Gedanken wären:

A. Die wohlmeinendsten, die genialsten Speculationen und Bestrebungen für Hebung des Volksgedeihens, für Emporbringung und Assimilation des Proletariats müssen so lange Schläge ins Wasser sein, als Krieg und Rüstung nicht definitiv aus der Welt geschafft sind. Die beiden Institutionen repräsentiren eine über die ganze Welt gehende fehlerhafte Vertheilung, Verwendung und Vergeudung des Volksvermögens, die jeden Sanirungsversuch als aussichtslos erscheinen lässt. – *Erstes Postulat also principielle Abschaffung von Krieg und Rüstung, welchem alles Andere untergeordnet zu werden hat.*

B. Rekruten und Steuern sind im Rahmen der Erfordernisse der im Gange befindlichen practischen Politik den Regierungen zu bewilligen, jedoch unter einer einzigen, aber unbeugsamen Bedingung: Die Regierung hat der Volksvertretung, welche ihr die Leitung der practischen äussern Politik in bisheriger Weise überlässt, den auf das Schärfste zu controlirenden Nachweis zu liefern, *dass sie mit allem Nachdrucke und mit dem Aufgebot aller ihr zu Gebote stehenden Mittel sich für die Etablirung eines richterlichen Staatentribunals eingesetzt hat.*

C. *Für die Überwachung und Durchführung der erforderlichen Massregeln wird ad hoc eine der Volksvertretung speciell verantwortliche Behörde creirt, die den Titel führt*: M i n i s t e r i u m   d e s   F r i e d e n s. Ich denke hier an die Durchsetzung des Tribunats seitens der römischen Plebs zur Controle von Patriciat, Senat und Consulat. –

Diese Postulate sind, wie wohl Niemand in Abrede stellen wird, klar und einleuchtend für Hoch und Nieder. Sie sind nicht revolutionär, sondern evolutionär, und sind doch *echt*, – nicht bestellt oder wie bestellt-*oppositionell*. Sie würden dem wahren Fortschritt, dem Volke, und ganz besonders den Mühseligen und Beladenen frommen, sie würden der Erhaltung des Erhaltungswürdigen im besten Sinne dienen und die Stabilität der Throne, Staaten und Verfassungen festigen. Das Morgenroth einer neuen Weltordnung der Gerechtigkeit, des Friedens, der Versöhnung würden sie bedeuten, und würden die Menschheit emporführen zur Veredlung und Vergöttlichung.

Wien. Moritz Adler.

„Wer seiner Zeit nicht eine gute Strecke Weges voraus ist, der ist in Wahrheit eine gute Strecke hinter ihr zurück."

„Der Kriegssport verschlingt nicht bloss unersättlich die besten Reichtümer der Völker, demoralisirt sie nicht nur und verkennt die Rechte der freien Individualität, sondern er drängt und zwängt die Geister, Wissenschaft und Technik, sie alle entadelnd, mit goldener Lockung in den ärgsten aller Abwege, den Abweg brutaler, wenn auch überraffinirter, erfinderischer Zerstörungskunst. Nicht genug, dass jede, auch die wohlthätigste Erfindung, wenn schädlich benützt, zur Plage wird, regnet es jetzt Erfindungen, die nur schaden und absolut nicht nützen können, direkte Ausgeburten des Genius des Bösen."

I. |

„Das ist das Unglück der Könige, dass sie die Wahrheit nicht hören wollen!" hat bekanntlich der Volksmann Jacoby dem ihm ungnädig den Rücken kehrenden Friedrich Wilhelm IV. nachgerufen. Wenn aber ein König, ein Kaiser, oder gar, wie in unseren Tagen, eine Art Weltkaiser, ein Nikolaus II., selbst der Befreierin Wahrheit seine Stimme leiht: dann rollt sie wie majestätischer Donner durch die Weiten, dann wird ihr verhaltenen Athems wie einer Offenbarung gelauscht, und der Alp fällt von Millionen aufathmender Herzen. So wäre er also endlich doch gekommen, der, seit wie vor Christus, heissersehnte Völkerparaklet! Der Sachwalter, der Tröster, der Helfer! Er, dem ein Gott gab und hiess zu sagen, was sie leiden, wenn die Völker selbst verstummten, in dumpfer, unerhörter und *ungehörter* Qual! – –

Nichts näherliegend und glattverständiger in Bezug auf das Czarenmanifest, als „Die Botschaft hör' ich wohl, allein mir fehlt der Glaube." – Wer jedoch diese holde Botschaft mit jener eindringlich

---

[13] Textquelle | Moritz ADLER: *Nicolaitische Friedensperspectiven.* In: Die Waffen nieder! 8. Jg. (1899 [Heft 5]), S. 168-175.

prüfenden Aufmerksamkeit studirt, die Autor, Inhalt und Gedankengang sich erzwingen, dem wird Eines vor Allem feststehen. Zweifel, Vorbehalt, Unglaube mag ihn erfüllen in Bezug auf Provenienz, Anlass, Absicht, Opportunität, Durchführbarkeit der Botschaft; an der Botschaft selbst aber als Heilsbotschaft, als Wahrheit, als Lehre für Fürsten und Völker wird er nicht zu zweifeln vermögen. Ihr eigenes, selbständiges Leben, losgetrennt selbst von den Velleitäten ihres Urhebers, wie das aus dem Mutterschoosse entlassene Kind, wird sie fortan leben, diese erste und wahre Friedensbotschaft aus Herrschermund, als Axiom, Dogma und Unterbau aller Internationalität der Zukunft. Und der grosse Rechtslehrer Thöl behält oft Recht, wenn er sagt: Die Gesetze sind weiser als der Gesetzgeber. –

Die Bedeutung der That in diesem Sinne ist offenbar unermesslich. „Ein Feuerflocken Wahrheit", mit Schiller zu sprechen, ist sie, in die Geister geworfen von der aller-allerunwahrscheinlichsten Hand, von jener machtbewährten Faust, deren Drohen lange Jahrzehnte hindurch für die Armen im Geiste den Rechtstitel der absurden, gedankenlosen Rüsterei abzugeben schien. „Wir möchten schon, aber Russland" geheimnisste man einander listig blinzelnd überall aus und in den Kanzleien zu, und becomplimentirte sich reciprok ob solcher Staatsmannschaft. „Wir möchten schon, aber erst – Russland in die Pfanne gehauen" war der langweilige, alberne Refrain der Einflussreichsten und Geistesträgsten unter den Socialdemokraten.

Keine Entschuldigung für das thörichte Wettrüsten der übrigen Staaten kann es sein, dass auch Russland in der That unter Alexander III. und bis auf die neueste Zeit einer sich immer drohender rüstenden Sphynx zu gleichen anfing. Wo war jedoch der Monarch, der Staatsmann, der Russland, das rüstende Russland, so kraftvoll, so logisch apostrophirt hätte, wie der Czar jetzt plötzlich die ganze übrige rüstende Welt. Gegen die Rüstungen aller übrigen Staaten umgürtet er sich plötzlich mit dem schärfsten Schwert, mit dem Schwert der Abrüstung, und wahrlich, der Sieg wird ihm nicht entgehen, wenn er ehrlich unter diesem Zeichen ficht. Genug, die That der Zeit zu thun, auch nur das Wort der Zeit zu sprechen, diese Ehre, einzig und hochragend im öden Einerlei der Geschichte, – die Ehre, die Rita des Märchens zu sein gegenüber der schändlichen Blösse einer entehrten Civilisation – diese Ehre überliessen neidlos Monarchien, Republiken, sich radical nennende Parteien, voranschreitende Racen und Nationen, einem klar und gross denkenden Jüngling, der Autokratie und dem inferioren Slaventhum! –

> „Wenn dereinst diese Schrift, die heute vielleicht unbeachtete und ungelesene, im Moder und Staube einer alten Bibliothek einem Forscher künftiger, lichterer Jahrhunderte, in die Hände fällt, dann wird, das ist meine stolze Überzeugung, dieser Protest gegen die grausamen und unmenschlichen Absurditäten unserer Zeit, unserem Jahrhunderte zur Ehre und theilweisen Rechtfertigung gereichen, und der späte Enkel wird uns bemitleiden, statt uns zu verachten und ungehört zu verdammen. –“

So lauteten die Schlusszeilen des Vorwortes meines Buches *„Der Krieg, die Congressidee, und die allgemeine Wehrpflicht"* aus dem Jahre 1868! Das Buch war unter der sicheren Vorahnung des deutsch-französischen Krieges von 1870 geschrieben. Es befreite mir die Brust von dem Alpdruck weltbürgerlicher Mitverantwortlichkeit für das sich heranwälzende Unheil, und es entfesselte in ganz Europa und besonders in Deutschland und Oesterreich die Discussion der Fragen über den Werth des Krieges, der Rüstungen, der Congressidee, und der allgemeinen Wehrpflicht. Das österreichische Weltblatt, die „Neue Freie Presse", wurde in seiner Art durch einen Leitartikel Karls v. Thaler im Morgenblatt des 28, April 1868 der „plötzlich aus der europäischen Kaserne erschallenden" Friedensstimme gerecht. Aus der Überschrift *„Friedensrecepte"* wehte bereits ein eisig sarkastisches Lüftchen den Leser an. – Auf dies und Schlimmeres war ich gefasst gewesen. An künftige, lichtere Jahrhunderte hatte ich appellirt, und der Gedanke, dass ich selbst noch, damals im Alter von 37 Jahren stehend, nach 30 Jahren bereits, in einer epochalen, aber nichts weniger als schwärmerischen Staatsschrift des mächtigsten Herrschers der Welt, den Gedankengang vertreten und verkörpert erleben würde, der mir seit meiner geistigen Mündigkeit allein die Würde und den Beruf der Menschheit zu verbürgen schien, – dieser Gedanke wäre mir zu jener Zeit gewiss als die utopischeste aller Utopien erschienen. –

II. |

„Habent sua fata libelli" ist ein altes Wahrwort. Jedoch wohl noch nie ist ein Schriftstück von der unübertrefflichen Prägnanz und Durchsichtigkeit des russischen Manifestes mit einem ähnlichen Charivari albern naiver und ausgetiftelt affectirter Missverständnisse begrüsst worden wie dieses. Und das doch vornehmlich deshalb, weil der weit überwiegenden Mehrzahl der zur Stellungnahme berufenen Politiker das *Comprendre* noch unendlich leichter fällt als das *Pardonner*. Den Frieden preisen und ansingen, das ist *usus* und richtiger Comment, das thun wir ja alle, und das stört auch nicht im Mindesten im Rüsten, im Drillen und Geldtodtschlagen. Die löblichen Publikümer in allen Monarchien und Republiken der Welt sind ja heutzutage kanonenfromm dressirt, und mucksen gewiss nicht, wenn man ihnen zwecklos die Haut über die Ohren zieht, wenn nur in die Ohren gleichzeitig das Lied „Alles um des lieben Friedens willen" einzieht. Was aber dieses kurze *Pronunciamento* so leichtherzig aus der Schule plaudert, das ist einfach unerlaubt, und läuft gegen alles Herkommen und Kleiderordnung. Gute Miene muss man allerdings jedenfalls zum bedenklichen Spiel machen. Denn erstens, wofür ist man Diplomat, zweitens schwärmen wir ja Alle doch seit geraumen Zeiten für den Frieden, und drittens – Na – es ist halt der Czar –

Ja, ja, da steckt's. Der Friede, den der Czar meint, ist offenbar ein ganz anderer Patron, als der Friede, den alle Anderen meinen. Die Definitionen decken sich offenbar nicht im Mindesten. So z. B. gilt und hält sich Wilhelm II. für einen gewaltigen Friedensfreund. Er hat eine prachtvolle Armee, er begründet eine respectable Flotte, aber er führt doch keinen Krieg, so sehr auch der Krieg eigentlich das rechte Element und die Hauptbedingung für Rostfreiheit und Schneidigkeit beider Instrumente ist. Ja, der deutsche Kaiser hat erklärt „Ich wollte, der europäische Friede läge einzig und allein in meiner Hand, ich wollte ihn schon zu schützen wissen". Eine Äusserung, die pflichtschuldigst ihren Weg sogar in die Citatentafeln der Friedensvereine gefunden, mich aber zu dem Plagiat verführt hat „Und der Friede absolut, wenn man meinen Willen thut". Das ist nun so eine Art von Frieden, wie ihn Nikolaus II. nicht zu meinen scheint.

Dafür aber gibt's in Preussen und zwar im grossen Schwurgerichtssaale zu Moabit bei Berlin, wo das grosse Kaiserbild Wilhelm I.

an der Wand prangt, eine und zwar eine allerofficiellste Definition des Friedens; und es scheint, dass das gerade die vom Russenkaiser gemeinte Sorte Frieden ist, dort, wo er seinen Grimm an dem Zerrfrieden, auch „bewaffneter Frieden" genannt, auslässt. *Es ist der durch* **richterliche** *Autorität geschützte und geheiligte Frieden.* Die Wände jenes Saales predigen nämlich feierlichst zwölf hohe Wahrheiten. Die zwölfte lautet: *„Wo Gericht ist, da ist Friede".* Offenbar glaubt nun der Czar, dass erstens das Zusammenleben der Völker keine Ausnahme von dieser Regel bildet, und dass zweitens die Zeit im Anrücken ist, wo man den Völkern das Staatengericht anbahnen muss, will man anders sich berechtigt halten, den edlen Friedensnamen anders als entweiht auszusprechen. –

Diesem Schlüssel bietet die Deutung jenes Schriftstückes, um welches sich aller Wahrscheinlichkeit nach die Weltgeschicke einer absehbaren Zukunft gruppiren werden, keine Schwierigkeit. Das Manifest setzt der zu initiirenden Action der Mächte allerdings für die Gegenwart nur ein recht bescheidenes, überdies noch als Ideal bezeichnetes Ziel, *die Aufrechthaltung des allgemeinen Friedens und eine mögliche Herabsetzung der übermässigen Rüstungen.* Zur Unterstützung dieses vom halbwegs modernen Standpunkte aus eigentlich selbstverständlichen Programms wird aber eine Kritik an Vergangenheit und Gegenwart geübt, die ja auch die Selbstkritik für Russland mit einbezieht, und die von einer düstern, heimlichen Gluth begleitet wie unterirdisches Feuer nach Ausbruch zu suchen und in unverhohlener Ironie und Entrüstung besonders gegen die Rüstungen emporzuzüngeln scheint. Der Hinweis auf die sich heutzutage allen Staaten *aufzwingende höchste Pflicht,* auf Gott, auf die *Säcularwende* ist von kühnstem Pathos, wenn man an das Fürstenparterre sich erinnert, dem der leidenschaftliche Sermon – denn ein solcher ist es – gilt. – Der Ausblick endlich auf die *Conferenz,* auf den grossen Gedanken des *Weltfriedens,* auf die *solidarische Weihe der Principien des Rechts und der Gerechtigkeit* erweitern den Bauhorizont des ursprünglich engumzirkten Planes in's Grandiose und Erhabene. Die völlig unbewiesene und sowohl mit der Weltlage als auch mit der Schilderung der Rüstungsepidemie im Manifest selbst in eclatantem Widerspruch stehende Constatirung, dass der *gegenwärtige Augenblick ein für die geplante Action äusserst günstiger sei,* für die nur der Wunsch der civilisirten Nationen nach Beruhigung als recht unwahrscheinliches Argument angeführt wird – denn wo und wann hat man sich um diesen Wunsch bisher gekümmert'? – , diese Constatirung liest sich wie eine Art drohendes *„Sic volo, sic jubeo"*, oder wie die verhüllte Androhung einer Art Strike des russischen Selbstherrschers. Der Kaiser streikt der alten Politik gegenüber, indem er unter dem Sporn eines von neuem Inhalt erfüllten Pflichtgefühls die alten Bahnen verlässt, um sich, sein Reich, seine Verbündeten und mittelbar die Welt in den Dienst neuer Ideen zu stellen.

Der ersehnte Sieg des Weltfriedens *über alle Elemente des Unfriedens und der Zwietracht* ist für Nicolaus II. offenbar die einzige nicht quacksalbernde Panacee gegen den Tiger Anarchismus, und das ganze Manifest erbraust wie eine stürmische Trutz- und Angriffshymne der neuen Heilswahrheit *„Si vis pacem para pacem"* gegen die alte sophistische Heuchlerin und Hetzerin *„Si vis pacem para bellum"*.

III. |

Es ist wie ein Fluch! Ein Machthaber braucht nur Schädliches, Böses zu planen –, einen überflüssigen Krieg, eine, andere Völker bedrohende, die eigenen bedrückende Rüstung, eine wohlerworbene Volksrechte antastende Institution, eine Justizbeugung à la Dreifuss-Zola. Und tausend und abertausend Intelligenzen und Arme werden sich zu Schergendiensten drängen. Derselbe Machthaber versuche aber dafür die Kraft seines reinsten Strebens an der Pforteneröffnung für eine noch so einleuchtende, wohlvorbereitete, und der Beglückung der Menschheit absolut unentbehrliche Idee, wie die Ersetzung des Krieges und der Rüstung durch das gesetzmässige Walten von Vernunft und Recht: auf Schritt und Tritt, im Cabinet, in der Presse, in der eigenen Familie wird er einem latenten, passiven und unbesieglichen Widerstand begegnen, der ihm gar bald die Freude am Werke vergällen, ihn mit Misstrauen gegen seine Pläne und Kräfte erfüllen wird. Wer gedächte nicht mit Abscheu der schändlichen über die Gesundheit und Regierungsfähigkeit Nikolaus II. *ad hoc* in Umlauf gesetzten Gerüchte. Die Einen werden die Miene annehmen, nur Selbstverständliches zu erwarten, indem sie das Unmögliche fordern, wie gewisse Franzosen vom Czaren die Neutralisirung von Elsass-Lothringen heischen, bevor von Abrüstung und Conferenz die Rede sein dürfe. Als ob Frankreich mit seiner so viel höheren Civilisation nicht dasselbe, ja ein weit grösseres Interesse an der Veredlung der Rechtsordnung und Weltcultur hätte als Russland. Als ob die Lostrennung Elsass-Lolhringen's von Deutschland für Frankreich auch nur entfernt den Werth eines geordneten zwischenstaatlichen Rechtslebens erreichen könnte. Als ob man endlich Früchte vom noch nicht gepflanzten Baume pflücken könnte. Nichts weniger möglich, als Elsass-Lothringen ohne Krieg und vor der Conferenz von Deutschland zu lösen. Nichts möglicher, als hieran sowie an die Wünsche so mancher anderer Nationalitäten heranzutreten, wenn einmal erst durch die befreiende Wirkung des Eintritts der Rechtsidee in die Beziehungen der Staaten, *die Starrheit der Verhältnisse, besonders bezüglich der politischen Grenzen, dem Princip billiger Rücksichtnahme und wechselseitiger elastischer Anbequemung Platz gemacht haben wird.* Wie klar wird dann den Enkeln, ja vielleicht schon den Söhnen, die ganze Staaten- und Kriegsgeschichte mit ihrem albernen Hin- und Hergezerre der Grenzprovinzen im Lichte des kindischesten *Tant de bruit pour une omelette* erscheinen?

Wo gibt es wohl heute den hinreichend hartgesottenen Banausen, der sich hinter seinem warmen Ofen des ihm vielleicht recht unbequemen Antheils am In-Scene-Treten und Ablauf des bevorstehenden Weltdramas mit dem bescheidenen Namen „Conferenz" zu erwehren vermöchte? Mit dem vornehmen Ignoriren der Friedensidee ist es, dafür darf gebürgt werden, nun jedenfalls für geraume Zeit vorbei.

Ohne im Geringsten einem nach so langer und betrübender Hoffnungshungerkost doch verzeihlichen Sanguinismus zu fröhnen, glaube ich Gutes, dreimal Gutes von einer nicht allzu fernen Zukunft erwarten zu dürfen, nämlich vor Allem und als Abschlagszahlung, den Zusammenbruch, den schmählichen Bankerott eines weltbeherrschenden *Absurdums pur et simple,* der permanenten Rüstung bei nur höchst sporadischem Losschlagen, so zu sagen nur *pour l'honneur du drapeau,* zur Rechtfertigung der Rüstung, also der Rüstung um der Rüstung, d. h. *um des lieben Sports und Rückschritts willen.*

Wir leben angeblich im Zeitalter der freien Individualität, und doch beherrscht auf so vielen wichtigen Gebieten die verderblichste Schablone das Denken von Millionen sogenannter Gebildeter. Wäre sonst die Geschichte der letzten zwanzig Jahre denkbar, gegen deren

Inhalt, permanente, zwecklose, zum Kataklysma treibende Rüsterei, sich die aufschäumende Empörung des Czaren kehrt? Aber Millionen Gebildeter begriffen eben und begreifen heute noch nicht, dass es um kein Haar besser steht, wenn z. B. 50.000 Menschen in einer Provinz in einem Jahre des Rüstungssports halber Hungers sterben, als wenn diese selben 50.000 in einer Schlacht dieses Jahres auf der Strecke bleiben. Der ganze Unterschied liegt aber nur darin, dass für jene stumpfen Geister der Causalnexus zwischen Kugel und Todeswunde anschaulich vorhanden ist, während die Erkenntniss des Zusammenhanges zwischen zweckloser Steuererpressung und den vielen vereinzelten Selbstmorden, Hungerepidemien, Krankheits- und Todesfällen ihnen eine allzu grosse geistige Anstrengung zumuthet, und noch dazu durch die naive Anschauung verdunkelt wird, das *in Wahrheit unproduktiv ja selbstmörderisch vergeudete Geld* bleibe ja im Lande und komme doch unter die Leute.

Russland war bis auf Nikolaus II. eine Weltmacht; jetzt mit sibirischer Bahn, Einordnung Central-Asiens und Nordchina's in sein System und Machtsphäre, und vollends dem ausserordentlichen, täglich wachsenden Prestige der genialen Conferenzconception, ist es so zu sagen vor unseren Augen die Weltmacht geworden, das Centralgestirn der Politik, um welches die Satelliten kreisen. Die Aufzählung aller Schwächen des Colosses, – und es giebt deren ja fraglos nicht wenige – sinkt zur *Quantite negligeable* herab, sobald man die merkwürdige Weltlage, die Gährung in den Geistern und in den Massen, und die Constellation der Mächte gründlich in's Auge fasst.

Russland hat vor Allem vor den übrigen, besonders vor den continentalen Grossmächten, das Monopol der intact bewahrten staatlichen Autorität voraus. Der Czar auf seinem Throne ist für 120, und wenn man, mit vollem Recht, unferne central- und ostasiatische Zukunftschancen escomptirt, für 300 Millionen Menschen ein gefürchteter und unbedingt gehorsamter [sic] irdischer Gott, ein *Jupiter cuncta supercilio movens*, um das Bild des Horaz zu gebrauchen. Seine Minister sind seine Werkzeuge, sind wirkliche Minister, keine Eintagsfliegen. –

Russland besass seit jeher eine meisterhaft geschulte, in orientalischen Angelegenheiten ganz besonders erfahrene Diplomatie. In der Reihe ihrer Sommitäten findet man zwar keine Grösse von der eigenartigen, fast burschikos zu nennenden Genialität eines Bismarck, der sich im vertrauten Kreise gern auf Gortschakoff's Kosten zu erlustigen pflegte. Aber im Laufe der an Intriguen wahrlich nicht armen Geschichte der russischen Diplomatie hat sich doch der höchst bedenkliche Fall nie ereignet, dass ein Kanzler einen von ihm selbst, hinter dem Rücken eines Compaciscenten aus einem Schutz- und Trutzvertrag mit der Gegenmacht abgeschlossenen sogenannten Rückversicherungsvertrag, recte Hinterrücksvertrag, *urbi et orbi* aus Rancune gegen seinen Herrn denuncirt, und damit dem politischen Credit seines Staates wie der eigenen Reputation eine unheilbare Wunde geschlagen hätte. –

Russland verdankt seiner Geschichte eine Art Prestige der Unangreifbarkeit, besonders seit jenem katastrophalen Rückzuge Napoleons I. von 1812. Das ungeheure Ländergebiet von ununterbrochener Kontinuität in zwei Welttheilen ist zumeist von durch keine Verfeinerung entnervten Stämmen bewohnt, und der durchschnittliche Culturwerth des Individuums ist selbstverständlich nicht mit dem Massstabe der west- oder mitteleuropäischen Civilisation zu messen. Die Regierung hat für ihre Pläne völlige *carte blanche* zur uncontrolirten Verfügung über unerschöpfliche Völker-, Nomaden-, Reiterschwärme. Und wenn Bismarck dort, wo er sich zu engagiren nicht räthlich fand, so väterlich die Sorge für die gesunden Knochen eines pommerschen Musketiers vorschützen konnte, so würde das Argument weit weniger plausibel klingen, wenn es sich um Kalmücken-, Tataren-, Kirgisen- oder Tschuktschen-Knochen handelte. Die vom übrigen Europa verschiedene Spurweite der russischen Bahnen ist gleichsam ein concentrirter Ausdruck dieser ungeheuren Defensivkraft.

Die deutschen Erfolge, die deutsche, besonders Preussens Grösse, sind seit Peter III., dem leidenschaftlichen Verehrer Friedrichs II., bis auf die Zulassung dänischer, österreichischer und französischer Niederlagen in den [18]60er und [18]70er Jahren ein Geschenk russischer Konnivenz, die wiedererlangte Ebenbürtigkeit Frankreichs, das Werk Russlands. Der Dreibund hat seit Bismarcks Rückversicherungs-Offenherzigkeiten seine Russland imponiren-sollende Bedeutung umso mehr eingebüsst, als in Oesterreich die slavische Welt nichts, in Italien aber eigentlich Niemand ausser der Regierung von ihm etwas wissen will, und als Deutschland trotz aller Prosperität in Handel und Wandel im Innern, sich, politisch mit Russland schmollend, in arger Klemme und Verlegenheit befindet. Denn eine in Folge der allgemeinen Wehrpflicht im Zusammenhang mit der riesigen Volksvermehrung automatisch in's Ungeheure anwachsende Armee, uferlose Flottenpläne, und das wie sich bald zeigen wird, äusserst gefährliche Kiaou-Tschaou-Abenteuer, dazu socialdemokratische Zersetzung in den grundlegenden Schichten der Bevölkerung, die offene Gegnerschaft Frankreichs, die versteckte und noch gefährlichere Russlands – das Alles zusammengenommen, ergiebt gewiss nichts weniger als ein rosiges Bild.

Der einzige, wahrhaft ernst zu nehmende Rivale Russlands ist England. Aber schliesslich hat in der alten Welt Rom Alles und auch Karthago besiegt. –

Vor der Hand sehen wir, dass alle Staaten ohne Ausnahme die Konferenz beschicken. Und das ist ja ganz natürlich. Denn kein Staat hat den traurigen Muth gefunden, sich auszuschliessen, und Russland und das Zeitgewissen gleichzeitig herauszufordern. Das wäre ein zu gefährlicher Kampf für welche Regierung immer.

Ist aber die Konferenz erst zusammengetreten, und zwar nicht um über Seelen und Quadratkilometer zu feilschen, oder um Freiheit und Volksrechte zu meucheln, wie es Brauch war auf all' den Kongressen alten Stils, sondern auf der Basis des richtigen Programms, d. i. des Czarenmanifestes: *dann ist der schönste und hoffnungsreichste Erfolg schon die Konstituirung dieser Konferenz selbst.* Und ihre erhabenste und grossartigste Leistung wäre, wenn sie es dazu brächte, *Fürsten und Völkern die Überzeugung von der Wohlthat, von der Unentbehrlichkeit ihrer* **Permanenz** *beizubringen.* So wüchse sie empor mit immer grösseren Zielen als aufsprossender Kern einer überstaatlichen, leitenden Centralbehörde für Weltrecht, für Fortschritt, Versittlichung und Veredlung der Menschheit. –

Das zwanzigste Jahrhundert würde sich dann erst auf's Glänzendste von all' seinen Vorgängern differenziren und abheben. An die Stelle der bisherigen rohen, empirischen Entwicklung der menschlichen Zustände, wo trotz allem materiellen Fortschritt, trotz sinnlichen Raffinements und Überraffinements, das wahre, von allgemeiner Befriedigung und gehobener Sittlichkeit unzertrennliche Glück ein von den meisten Menschen nie begrüsster Gast auf Erden ist, – träte der bewusste, von berufenster Stelle, wie von einem

Menschheitsgehirn aus, geplante und realisirte, vernünftige Fortschritt! Das walte Gott!

Hemmungen, Störungen, Rückfälle, darauf würde man sich gefasst halten müssen. Die *homines bonae voluntatis* sind nicht die zahlreichsten, und auch diese sind keine Engel, und nicht immer klare Köpfe, *scientes bonum et malum*. Aber Goethe würde doch Recht behalten: „So nimmt ein Kind der Mutter Brust / Nicht gleich im Anfang willig an, / Doch bald ernährt es sich mit Lust."

Wien. Moritz Adler.

ABRÜSTUNG UND ENTRÜSTUNG[14]
Mai 1899

1. |

Es giebt Menschen, die in ihre Ketten verliebt sind. – oder doch diese Verliebtheit heucheln und aufdringlich. zur Schau tragen. – Im Dienste der sechsten Grossmacht ist die Zahl dieser Kettenträger Legion, und etwaige höchstseltene Ausnahmen bestätigen nur die Regel. –

Bei gewissen der Kettenliebe unerwünschten Anlässen veranstalten diese Kettenträger der Presse ein über die ganze Welt rasselndes, wüthendes Kettenklirren, um das *untoward event* im Korybantenlärm zu ersticken. – Nur zu oft glückt's ihnen. – Hoffen wir, dass diesmal die Stimme der Wahrheit und Nicolaus II. das Kettengerassel der befreiungsunwürdigen Sclaven überdröhnt. –

2. |

Schiller: „Es liebt die Welt, das Strahlende zu schwärzen, und das Erhabene in den Staub zu ziehen." – Hoffen wir, dass Nicolaus II. alle Niedertracht und allen „Widerstand der stumpfen Welt" *anticipando* in seinen Calcül aufgenommen hat. – Beim ersten Schritt zur

---

[14] Textquelle | Moritz ADLER: *Abrüstung und Entrüstung*. In: Die Waffen nieder! 8. Jg. (1899 [Heft 7/8]), S. 292-296.

Ausführung müsste er ja sonst erlahmen am Schreck, am Ekel über Undank, Unverstand und erlogenes „Kannitverstahn". – Und er hätte das Recht zum Unglück von Mit- und Nachwelt sich zu trösten: *In magnis voluisse sat est.*

3. |

Ein Beispiel! N. Fr. Presse", Leitartikel vom 28. März 1899. Es wird ausgeführt, „das Manifest sei nur in der Sprache der Pathetiker eine That." Wirkliche Thaten: Armeereduction der ungeheueren russischen Armee auf einige zur Sicherung der öffentlichen Ordnung genügende Gendarmeriecorps" u.s.w. hätten „unverweilt" folgen müssen, „wahrlich, dann stünden wir am Anbeginn einer neuen Zeit." – Aber so: „Diplomatenconferenz im Haag" – „*Nascetur ridiculus mus.*" –

Von dem Mäuslein, das dem kreissenden Berg entspringt, ist's doch nicht soweit zum Frosch der Fabel, der sich zum Elephanten aufbläst: und wäre der Artikelschreiber selbst weniger aufgeblasen veranlagt, so wäre er zu vorsichtig gewesen, von der Maus zu sprechen, um den Leser nicht an den sich aufblasenden Frosch zu erinnern. – Als ob nicht ein Kind wüsste, dass kein Staat und Russland am allerwenigsten einseitig abrüsten kann – weniger noch wegen lauernder Nachbaren, als weil, in Folge des bisherigen Mangels aller internationalen Rechtsordnung bei Zwistigkeiten zwischen Staaten, und in Folge der hieraus entspringenden unverantwortlichen Rüsterei und Spionirerei, die grossen Heere hauptsächlich deshalb unentbehrlich geworden sind, *um die verelendigten, verzweifelnden Massen überall, vor Allem gegen sich selbst zu schützen, auf dass sie nicht in blinder Raserei sich selbst tödtliche Wunden schlagen.* Die Abrüstungen, Reductionen, die Beseitigung des über die ganze Welt durch die Steuerschraube betriebenen finanziellen Raubbaus sind köstliche Preise, des Schweisses aller Edlen und Einsichtigen werth. – Sie sind jedoch utopisch in dem Augenblick, wo man mit dem prophetischen Mäusleinverkünder der „N. Fr. Presse" an die Möglichkeit des dem Czaren zugemutheten Taschenspielerkunststückes – – „1, 2, 3, keine Hexerei, meine Herren, nur blosse Geschwindigkeit", glaubt oder *zu glauben vorgiebt.* –

4. |

Der Leitartikel desselben Blattes vom 7. April 1899 debutirt mit der nachstehenden Enthüllung:

> „Die Vereine der Friedensfreunde hätten mit all ihrer Agitation niemals auch nur ein winzigstes Theilchen des Echos geweckt, welches der Abrüstungsvorschlag des Czars hervorrief, und was ihnen mit überlegenem Lächeln und skeptischem Achselzucken als blasse Utopie angerechnet wurde, bekam unter dem sympathischen Staunen der Welt sofort Gestalt und Form, weil es der Czar und dessen Regierung waren, welche die Friedens- und Abrüstungsidee zu der ihrigen machten."

Da ist ja Bismarck prachtvoll von einem Journalisten – „einer genäschigen Fliege, herumirrend auf den Tafeln der Klio" – überbismarckt! Wenn Jener sich in dem bekannten Briefe an Bühler über diesen mit dem Antrag lustig macht, Bühler möge überall nur erst selbst zum Rechten schauen, und die übrigen Mächte gewinnen, Deutschland werde dann schon folgen: so macht der geistvolle Entdecker jener tiefen Wahrheiten, eigentlich z. B. der Baronin Suttner den doch nicht ganz gerechten Vorwurf, dass sie, ausser Verfasserin des epochalen Romans, – der nebenbei nicht „ein winzigstes", wohl aber ein gewaltiges Echo erweckt hat, – nicht auch noch – Czar Nicolaus II. ist. Dieser schlimme Vorwurf trifft dann freilich, von dem grössten und gottinnigsten aller Friedensfreunde, Christus, angefangen, auch Spinoza, Grotius, Charles de St. Pierre, Kant, Alexander v. Humboldt, Goethe, Tolstoi, und so viele andere Leuchten des Geistes und des Friedens, die die langen Jahrhunderte hindurch an der Vorbereitung der geistigen und moralischen Atmosphäre gearbeitet hatten, in der ein Nicolaus II. den belebenden Odem für seine Initiative der That schöpfen konnte. – Wahrhaft grosse Männer der That sind eben deshalb gross, weil sie als praktische, opferbereite Weltverbesserer stets die Vollstrecker der Vermächtnisse edler Geisteshelden sind. Wenn Jean Paul so schön sagt: „Die Lampe des Philosophen ist die Sonne der gebildeten Welt", so scheint er von den Philosophen nicht zu verlangen, dass sie russische Czaren oder überhaupt Machthaber zu sein haben, um „auf ein winzigstes Theilchen von Echo" für ihre Lehren rechnen zu dürfen. Aber freilich müssen's echte Philosophen sein von ganz anderem Kaliber als z. B. der Philosoph des Unbewussten, Ed. von Hartmann, mit dessen über den Frieden in stolzer philosophischer Unbewusstheit verkündeten Orakeln, die nächste Betrachtung sich beschäftigen soll. –

5. |

„Erlauben Sie mir, dass ich mich gegen die Meinung wende, die man sich anstrengt allerorten zu befestigen, dass die Rüstungen die Nationen brandschatzen. Das ist ein Vorurtheil oder vielmehr ein thatsächlicher Irrthum. In der That sind die Rüstungen von den verschiedenen Staaten niemals stärker betrieben worden als gegenwärtig, aber niemals war auch der allgemeine Reichthum beträchtlicher als zur Zeit, der Wohlstand der Völker war niemals grösser und nie so weit verbreitet, als eben jetzt."

Diese Stelle stammt aus einer Unterhaltung eines Mitarbeiters der „Indep. Belge" mit dem „berühmten" „Philosophen". Gegen welche dieser mit kühler Vornehmheit vorgebrachten Absurditäten soll sich strafende Entrüstung zuerst wenden? Geht hin, Ihr hungernden Enterbten, denen der Löffel Bettelnahrung von der unsichtbaren Gespensterhand der ewigen Rüstung von den lechzenden Lippen gerissen wird, ohne dass Ihr unselige Arme im Geiste den Schöpfer Eurer Tantalusqualen so recht deutlich ahnet. Nun kennet Ihr ihn, oder vielmehr sie, die herz- und gedankenlose Gesinnung, die Euch zu Eurem Loose verurtheilt. Gehet hin, Ihr, die Ihr doch gewiss auch zu der „Nation" und zu den „Nationen" gehört, die nach der Meinung Ed. v. Hartmann's von den Rüstungen „nicht gebrandschatzt werden". Lasst Euch von ihm dociren, dass Euer Hunger „ein Vorurtheil oder vielmehr ein thatsächlicher Irrthum ist". Er wird Euch zugeben, dass „die Rüstungen in den verschiedenen Staaten niemals stärker betrieben worden, als gegenwärtig." Er wird aber bedächtig und als Mann, der das ganz genau wissen muss, hinzusetzen, *„aber niemals war auch der **allgemeine** Reichthum beträchtlicher als zur Zeit, der Wohlstand der Völker war niemals grösser, und **nie soweit verbreitet**, als eben jetzt."*

Ihr gehört also entweder trotz Eurer ungeheueren Zahl, und trotz Eurer die Werke der Civilisation hämmernden Fäuste, *nicht* zur „Nation", oder, was Ihr bisher selbst nicht gewusst oder künstlich versteckt habt, auch Ihr seid **„allgemein reich"**, und der Wohlstand war nie, auch unter Euch, **„so weit verbreitet als eben jetzt"**. – –

Aber nehmen wir an, die Nationen wären wirklich „allgemein reich" und „der Wohlstand wäre nie so weit verbreitet gewesen als eben jetzt", während das unerhörte Anschwellen des Reichthums der Einzelnen und das durch die Rüstungen vorzüglich behinderte Emporsteigen des Proletariats die traurige Wahrheit bilden: wäre damit die ewige Rüstung, das zwecklose Vergeuden, das, in Werke und Thaten des vergiftenden Hasses Umsetzen der Nationalreichthümer gerechtfertigt? – Kömmt ein Rothschild, der täglich ganz automatisch reicher wird, deshalb auf die Idee, seine Keller mit den gefährlichsten Brand- und Explosivstoffen zu füllen, anstatt mit köstlichen Weinen und anderen guten Dingen? Ein Crösus der Gegenwart thesaurirt, er kauft theuere Jagdgründe zusammen. Hat Parks und Schlösser, gründet wohl zur Abwechslung auch ein Spital, Museum oder Schule, aber er fühlt sich nie bemüssigt, das Erworbene in der jämmerlichen Weise zu vergeuden, wie die reichen und die armen Staaten dies unter dem Titel der Rüstungen thun.

Ja, wird Herr v. Hartmann sagen, für die Crösusse aller Staaten, rüsten eben die Staaten, da ist der einzelne Crösus der Mühe überhoben. Ich aber sage, so gut wie der Einzelne kann es der Staat, die Nation auch haben, wenn nämlich jede Regierung von den Völkern ihre Pflicht der Theilnahme an der Begründung des Staatentribunals behufs Ermöglichung der Abrüstung zu erfüllen, genöthigt wird. Dass dies aber die dringlichste aller Pflichten, und die einleuchtendste aller Möglichkeiten ist, wird dem höchsten wie dem einfachsten Verstande weit glaubhafter erscheinen, als die These, dass die Rüstungen die Nationen nicht brandschatzen, und dass *der Reichthum nie so allgemein, so weit verbreitet gewesen sei als eben jetzt*, woraus natürlich folge, dass man *le coeur léger* weiter rüsten, vergeuden, und überflüssige Menschenschlächtereien vorbereiten dürfe. Die Lampe eines solchen Philosophen ist nicht nach Jean Paul die Sonne der gebildeten Welt, sondern Irrlichtertanz über Miasmensümpfen. Dafür aber ist man „berühmt". –

6. |

Der Schriftsteller, der die Feder ansetzt, um über Krieg und Frieden principiell entscheiden zu helfen, sollte in feierlicher, priesterlicher

Stimmung, höchster Verantwortlichkeit und der Pflicht sich bewusst sein, sein Bestes, Tiefstes, Gründlichstes, Wahrstes zu geben. Er entscheidet in Wahrheit nicht für das körperliche, aber für das Auge des Geistes, über Wohl und Wehe, Leben und Tod mitlebender und ungeborener Generationen. Uns armen, beschränkten Menschen ist es ja nicht beschieden Finder der absoluten Wahrheit zu sein, die nach Lessing's schönem Gebete nur Gott, dem Vater, gehört: aber Wahrheitssucher sollen, müssen wir sein um der Achtung Anderer, mehr noch unserer Selbstachtung willen. Dem, was der Schriftsteller geschrieben, muss ich es an jedem Satze anmerken können, dass er die Wahrheit, seine Wahrheit, redlich gesucht und unzweideutig ausgesprochen hat. Flunkerei, Leichtfertigkeit auf solchen vulkanischen Gebieten sind unverzeihliche Sünden auch gegen den guten Geschmack. Aber über den armen Frieden bekommen wir oft gedruckt, wenn nur eine berühmte Flagge das sehr fragwürdige Gut deckt, Dinge zu lesen, dass man den Eindruck empfängt, der Autor schenke gewiss der Frage nach Zusammenstellung seines Menus oder der Wahl der Tischweine ein gründlicheres Nachdenken, als der weltbewegenden Frage, über die und mit welcher er der Welt seine Expectoration zum Besten giebt und die Welt zum Besten hält.

7. |

Horaz sagt: *Exegi monumentum aere perennius,* und beruft sich auf seine Werke, Heine spricht vom „Heer von ewigen Liedern auf die Augen seiner Geliebten", Goethes Faust darf ausrufen: „Es kann die Spur von meinen Erdentagen nicht in Äonen untergehen." Aber auch ich gestatte mir, in so vornehmer Gesellschaft und noch dazu mit dem winzigen Gepäck eines einzigen lateinischen Wortes, als Unsterblichkeitscandidat aufzutreten. Und zwar nur mit der funkelnagelneuen Substitution eines lateinischen Wortes für ein anderes.

Seit mehr als zwei Jahrtausenden, schrieb, sprach, heuchelte, faselte man *„Si vis pacem para bellum."* Aber als Motto meines offenen Sendschreibens an Prof. Bilbroth schrieb ich als Erster *„Si vis pacem, para pacem."* Und der Czar Nicolaus II. scheint sogar nach meiner Variante sich richten zu wollen.

Wien.   Moritz Adler.

(Article réponse à l'enquète de L'Humanite nouvelle)

Die Kriege unserer Tage haben eine Unzahl von scheinbaren Gründen, richtiger Anlässen, aber allesammt nur einen einzigen wahren Grund, den Krieg als Institution. Bismarck hat das Wort „Unterströmung" geprägt. Die Unterströmung all der nichtsnutzigen Politik, der albernen Kriege, der absurden Rüstungen, ist nun der Krieg als Institution.

Das scheint eine ausserordentlich triviale Wahrheit zu sein, und doch ist sie es weder, noch kann ihre Wichtigkeit in ein genug helles Licht gesetzt werden.

Diese Unterströmung ist nämlich überall das Entscheidende für die Schiffbarkeit des politischen Stromes. Ein Krieg bricht aus wegen Schnäbele, Dreifuss, China, Philippinen, Cuba, Creta. Das heisst im besonderen Falle nichts anderes, als dass ein, zwei, drei Staatsschiffe auf die Klippe Militärspionage, Colonienhunger, Turkish atrocities, aufgefahren sind. Und da giebt es wieder zweierlei Capitäne auf den betreffenden Schiffen. Die einen haben die Wirbel nicht zu vermeiden vermocht oder verstanden – das sind dann die noch relativ gerechten Kriege. Die anderen haben gute Karten, kräftige Maschinen gehabt, sie hätten dem Wirbel ausweichen können. Sie hatten aber ihre guten Gründe, ihr Glück zu probiren. Ruhm, Dotationen, Arrondirungen winkten ihnen und ihren Staaten, wenn das schwächere Fahrzeug und nicht das ihre an der Klippe zerschellte, oder doch die stärkeren Havarien davon trug. – Das sind dann die ungerechten, die von der einen Seite gesuchten, die Prätextkriege. – Der wahre Grund all dieser Kriege, ob sie dann in der Geschichte als deutsch-französischer, spanisch-amerikanischer, als Erbfolge-, als Präventiv-, Defensiv-. Religions- oder Handelskrieg etiquettirt, ob sie relativ gerecht oder absolut ungerecht und unentschuldbar sind,

---

[15] Textquelle | Moritz ADLER: *Die wahren Gründe des Krieges als Institution und ein Ministerium für Frieden und Fortschritt.* In: Die Waffen nieder! 8. Jg. (1899 [Heft 10/11]), S. 361-374.

bleibt doch immer das Riffgebirge unter dem Wasserspiegel, der Krieg als Institution, mit seinen zahllosen, auf der Karte des Politikers als Militärspionage, Länderhunger, atrocities u.s.w. verzeichneten Klippen. Hat aber die vorgeschrittene Technik unserer Tage ihr Meisterstück an der Beseitigung der Unterwasserriffe der Donau beim eisernen Thor geleistet, so kann gewiss das bessere Wissen und die Humanität unserer Zeit keine dringendere Bethätigung finden, als durch Sprengung der grossen moralischen Klippenbank des Krieges als Institution, gerechte und ungerechte Kriege aller Sorten und Namen einfach unmöglich zu machen.

So lange das aber nicht geschehen, so lange der Frieden als Institution den Krieg als Institution nicht abgelöst hat, ist es kindlich und zwecklos, gegen die Kriege zu peroriren. Nicht *sint*, wie in dem Worte über die Jesuiten, aber *sunt ut sunt*, heisst es da, und freilich weiter, *sed non sint*. Es muss Kriege geben, solange es keinen Richter, keinen wahren Frieden giebt. Es muss ungerechte Kriege geben, weil die Menschen keine Engel sind, noch je sein werden. und weil es Ärgerniss in der Welt geben muss, wenn man die Quelle desselben nicht abgräbt. Es muss gerechte Kriege geben, weil selbst ein nichtswürdig angegriffener Engel sich seiner Haut wehren wird, und weil die asketische Moral des Evangeliums vom Reichen der anderen Wange nach empfangenem ersten Backenstreich jede Cultur, jede Staatenbildung ausschliessen und das ausschliessliche Floriren der Gewaltthätigen zur Folge haben würde. Für den Ausschluss der Kriege ist der Richter, der geschützte Frieden die absolute Vorbedingung. Fehlt diese, so ist der Krieg das sogar absolut nöthige Ventil. Die Welt kann und könnte ohne ihn nicht bestehen, wenigstens nicht die Welt des Werdens, des Pantarrhei, in der wir leben. Verknöcherung, Erstarrung wäre Vorbedingung wie Folge der Krieglosigkeit in einer Welt, in welcher für den richterlichen Frieden nicht vorgesorgt wäre.

Die Gründe oder Anlässe der Kriege der Gegenwart sind also Legion, von der albernsten Camarilla-, Boudoir-, Cabinetsintrigue angefangen bis zum Wuthschrei unmenschlich behandelter und ausgesogener Völkerschaften, von den speculativen Calculs der mächtig über den Zeitungsballen der diversen gelben Pressen thronenden Zucker- und Börsenbarone, bis zum empörten Rache- und Strafaufruf eines Gladstone für armenische atrocities. Sie besitzen aber keine principielle Wichtigkeit, sie wurzeln alle in der Institution des Krieges als in ihrem allgemeinen Nährboden, und ich eile daher, mich mit den in der Gegenwart wirksamsten Gründen der Institution selbst zu beschäftigen. –

Vor allem constatire ich unter den Gründen, welchen die Institution des Krieges ihre ganz ausserordentliche Zähigkeit verdankt, einen höchst merkwürdigen Circulus vitiosus. Eine jede Institution hat ihr *Erprobungsbedürfniss*, also auch die so machtvolle und einflussreiche Institution des Krieges. Und gerade die tüchtigsten Kräfte und Organisatoren des Krieges empfinden naturgemäss jenes Erprobungsbedürfniss am Stärksten, schon weil sie mit Recht von der mangelnden Erprobung durch den Ernstfall das Einrosten des ihnen theuern Berufes befürchten. Die muthigsten Soldaten und genialsten Generäle sehnen sich trotz gelegentlicher Friedensphrasen, die nun einmal dazu gehören, am meisten nach Kriegen. Ein Napoleon I. war im Kriege in seinem eigentlichen Element, und wir wissen, dass beim deutsch-französischen Kriege Moltke Bismarck gegenüber das antreibende, ungeduldige Element war: ja, dass er schon lange vor dem Kriege Bismarck ganz einfach für den Präventivkrieg gegen Frankreich gewinnen wollte. Anlässlich der Discussion über den geheimen, vom zürnenden Bismarck enthüllten deutsch-russischen Neutralitätsvertrag, den ich im Hinblick auf Preussens Treue zu Oesterreich und Italien den deutsch-russischen Hinterrücksversicherungsvertrag genannt habe, las man staunend im Leitartikel der „N. fr. Presse" das folgende aus Friedrichsruh verrathene Bekenntniss einer schönen Seele: Ein hoher russischer Diplomat äusserte Mitte der siebziger Jahre – in einem Gespräche mit einem hohen deutschen Staatsmann – „Russland sei unruhig, es habe zwanzig Jahre Frieden gehabt, seine Armee verlange Beschäftigung, das Bedürfniss nach Orden und Avancements erheische irgend welche kriegerische Unternehmungen." Das ist doch eben so deutlich als schamlos. –

Dieser eine Umstand nun, dieses *Erprobungsbedürfniss* der Armeen für sich allein, würde es schon in der Welt zu einer krieglosen Zeit nicht kommen lassen, wenn sich auch einmal *par impossible* das Phänomen eines ohne Anlass zum Staatenhader verlaufenden Jahrhunderts ereignen sollte. Es kommt also aus diesem Grunde allein von Zeit zu Zeit zu Kriegen, die ich innerlich „*Übungskriege*" nenne, seitdem ich in der Correspondenz des spätern Kaisers Wilhelm I. mit General Oldwig v. Natzmer (1825) den Satz gelesen habe: „Wir haben zehn Jahre Frieden, da wird vieles alt, das kann einer preussischen Armee nichts nützen, die nur durch Kraft und Nerv (das war der Vorläufer von ‚Blut und Eisen') emporgehalten werden kann." Nun genügt ein einziger solcher Krieg, einmal um für den Uneingeweihten das Auftreten der Kriege als naturgewollt und unvermeidlich erscheinen zu lassen, und ferner, um bis zum nächsten Kriege allen Staaten, nicht bloss denen, die das letzte Mal gerauft haben, zu langen Jahren voll unerträglicher Rüstungen, voll abscheulicher Erfindungen und wechselseitiger Bespionirung zu verhelfen. Dieser Zustand, den man sich nicht schämt ‚Frieden' zu nennen, wird seinerseits unerträglich, reizt die Bevölkerungen zur Verzweiflung und zu Thaten der Verzweiflung, zu Mord und Selbstmord. Man jammert dann über Anarchie und subversive Doctrinen, und das Ende ist gewöhnlich wieder ein Krieg gegen einen stets leicht zu beschaffenden äusseren Feind. Dieser Krieg ist dann in Wahrheit ein *Verlegenheits-, ein Diversionskrieg, bei dem im Grunde das eigene Volk von und auf beiden Seiten bekriegt wird. –* Das ist der typische und klassische Circulus vitiosus.

Ein missverstandener, aber aus edler, unschuldiger Quelle strömender Idealismus ist gleichfalls ein mächtiger Nährvater der Institution des Krieges: und diese Seite wird denn auch von den über dem unzurechnungsfähigen Durchschnitt stehenden Vertretern des Culturwerthes des Krieges weidlich ausgebeutet. Das Volk, in seinen zahlreichsten Schichten noch gläubig naiv, äusseren Eindrücken vor allem zugänglich, und zur Prüfung des Kerns der socialen und politischen Erscheinungen unfähig, denkt sich den Herrscher am liebsten unter dem Bilde des Helden. Und Held ist ihm wieder vor allem der auf stolzem Rosse einhersprengende Reitersmann mit wehendem Federbusch und in der farbenprächtigen, goldstrotzenden Uniform; wenn auch übrigens das Herz, das unter dem Dolman schlägt, alles, nur kein Heldenherz ist. Das junge Mädchen, welches an den jungen Offizier sein Herz verliert, sieht entzückt seinen Helden in ihm, wenn es auch bei dem Gedanken einer Gefahr für ihn zittert, und ihn anderseits bei der Seltenheit und Kürze der heutigen Kriege gerade vom Standpunkte der sicheren, ruhigen Versorgung aus für eine gute Partie hält.

Und ebenso ist die Form, in welcher sich im Schlachtenkriege die Tugenden der Selbstverleugnung, der Tapferkeit, der Aufopferung, des Gehorsams manifestiren, diejenige, die den Massen weit stärker imponirt, als dieselben Tugenden, wenn sie sich in schlichter Bürgerlichkeit am Krankenbette, im Berufskampf mit den feindlichen Elementen, im Bergwerk, auf dem Meere, auf den schwindelnd hohen Dache des Thurms, im Dienste der Cultur, der Wissenschaft und der Nützlichkeit, bethätigen, anstatt wie im Kriege sich in den Dienst einer falsch gedachten, schädlichen und überlebten Institution zu stellen.

Durch diesen falschen Schein des Idealismus verklärt, schlägt die Institution besonders starke Wurzeln in den dynastischen und plutokratischen Kreisen, wenn es sich da auch oft nur um Aussenseite und Repräsentation dreht. Der prinzliche oder mammongesegnete Jüngling absolvirt ein nothdürftiges Exercier- und Reglementspensum, und hat plötzlich einen als der ehrenvollste unter allen angesehenen Beruf, der ihn im Durchschnitt, da oft und in der Regel mehrere Jahrzehnte ohne Schlachtenkrieg vergehen, zu keiner eigentlichen praktischen Leistung verpflichtet. Er stolzirt in einem die Damenwelt besonders bezaubernden Ehrenkleide, das unklare Vorstellungen von Gefahr und Heldenthum im naiven Beschauer erweckt, wenn sein Träger sich darin auch so sicher und ruhig fühlt und fühlen darf, wie in Abraham's Schoos und in seinem Schlafrock. Wie stolz blickt nicht das Millionärtrifolium Vater, Mutter und Braut auf den jungen Helden von Schneiders Gnaden, der, ein *fruges consumere natus*, nun oft nur die Aufgabe zu haben glaubt, in Sport und Spiel zu vergeuden, was die Ahnen in rechtschaffener Arbeit oder auch in ehrloser Ausbeutung der Verhältnisse und ihrer Mitmenschen errafft haben.

Ein Potentat hat acht heranblühende Söhne, und, nehmen wir an, eben so viele der Versorgung entgegenreifende Töchter. Was sollen die Söhne werden? Kaufleute, Fabrikanten, Pastoren, Banquiers, Handwerker, Landwirthe? So als Nebenbeschäftigung sind Handwerk und Landwirthschaft für Prinzen seit jeher ja allerdings beliebt; aber als Beruf? Nein, sie alle, vom Kronprinzen angefangen, werden vor allem Militärs. Und an wen werden die acht Prinzessinnen verheirathet? Selbstverständlich wieder an Berufmilitärs. Um nun das Heer von Prinzen und Prinzessinnen, in Deutschland zum

Beispiel von 31 regierenden Fürstenhäusern, ausschliesslich in dieser einen allein standesmässigen Carriere unterzubringen, dazu allein schon muss die Institution des Krieges herhalten, die man, wie den lieben Gott erfinden müsste, wenn man sie nicht zum Glück besässe. Nun hat und hegt man also die Institution, deren Stellen mit dem gentlemanliken Nimbus man für die hoffnungsvolle liebe Jugend nicht entbehren könnte noch möchte, wenn sich auch in hundert Jahren nicht ein einziges Mal ein schwarzer Punkt am politischen Horizont, geschweige ein rechtschaffener *Casus belli*, einstellen wollte. Hat man aber die Institution, so muss sie auch hin und wieder Gelegenheit erhalten, ihre Künste zu zeigen, und dass man nicht sein Geld und seine Mühe in den langen Friedensjahren zum Fenster hinausgeworfen hat. Und so fort *cum gratia in infinitum.* –

Ich sprach von dem der Institution des Krieges für die leicht zu blendenden Augen der Massen anhaftenden falschen Schein des Idealismus. Ich erzähle nun zwei Thatsachen, die auch das verblendeteste Auge sehend zu machen im Stande sein sollten.

Vor einigen Jahren erhielt ich eine buchhändlerische Einladung zur Subscription auf ein encyclopädisches, von einem österreichischen Volksschullehrer herausgegebenes Werk über die Fächer des Volksschulunterrichts, mit Stilproben aus den einzelnen Materien. Die Probe aus dem Geschichtsunterricht trug die Überschrift „Das Jahr 1866". Im Norden, wird den Kindern erzählt, verfolgte das Unglück die kaiserlichen Waffen bei Königgrätz u.s.w. ... *„Im Süden jedoch wurde die* **Schmach** (!) *Italiens (des Dreibundbundesgenossen!) besiegelt bei Custozza und Lissa."* – Ich verzichte auf jeden Commentar.

Ein Seitenstück! Napoleon I. dictirte dem Grafen Las Casas auf St. Helena für seine Memoiren, er habe einst während des Feldzuges in Savoyen auf dem Col de Tende den Besuch einer Dame, einer Jugendfreundin, empfangen, die ihm als jungem Officier in Toulon und Paris zahlreiche Dienste geleistet hatte. Er nahm sie mit Auszeichnung auf, und geleitete sie persönlich durch seine Befestigungen als Kriegs-Cicerone. Um ihr ein recht anschauliches Bild des Krieges zu bieten, liess er aus einer Schanze einige Kanonenschüsse abfeuern, „die sofort vom Feinde erwidert wurden, und einige französische Soldaten fielen sofort als Opfer seiner Courtoisie für die Jugendfreundin. Er werfe sich das noch heute vor, da er mit den Schüssen sonst keinen praktischen Zweck beabsichtigt habe und die

Leute also zwecklos geopfert wurden. Er knüpft daran die Bemerkung, dass dieser Vorfall als warnendes Beispiel für die Gewissensabstumpfung gelten könne, welche die Routine, die Gewohnheit in gewissen Institutionen mit sich führe. – Armer Napoleon, der selbst auf St. Helena, nachdem er Frankreich nach all seinen Siegen und Niederlagen verkleinert und gedemüthigt zurückgelassen, sich nicht einzugestehen vermochte, dass nicht nur die drei oder vier Opfer vom Col de Tende, sondern auch die vier Millionen Franzosen und Nichtfranzosen, von ihm gleichfalls *zwecklos*, nämlich der Chimäre des falschen Ruhmes, geopfert worden waren! –

So wie Ärzte und Naturforscher beobachtet haben, dass es eine Art von Vicariat der Sinne giebt, kraft dessen der Organismus für die mangelnde oder mangelhafte Funktionirung des einen Organs durch eine grössere Leistung eines anderen entschädigt wird, der Blinde meist schärfer hört, der Taube schärfer sieht, als der gewöhnliche vollsinnige Mensch, so giebt es auch *ein Vicariat der Institutionen*, wonach infolge des Fehlens einer wichtigen Institution oder ihrer fehlerhaften Organisation, oder auch infolge mangelhafter Arbeitstheilung, eine andere Institution wohl oder übel Aufgaben zu erledigen übernimmt, die ihr bei logisch sachrichtiger Vertheilung der gesellschaftlichen und staatlichen Aufgaben nie hätten eingeräumt werden dürfen. Aus diesem Umstand schöpft die Institution des Krieges in der guten Meinung der Uneingeweihten, zu denen trotz aller Friedensvereine unter einer Million Menschen immer kaum einer nicht zählt, einen ungeheuren Nutzen. Der Laie, der sehend Blinde und Gedankenlose, glaubt mit voller Ruhe an die Potemkinschen Dörfer, die das Wirken dieser Institution ihm vor's Auge zaubert. Er sieht oder glaubt zu sehen, wie breiteste Schichten der Bevölkerungen, erst durch diese Schule hindurchgehend, durch Nachtragsunterricht, Befreiung von knechtischer an die Scholle gefesselter Arbeit, Turnen, Bewegung in freier Luft, menschenwürdigere Kost und Kleidung, sich aus dumpfer Thierheit zum Menschthum erheben. Er sieht eine ganze Menge höherer wissenschaftlicher und Culturinteressen, vom chemischen Laboratorium und den Triangulirungs- und Mappirungsarbeiten angefangen bis zur Erforschung neuentdeckter Länder, bis zur Polar-, Erdmagnetismus- und meteorologischen Forschung, durch die Armee-, Marine- und aeronautischen Institute, vertreten und unterstützt. Das alles sieht er, und es sind doch nur Potemkinsche Dörfe, die er sieht. Denn gerade das, was er nicht sieht und nicht sehen kann, weil seinem geistigen Auge der durchdringende Röntgenstrahl tiefschürfender Intelligenz fehlt, gerade das ist das Wichtige und Entscheidende für den Denker und Forscher.

Er sieht nämlich dreierlei nicht. Erstens, dass alle diese von mir gewiss unparteiisch registrirten Leistungen der militärischen Institutionen, im Sinne richtiger Arbeitstheilung anderen durch ihre Tendenz dem Krieg geradezu gegensätzlichen Institutionen anvertraut sein sollten, um unendlich werthvollere Resultate zu zeitigen. Alle die aufgezählten, vom Krieg im übertragenen Wirkungskreise höchst mangelhaft, weil nur als *Mittel zum schlimmen Zweck* besorgten Aufgaben, repräsentiren wichtige Anliegen der Menschheit, die vielmehr als Selbstzwecke von den entsprechenden Institutionen der Schule, Hygiene, socialen Güterproduction- und Consumtionpolitik, und der Wissenschaft in all ihren praktischen Ausgestaltungen bearbeitet werden sollten.

Sodann heischt die Krieginstitution für den ihr zufallenden Antheil an der culturellen Entwicklung der Völker einen wahrhaft unerschwinglichen Preis, der die etwaige Leistung überall in die stärkste Schädigung der Bevölkerung verkehrt. Was frommt es z. B. dem durch die Steuerschraube und die allgemeine mit Krieg und permanenter Rüstung verknüpfte Unterbindung der Production und Consumtion proletarisirten Bauer, Pächter oder Fabriksarbeiter, dass sein Sohn im günstigen Falle nach den geopferten zwei, drei oder fünf Jahren ihm mit einigem angeeigneten Schliff und Bildung wiederkehrt? Er ist nun einmal Proletarier und der Sohn hat alle Aussicht, derselben Classe zu verfallen, anstatt aufsteigender Classenbewegung für Beide, die sofort einträte, sobald Krieg und Rüstung nicht neun Zehntel von dem verschlängen, was von Gott- und Rechtswegen der materiellen und geistigen Cultur und der edleren Lebenshaltung des Volkes zufallen sollte.

Und endlich die Hauptsache! Die Bibel hat ein ewiges Gleichniss gestempelt, indem sie vom goldenen Nasenring im Rüssel des Schweines spricht, und damit aussagt, dass alles Gute, Tüchtige, Edle entwerthet und entadelt wird, so wie es nicht wieder dem Guten und Edlen, sondern dem Schlechten, Schädlichen und Verkehrten sich dienstbar zu erweisen berufen wird. – Unbestechlichkeit,

Wachsamkeit, Eifer im Beruf und Tüchtigkeit sind gewiss, abstract genommen, herrliche Tugenden. Ob sie aber segensreich oder verderblich wirken, hängt doch vom Beruf oder der Institution ab, denen sie sich zur Verfügung stellen. Die Wachsamkeit und der Eifer des Ketzerrichters und Ketzerriechers der spanischen Inquisition hat nur schaden, seine Lauheit nur nützen können, das wird heute klar erkannt. Und so lässt sich wohl im geschichtsphilosophischen Sinne ein praktisches Gleichgewicht zwischen Fortschritt- und Rückschritttendenzen ahnen, weil, wenn das Gute in seiner Wirksamkeit durch die Trefflichkeit und die aufopfernden Leistungen seiner berufenen Hilfskräfte unterstützt und gefördert wird, ebenso oft auch leider dem Schlechten, Talent, Genie, Eifer, Tüchtigkeit zu glänzenden Siegen des Rückschritts verhelfen. An der Institution des Krieges ist dies am deutlichsten wahrzunehmen. Welche Summe von Talent, Wissen, von edlen Tugenden der Mannhaftigkeit, Disciplin, Aufopferungsfähigkeit, stellen sich theils aus inneren Antrieb, theils durch den Druck der Verhältnisse und des staatlichen Zwanges in ihren Dienst! Und darum lüftet auch der denkende Friedensfreund den Hut vor so vielen Angehörigen der Institution, die er doch als so schädlich erkennt und bekämpft. Aber der Durchschnittmensch vermag nicht sich zu solcher Unterscheidung aufzuschwingen. *Von dem Werthe und der Grossartigkeit ihres Apparates von Hilfskräften macht er den Rückschluss auf Werth und Berechtigung der Institution, anstatt diese selbst auf ihren Werth zu prüfen, und danach zu entscheiden, ob nicht all diese Herrlichkeit und Glanz ein Weltunglück vergolden.* „Das Tödten und Zerstören wird dadurch nicht schöner, dass es einen ungeheuren Apparat von Hilfsmitteln erfordert." So schrieb Gustav Freitag an seinen Freund und Verleger Salamon Hirzel in seinem Briefe vom 24. August 1870.

———

Durch die Initiative des Kaisers Nicolaus II. sind auf dem ganzen Erdball die gesunkenen Hoffnungen der Menschen vom guten Willen, der *homines bonae voluntatis*, neubelebt worden. Es war die höchste Zeit. Denn vielleicht noch nie im Laufe der Geschichte war gegen das bessere Wissen und Gewissen einer Zeit so frevelhaft, so unverantwortlich gesündigt worden, als in unseren Tagen durch die

Orgien unverhüllter Eroberungspolitik, entehrender Erfindungen und alberner, zwecklos aufreibender Rüstungen. Der überzeugteste, beharrlichste Friedensfreund war in Gefahr zu zweifeln und zu verzweifeln. Vielleicht haben die Gegner, die Realisten, die Menschenverächter, die ihr feistes Befinden ihrer Accommmodationsfähigkeit für das Leben im Sumpf verdanken, doch Recht? Vielleicht sind wir wirklich Utopisten, moderne Don Quichottes und Windmühlenbekämpfer? Vielleicht haben diese Menschen, diese Völker, diese Menschheit, in der That nur die Machthaber, die Regierungen, die Politik, die Kriege, die Rüstungen, kurz das Elend, das sie verdienen? –

Da kam plötzlich dieser lebenweckende Morgenstrahl, das Manifest, dieses edle *ex Oriente lux*. Ein junger, mächtiger Herrscher nannte plötzlich die Dinge bei ihren rechten Namen, beklagte die allgemeine Erniedrigung der Menschheit durch die unwidersprochene Herrschaft des Absurden, und verkündete in klaren, prunklosen Worten befreiende Wahrheiten, die ebenso viele kritische Keulenschläge waren für Dutzende von nach der Schablone des Scheinfriedens, des *si vis pacem para bellum statt para pacem*, zurechtgestutzten Thronreden und Botschaften.

Dass solche erleuchtete und erlösende Grundsätze, von so mächtiger Patronanz getragen, und unter den untrüglichen Zeichen der Aufrichtigkeit und Echtheit in Ton und Gesinnung, nach allen Richtungen der Windrose in die Welt hinaus schallen dürfen, ist an sich schon ein so exceptionelles historisches Ereigniss, ein so unerhörtes als unerwartetes Glück für Heil und Würde der Menschheit, dass nichts sehnlicher zu wünschen, als dass der grosse Moment überall Herzen und besonders Geister antreffe, die seiner werth und ihn zu nützen fähig seien.

Alle, alle Parteien mit ehrlichen Absichten und rechtschaffenen Streben haben die Pflicht, sich als zur Mitwirkung an dem grossen Werke berufen zu betrachten. Als auserwählt aber haben vor Allem zwei weltumspannende Vereinigungen sich anzusehen, die Socialdemokratie und die Friedenspartei aller Länder und Zungen.

Dass bisher zwischen diesen beiden Parteien nicht das volle brüderliche Einverständniss und einträchtige Zusammenwirken platzgreift, betrachte ich als ein Weltunglück und die Schuld vertheilt sich nach meiner Ansicht auf beide Lager. Träte jetzt angesichts der

Abrüstungsconferenz, der Pariser Weltausstellung und der Jahrhundertwende wechselseitiges Verständniss und Einverständniss ein, so würde das für den Fortschritt einen Siebenmeilenschritt bedeuten.

Nicht mögen die Führer der beiden die Hauptziele des menschlichen Fortschritts vertretenden Parteien wähnen, dass sie nach dem alten strategischen Recept getrennt marschiren und vereint schlagen dürfen. Sie müssen vielmehr auch vereint marschiren. Und die Friedenspartei hat diesmal im Vordertreffen zu kämpfen. –

Jeder denkende Friedensfreund ist *eo ipso* Socialist, und anerkennt, dass der Socialismus die unendlich wichtigere, grossartigere und umfassendere Organisation in's Leben zu führen berufen ist. Er weiss aber auch, dass seine Aufgabe die dringendere ist und den Vortritt beanspruchen darf und muss. Es giebt eine unerbittliche, logische Reihenfolge der socialen Probleme, und der denkende Socialist muss zu der Einsicht vordringen, dass er absolut nur Scheinerfolge zu erringen vermag, so lange durch Krieg und Rüstung in der ganzen Welt der Haupttheil des Ersparnisses nicht neuer Production und daher der Consumtion zu Gute kommt, sondern unproductiv, richtiger destructiv und demoralisirend, resorbirt wird. Und er muss sich auch sagen, dass, solange der Staatenkrieg nicht durch ein Staatentribunal mit Executionsrecht und Contingenten der Einzelstaaten absolut ausgeschlossen oder vielmehr auf die einzige Form des *gerechten Kriegs*, den *Executionskrieg*, beschränkt erscheint, ebenso lange es auch Kriege, kriegerische Verwickelungen und permanente Rüstungen geben wird. Und es wird vollkommen werthlos sein, ja eine Verschlimmerung bedeuten, wenn man wirklich den heissen Sehnsuchtstraum zur Erfüllung gebracht und das Milizsystem erkämpft haben wird. So hatte man sich die Ruthe der allgemeinen Wehrpflicht geflochten, und glücklich eine Acra der ungeheuerlichsten Rüstungen und permanenter Kriegsbedrohungen inaugurirt. Giebt es Armeen, und wenn sie auch Milizarmeen heissen, so bleibt Krieg, Kriegsdrohung, Kriegsrüstung und ewiger Kriegsalarm *in Folge der durch das Staatentribunal nicht gegenstandlos gewordenen hohen Politik* doch bestehen. Die Vergeudung von Kraft und Mark des Volkes und der Volkswirthschaft, und damit die gährende, gefährliche Unzufriedenheit in den verelendigten breiten Schichten des Volkes währt fort: und anstatt der fehlenden Arbeit

und des Brotes muss sich das Volk weiter mit den entgegenstarrenden Bajonetten seiner eigenen Söhne abspeisen lassen. In dieser Per-
spective steckt auch nicht ein Haarbreit Übertreibung – Und darum
sollen Demokraten und Socialdemokraten *vor Allem Abschaffung von
Krieg und Rüstung,* d. h. das Staaten- oder Welttribunal erkämpfen
helfen.

Die Friedensfreunde aber sollten strengere Selbstzucht üben und
praktischer werden. Praktisch ist eine kämpfende Partei vor Allen
durch Aufstellung klarer, für Jedermann zugänglicher und überzeugender Programme und Postulate. Im Schoose der Friedenspartei
herrscht jedoch in dieser wichtigsten Hinsicht, von ehrenvollen Ausnahmen, wie das unvergleichliche, schriftstellerische Wirken Ber-
thas von Suttner abgesehen, Oberflächlichkeit und Zerfahrenheit.
Jene Richtung z. B., welche Verweigerung der Kriegdienstleistung
predigt, ist so offenbar in gefährlichen, asketischen, den heutigen
Staat negirenden und ignorirenden Wahnideen verstrickt, dass aller
Glanz der ihr angehörenden Namen nicht über den grossen Schaden
solch utopischer Berathung für die Friedensbewegung hinweg zu
täuschen vermag. Die immerfort wiederkehrenden, wenn auch noch
so gutgemeinten Versuche, durch würdeloses, weil hoffnungsloses
Bitten und Vorstelligwerden den Gang der praktischen Politik,
wenn er sich zu Kriegen zugespitzt hat, zu beeinflussen, kann ich im
Interesse der Partei nur beklagen, und ich gestehe, dass ich mich an
derartigen Petitionen, die regelmässig eine und dieselbe schablo-
nenhafte, höflich negative Erledigung erfahren, nie betheilige. Die
zahlreichen auftauchenden Friedensschriften, Friedenskatechis-
men, die Resolutionen der Congresse zeugen häufig von völligem
Mangel an tieferer Erfassung von Problemen, die seichter Behandlung gegenüber spröde und unlösbar bleiben müssen.

Die Citatentafeln der Friedensvereine beweisen auf jedem Blatte,
dass die Partei, fast in derselben Weise wie die Regierungen, die
möglichst lange Vermeidung des Schlachtenkrieges, in Verbindung
mit der sklavischen Respectirung des oft unerträglichsten *Status quo*
und mit der unentwegten Steigerung des Rüstungkriegs, für die
baare Münze des Friedens nimmt. Auch ich habe mich zwar stets
aus tiefster Überzeugung gegen die Beseitigung eines noch so *absurden status quo,* der ganze Völker trotz ihrer Herzenssehnsucht nach
anderen Verbänden, als Accessorium der Scholle behandelt, um den

Preis eines frischen, frohen und fröhlichen Schlachtenkrieges, ausgesprochen. Dies jedoch nur aus dem einzigen Grunde, weil ich von
der Überzeugung durchdrungen bin, dass eine gründliche, wert-
volle Beseitigung der *status quo*-Misere absolut nicht durch Schlachten, sondern nur durch die Errungenschaft und durch das Wirken
eines Staatentribunals erreicht werden kann. Auch die durch Blut-
meere erkaufte italienische und deutsche Einheit bilden keine Widerlegung dieses Satzes. Dass solche politische Gebilde nämlich eine
weit höhere Verbürgung und Sanction besässen, wenn sie Schöpfungen des Rechts d. h. des Völkertribunals wären, statt stets von
knirschenden Niedergeworfenen und lauernden Nachbaren be-
drohte Resultate der Gewalt, und der gewissenlosen, die Völker
trostlos verhetzenden Blut- und Eisen-Politik, bedarf keines Bewei-
ses, und ist noch nicht das Allerärgste. Das Gefährlichste und Schäd-
lichste ist vielmehr, dass der auf dem Gedanken des ewigen status
quo aufgebaute Staat, nothwendiger Weise für die in ihm sich darle-
bende Volks- oder Völkerevolution zur lähmenden Fessel werden
muss, wenn für Elasticität und Veränderungsbedürfniss an Inhalt
und Form nicht vorgesorgt ist. Man erinnere sich nur z. B. an den
hochwichtigen volkswirthschaftlichen Gesichtspunkt betreffs der
Migrationen und des Fluctuirens der Arbeitermassen verschiedener
Nationalität, besonders der landwirthschaftlichen, aus einem Staat
in den anderen! Erst jüngst ist im österreichischen Reichsrath wegen
der unmotivirten Zurückweisung slavischer Arbeiter von den preussischen Grenzen zweifach interpellirt worden. Die Verschiebungen
nationaler Natur, durch das Vordringen und Sesshaftwerden cze-
chischer Arbeiter in dem deutschen Nordböhmen in Folge der nied-
rigeren Lebenshaltung und Lohnansprüche der Czechen, spielen in
der inneren österreichischen Nationalitätenpolitik eine hervorragende Rolle. Kurz das Bestreben, politischen Gestaltungen und
Gruppirungen Ewigkeit, statt ihren Entwicklungen Recht und
Schutz zu verbürgen, heisst fliessendes Wasser in der Hand formen
wollen, heisst einer ohnmächtigen, naturwidrigen Utopie nachja-
gen. Und des Staatstribunals höchster Segen wäre eben das nothwendige Verschwinden dieser heute weltbeherrschenden Utopie.
Denn wenn Logik und der Richterspruch über den politischen Streit
zu entscheiden hätten, anstatt der Gewalt, der List und des Zufalls,
dann hätte die unselige Grossstaatsucht, der übertriebene Souve-

ränitätsrausch, die Überschätzung des politischen Machtmoments in Grösse des Territoriums und der Bevölkerungszahl, als Substrat völkerrechtlicher Gewaltstreiche, gar bald ihr Ende erreicht. Man würde dann einsehen: Der **Staat** (als Institution) *ist eine Nothwendigkeit,* **der** (oder jener) *Staat aber* (von just so und so viel Quadrat-Kilometer, so und so viel Seelen u.s.w.) *keineswegs.*

Endlich differenziren sich die Friedensgesellschaften z. B. in ihrer Stellungnahme zu den Bestrebungen und Aufgaben des rothen Kreuzes, ganz und gar nicht von der Scheinfriedenstendenz der Philister. Ihr Abgott ist Henri Dunant[16], über welchen ich einst an Frau Baronin von Suttner schrieb: *In meinen Augen bleibt Dunant doch immer nur der privilegirte Hofgewisseneinluller, und Umhänger des Humanitätsmäntelchens für das in seiner Nacktheit weniger abstossende, grinsende Scheusal* **Krieg.** Welcher logische Kopf sollte nicht einsehen, welches Mutter- oder Vaterherz nicht empfinden, dass jeder für *zu* **Verwundende zukünftiger, zweckloser Kriege** (denn weshalb haben wir nicht endlich das Staatentribunal oder doch dessen Vorstufe, die obligatorische Schiedsgerichtsclausel?) im voraus gespendete Beitrag, eine Sanctionirung, ein Zugeständniss der Unvermeidlichkeit des Zukunftkrieges, der Gutheissung einer unbekannten Zukunftspolitik, dort bedeutet, wo die Verbreitung einer gegen den Krieg protestirenden Volksaufklärung und Stimmung, geradezu die Hauptaufgabe der Friedensvereinigungen in aller Herren Ländern bilden müsste. Mein *„Offenes Sendschreiben an Prof. Billroth"* (1892, Berlin, A. H. Fried, mit einem Vorwort von Bertha von Suttner) beschäftigt sich eingehend mit der gründlichen Darlegung der einschlägigen Verhältnisse.[17] –

Im Folgenden entwickle ich noch in möglichster Gedrängtheit meinen Gedankengang über den meines Erachtens allein von der Logik der Situation gebotenen und möglichen Vorgang, behufs wirklicher nicht eingebildeter Annäherung an das grosse Ziel. Und wenn ich an die bisherigen socialdemokratischen Parteitage und an die zahllosen Resolutionen der Friedenscongresse denke, so ge-

---

[16] Siehe Briefkasten. B. S. [im Heft von: Die Waffen nieder].

[17] *Epigramma di Luigi Lolli:* Bene facesti il male, / E male il bene, / O superbo animale! / Insanguini la terra / Coi lutti della guerra. – Ma sú pei campi seminati d'ossa / Passa la Croce rossa. / Ferro e piombo ei squarcian le budella, / Ma viene la Pietà con la barella. / *O atroci ed imbecilli,* / *Mezzo leoni è mezzo coccodrilli!*

denke ich auch unwillkürlich des Wortes aus Goethe's Faust: „Der Worte sind genug gewechselt, / Nun lasst uns endlich Thaten sehen, / Indess ihr Complimente drechselt, / Kann etwas Nützliches geschehen!"

Meine Gedanken.

A) Socialdemokratie und Friedenspartei sollten zu einander in das Verhältniss innigster Fühlung und reciproker Unterstützung treten. Dies gilt ganz besonders von den praktischen Politikern, Publicisten und Parlamentariern beider Parteien.

B) Die vollste Gesetzlichkeit soll der Leitstern für das Vorgehen der beiden Parteien sein. Schon das Coquettiren mit der Revolution ist vom Übel, besonders deshalb, weil es Bourgeoisie und Philisterium den reactionären Regierungen in die Arme treibt, diesen ihr Metier erleichtert, dem Fortschritt sein Amt erschwert, und die Freiheitsparteien durch das ewige, zwecklose Drohen bei Volk und Regierung discreditirt.

C) Die Executivgewalt, die Verfügung über Heer und Staatsschatz, die Direction der auswärtigen Politik, sind unter den bekannten gesetzlichen Cautelen der Verantwortlichkeit des Ministeriums in constitutionell regierten Staaten Attribute von Herrscher und Regierung, die nicht angetastet werden dürfen. Die beiden entscheidendsten Rechte aber liegen oder sollen liegen in den Händen der Volksvertretungen, das Budget- und das Recrutenbewilligungsrecht. Rechte so entscheidender Natur, dass an eine Nichtbeachtung oder Frustrirung derselben in einem echt constitutionellen Staate, wie z. B. in England, nicht einmal zu denken ist. Wo der Volksvertretung gegenüber diese Bürgschaft angezweifelt, verkümmert, umgangen wird, dort ist Scheinconstitutionalismus zu Hause, wie in Preussen, wo Bismarck lange Jahre trotz verweigerter Budgetbewilligung und Conflictes mit der Volksvertretung regieren konnte, bis es dem Schlachtengott und ihm beliebte, in fromm-demüthiger Siegerpose, die Indemnität, ohne die man sich so gut beholfen und so ungenirt geschlagen hatte, von den doppelt geschmeichelten Volksvertretern zu erbitten.

Der richtige Weg für fortschrittliche Politiker der beiden Parteien ist daher, eine jede ungesetzliche Einmischung in die Leitung der auswärtigen Politik strenge zu vermeiden, dafür aber den ihnen gesetzlich zustehenden *indirecten Einfluss bei Budget- und Recrutenvotirung ihren Grundsätzen gemäss auszuüben.*

D) Der Volksvertreter, der im Parlament an eine beliebige Regierung mit dem Ansinnen einseitiger Abrüstung herantreten würde, wäre selbstverständlich im Unrecht, und die Regierung hätte mit dem Heimleuchten gar leichtes Spiel. Sie brauchte nur in der üblichen Weise auf den bösen Anderen – in Westeuropa benützte man bisher meist Russland als Wauwau – der trotz seiner Friedensbetheuerungen so fürchterlich rüste, hinzuweisen, um Alles, was ein kriegsministerielles Herz erfreuen kann, bewilligt zu erhalten. Das wäre also ein offenbar falscher Weg.

Der augenscheinlich und unwidersprechlich richtige Weg ist nun der, die Bewilligungen von Budget und Contingent, an den von der Regierung alljährlich zu liefernden und durch strengste Controle seitens der Volksvertretung überzeugenden Nachweis zu knüpfen, *dass die Regierung sich durch ihr diplomatisches Corps bei allen übrigen Regierungen mit allem möglichen Nachdruck für das in's Lebentreten eines Staatentribunals, und so lange dieses nicht zu erreichen, für das obligatorische Schiedsgericht als provisorisches Surrogat, eingesetzt habe.* – Diese Forderung vermöchte keine Regierung zu eludiren [sic]. Und dass sie bisher nicht in allen Parlamenten und in allen freisinnigen Pressorganen der Welt mit ausnahmloser Einmüthigkeit seitens der Demokraten und der Friedensfreunde aufgetreten ist, ist ein höchst trauriger Beweis dafür, wie wenig echter Eifer und tieferes Nachdenken der wichtigsten und dringlichsten Angelegenheit des wahren Fortschritts bisher gewidmet worden ist. –

E) Da jedoch die beiden verbündeten, friedensfreundlichen Parteien leider keinen Grund und nicht das Recht haben. felsenfest auf den guten Willen, den Eifer und die Tüchtigkeit der Regierungen und aller betheiligten Factoren bei der conscquenten Durchführung der Action für die staatlich diplomatische Friedenspropaganda zu bauen, so müssen sie, um sicher zu gehen, für ihre Postulate ein *ad hoc* zu creirendes, die Durchführung der Friedensaction controlirendes und unterstützendes Organ im Schoosse der Regierung selbst besitzen – *ein Ministerium für Frieden und Fortschritt.*[18]

Wie sachrichtig, wie ganz im Geiste der bisherigen Ausführungen, darf ich sagen, dachten jene Führer der römischen Plebs, die dieser 494 v. Chr. durch die Errungenschaft der Tribunatsinstitution, Schutz gegen die missbräuchlichen Bedrückungen von Patriciern, Senatoren und Consulen verschafften. Das von mir geforderte Ministerium für den Frieden wäre ein modernes, den Schutz der persönlichen Freiheit gegen die moderne Kriegsknechtschaft verbürgendes Tribunat.

Laut Meldungen Petersburger Blätter hat der Czar im Ministerium des Äusseren eine besondere Commission eingesetzt, und ihr die Durchführung und Berichterstattung an ihn in Sachen des russischen Abrüstungsvorschlags übergeben. Das sieht ja wie der Keim eines zukünftigen Ministeriums für Frieden und Fortschritt aus. –

Und in der That, ist es nicht beschämend unlogisch, dass jede Grossmacht zwei mit hunderten Millionen ausgestattete Ministerien für den Krieg zu Lande und zur See besitzt, für den Krieg, den man in den Thronreden und Botschaften zu hassen behauptet; und nicht eine einzige Million für den Frieden aufwendet, den man doch liebt und um die Wette preist, und den man offenbar auf dem directen Wege, durch ein verschwindendes Opfer für ihn, weit sicherer, dauerhafter und edler haben könnte, als auf dem *indirecten* Wege über Krieg, permanente Rüstung, Spionage und Diplomatie. Denn dass die Ministerien des Äusseren nichts anderes als Affiliirte der Kriegs-

---

[18] Man stelle sich nur vor, in England und im Transvaal existirten und wirkten bereits Friedensminister, die mit der Autorität ihres Amtes pflichtmässig den Jammereifer Chamberlain's und Krüger's zu zügeln berechtigt gewesen wären, anstatt des die Würde der Friedensvereine unnütz compromittirenden Adressensturmes. Beide Gegner haben sich in das schreiendste Unrecht gesetzt, Transvaal, weil es gegen den Suzera[i]n rebellirt, England, weil es den trotzdem vollberechtigten Ruf Transvaals nach dem Schiedsrichter, zu seiner Schande, wie ein unbequemes Gekläffe, zu überhören vorgiebt. Nie hätte dieser Krieg ausbrechen können, wenn hüben und drüben in der Regierung ein berufsmässiger Vertheidiger des Friedens seines edlen Amtes gewaltet hätte. – *Wien*, im October 1899. – *Moritz Adler*.

ministerien sind, die den letzteren hauptsächlich ihren Bedarf an Rüstungspressionen gegen schwierige Vertretungen, und eventuell an den benöthigten *Casus belli* beizustellen haben, das lehrt gerade die neueste Geschichte und Tagesgeschichte auf jedem ihrer Blätter. Ein Ministerium für Frieden und Fortschritt würde uns mit der Zeit vom Ministerium des Krieges erlösen, und dem Ministerium des Äusseren und allen anderen Ministerien, besonders dem für Unterricht und Cultus, zu einem anderen, edleren Gehalt verhelfen. Die Worte Krieg, Kirche und Schule schreien ja gegen einander.

Wien, im November 1898.   Moritz Adler.

BRIEF ADLERS AN BERTHA VON SUTTNER
ANLÄSSLICH DER ERÖFFNUNG
DES TESTAMENTS VON ALFRED NOBEL

Wien, 4. Januar 1897

Hochgeehrte gnädige Frau !

Gestatten Sie mir, Sie aus vollem Herzen zu der Neujahrsfreude zu beglückwünschen, welche die herrliche Nobelsche Stiftung Ihnen gewähren muß, abgesehen natürlich von dem Wermutstropfen, den das Scheiden eines solchen Geistes und Herzens dem Labetrunke beimischte. „Multis ille bonis flebilis occidit" [,*Er starb, von vielen Guten beklagt'*. Horaz, Oden I, 24, 9] läßt sich von diesem großen Toten in Wahrheit sagen. Keinen Sanitätstrain für zukünftige Gladiatorenhetzen der Völker hat er hinterlassen, denn es lag ihm fern, das Gewissen der Mächtigen einlullen zu wollen und sie glauben zu machen, daß er es für möglich gehalten, daß die Schmach sich wiederholen werde. Nicht einmal ein Hospital für andere, für von der Gesellschaft unschuldig zu Wunden und Tod verurteilte Kranke hat er gegründet. Aber Millionen werden dereinst in lichteren Tagen des Lebens und der Gesundheit sich freuen und unter Tausenden wird vielleicht kaum einen ahnen, daß er nur Nobel es schuldet, kein Krüppel und kein Spitalskandidat zu sein. Hätte man es für möglich gehalten, daß der Mammon, der aus Dynamit entsprungene Mammon, so geadelt werden kann? Ich bin glücklich, diesen Tag erlebt zu haben; es war die edelste Freude meines ganzen Lebens.

Mit verehrungsvollstem Handkuß
Moritz Adler

(Textquelle I Bertha von SUTTNER: *Memoiren.* Herausgegeben von Lieselotte von Reinken. Mit einem Geleitwort von Ava Helen Pauling und Linus Pauling. Bremen: Carl Schünemann Verlag 1965, S. 335.)

Bibliographie

SCHRIFTEN VON MORITZ ADLER

Selbstständige Veröffentlichungen

1868 I [Moritz ADLER (anonym)]: *Der Krieg, die Congreßidee und die allgemeine Wehrpflicht im Lichte der Aufklärung und Humanität unserer Zeit,* allen Freunden des Fortschrittes gewidmet von einem Freunde der Wahrheit. Prag: Verlag von A. G. Steinhauser 1868. [93 Seiten].

1892 I Moritz ADLER: *Offenes Sendschreiben an P. T. Herrn Professor Theodor Billroth.* Mit einem Vorwort von Baronin Bertha v. Suttner. Berlin und Leipzig: Alfred H. Fried & Cie. 1892. [Online-Ausgabe https://www.digitale-sammlungen. de] [31 Seiten].

1901 I Moritz ADLER: *Die Opale.* Ein idealistisches Märchen. Wien: Verlag von Moriz Frisch o.J. [1901] [74 Seiten].

Beiträge in der Zeitschrift
„Die Waffen nieder!"

Die Waffen nieder! Monatsschrift zur Förderung der Friedensidee (ab 1894: Monatsschrift zur Förderung der Friedensbewegung): 1892-1899.
[Die Zeitschrift ist mit Lücken im Online-Archiv abrufbar: https://anno.onb.ac.at/ cgi-content/anno-plus?aid=dwn; darüber hinaus auch vollständig digital archiviert unter: https://www.jstor.org/journal/waffennieder].

1892a I Moritz ADLER: *Das Criterium der Civilisation.* In: Die Waffen nieder! 1. Jg. (1892 [Heft 1]), S. 6-12.

1892b I Moritz ADLER: *Aphorismen.* In: Die Waffen nieder! 1. Jahrgang (1892 [Heft 3]), S. 30-31.

1892c I Moritz ADLER: *Das Criterium der Institutionen und der Krieg in der Gegenwart.* In: Die Waffen nieder! 1. Jg. (1892 [Heft 4]), S. 12-20.

1892d I Moritz ADLER: *Das Verhältniss der Gegenwart zum Kriege.* Utopie und Reform. In: Die Waffen nieder! 1. Jg. (1892 [Heft 6]), S. 1-6.

1892e I Moritz ADLER: *Geschichtsschreibung und Fortschritt.* In: Die Waffen nieder! 1. Jg. (1892 [Heft 10]), S. 1-11.

1893a I Moritz ADLER: *Wenn ich König oder Kaiser wäre …* In: Die Waffen nieder! 2. Jg. (1893 [Heft 3]), S. 93-96.

1893b | Moritz ADLER: *Randglossen.* In: Die Waffen nieder! 2. Jahrgang (1893 [Heft 3]), S. 121.

1893c | Moritz ADLER: *Der Krieg, eine Elementarkatastrophe?* In: Die Waffen nieder! 2. Jg. (1893 [Heft 4]), S. 143-146.

1893d | Moritz ADLER: *Si vis pacem para bellum.* In: Die Waffen nieder! 2. Jg. (1893 [Heft 6]), S. 209-215.

1893e | Moritz ADLER: *Correspondenz.* In: Die Waffen nieder! 2. Jg. (1893 [Heft 8]), S. 338-340.

1893f | Moritz ADLER: *Kriegssport und Sportskrieg.* In: Die Waffen nieder! 2. Jg. (1893 [Heft 9]), S. 345-352.

1893g | Moritz ADLER: *Das Ei des Columbus.* [Teil 1]. In: Die Waffen nieder! 7. Jg. (1893 [Heft 12]), S. 471-474.

1894a | Moritz ADLER: *Das Ei des Columbus.* Ein neuartiger und einfachster Vorschlag zur Vermeidung der Kriege überhaupt und des drohenden grossen Krieges von 189? oder 190? insbesondere. — Keine Satyre. — Oder doch eine? (Schluss). In: Die Waffen nieder! 3. Jg. (1894 [Heft 1]), S. 8-12.

1894b | Moritz ADLER: *Die allgemeine Wehrpflicht. Ein Baustein zur Philosophie der Institutionen.* [Teil I]. In: Die Waffen nieder! 3. Jg. (1894 [Heft 3]), S. 90-96.

1894c | Moritz ADLER: *Die allgemeine Wehrpflicht.* Ein Baustein zur Philosophie der Institutionen. (Fortsetzung). In: Die Waffen nieder! 3. Jg. (1894 [Heft 4]), S. 132-135.

1894d | Moritz ADLER: *Die Wehrpflicht, insbesondere die allgemeine Wehrpflicht und der Staat.* II. In: Die Waffen nieder! 3. Jg. (1894 [Heft 5]), S. 163-168.

1894e | Moritz ADLER: *Die Wehrpflicht, insbesondere die allgemeine Wehrpflicht und der Staat.* (Fortsetzung). In: Die Waffen nieder! 3. Jg. (1894 [Heft 6]), S. 210-212.

1894f | Moritz ADLER: *Entlarvte Friedensfeste.* (Comte Léon Tolstoi — L'esprit Chrétien et le Patriotisme. — Edition originale. Paris, Perrin et Cie., 1894. 182 S.). In: Die Waffen nieder! 3. Jg. (1894 [Heft 8]), S. 278-281.

1894g | Moritz ADLER: *Die allgemeine Wehrpflicht. Ein Baustein zur Philosophie der Institutionen. IV. Licht- und Schattenseiten der allgemeinen Wehrpflicht in der Vergangenheit und überwiegende Schädlichkeit in der Gegenwart.* [Fortsetzung]. In: Die Waffen nieder! 3. Jg. (1894 [Heft 10]), S. 361-365.

1894h | Moritz ADLER: *Die allgemeine Wehrpflicht. Ein Baustein zur Philosophie der Institutionen.* [Fortsetzung]. In: Die Waffen nieder! 3. Jg. (1894 [Heft 12]), S. 441-447.

1895a | Moritz ADLER: *Die allgemeine Wehrpflicht. Ein Baustein zur Philosophie der Institutionen.* [Fortsetzung]. In: Die Waffen nieder! 4. Jahrgang (1895 [Heft 1]), S. 2-5.

1895b | Moritz ADLER: *Die allgemeine Wehrpflicht. Ein Baustein zur Philosophie der Institutionen. V. Epilog und Warnungsprognose.* [Schluss]. In: Die Waffen nieder! 4. Jg. (1895 [Heft 2]), S. 41-43.

1895c | Moritz ADLER: *Der babylonische Thurmbau und die politischen Grenzen.* In: Die Waffen nieder! 4. Jg. (1895 [Heft 3]), S. 82-90.

1895d | Moritz ADLER: *Polemisches. An Herrn Bernatzik, Professor an der Universität Wien.* (Siehe den Aufsatz: „Auch ein Argument"). In: Die Waffen nieder! 4. Jg. (1895 [Heft 4]), S. 132-133.

1895e | Moritz ADLER: *Cui bono? Wozu?* In: Die Waffen nieder! 4. Jg. (1895 [Heft 7]), S. 243-247.

1895f | Moritz ADLER: *Brief an Herrn Gaston Moch.* In: Die Waffen nieder! 4. Jg. (1895 [Heft 8/9]), S. 304-305.

1896a | Moritz ADLER: *Das Credo eines Friedensfreundes.* In: Die Waffen nieder! 5. Jg. (1896 [Heft 2]), S. 43-49.

1896b | Moritz ADLER: *Das Recht des Stärkeren als Recht des Schwächeren.* In: Die Waffen nieder! 5. Jg. (1896 [Heft 3/4]), S. 100-104.

1896c | Moritz ADLER: *Felix Dahn und die Friedensbewegung oder Nothwendig, Absurd, Nothwendig absurd.* In: Die Waffen nieder! 5. Jg. (1896) H. 12, S. 429-436.

1897a | Moritz ADLER: *Nach Schluss der Redaction.* Alfred Nobel. In: Die Waffen nieder 6. Jg. (1897), S. 39-40.

1897b | Moritz ADLER: *Advocatus diaboli.* In: Die Waffen nieder 6. Jg. (1897 [Heft 3]), S. 81-85.

1897c | Moritz ADLER: *Kurzer Epilog zu Advocatus diaboli.* In: Die Waffen nieder 6. Jg. (1897 [Heft 5]), S. 171-172.

1897d | Moritz ADLER: *Kriegsapotheose und Darwinismus.* In: Die Waffen nieder 6. Jg. (1897), S. 241-246.

1898a | Moritz ADLER: *Querelle d'Allemand und echte Friedensgesichtspunkte.* In: Die Waffen nieder! 7. Jg. (1898 [Heft 2]), S. 49-52.

1898b | Moritz ADLER: *Der Strike der Könige.* (Schluss). In: Die Waffen nieder! 7. Jg. (1898 [Heft 8]), S. 299-304.

1898c | Moritz ADLER: *Bismarck.* In: Die Waffen nieder! 7. Jg. (1898 [Heft 9]), S. 330-334.

1898d | Moritz ADLER: *Correspondenz.* (Aus den Hunderten von Briefen und Telegrammen, die unmittelbar nach der Veröffentlichung des russischen Manifestes in Harmannsdorf eingelaufen sind). In: Die Waffen nieder! 7. Jg. (1898 [Heft 10/11]), S. 423-427.

1898e | Moritz ADLER: *Das Verhältniss der deutschen Socialdemokratie zu Krieg und Rüstung.* In: Die Waffen nieder! 7. Jg. (1898 [Heft 12]), S. 464-469.

1899a | Moritz ADLER: *Bismarck: „Gedanken und Erinnerungen".* (Das neue Bismarckbuch von Busch). In: Die Waffen nieder! 8. Jg. (1899 [Heft 2]), S. 49-53.

1899b | Moritz ADLER: *Nicolaitische Friedensperspectiven.* In: Die Waffen nieder! 8. Jg. (1899 [Heft 5]), S. 168-175.

1899c | Moritz ADLER: *Abrüstung und Entrüstung.* In: Die Waffen nieder! 8. Jg. (1899 [Heft 7/8]), S. 292-296.

1899d | Moritz ADLER: *Die wahren Gründe des Krieges als Institution und ein Ministerium für Frieden und Fortschritt.* In: Die Waffen nieder! 8. Jg. (1899 [Heft 10/11]), S. 361-374.

1899e | Moritz ADLER: *Kriegsritualmordschablone. Flottenrüstungen. Interventionspolitik, relativ gerechter casus belli.* In: Die Waffen nieder! 8. Jg. (1899 [Heft 12]), S. 414-424.

Briefzeugnisse

Zwei Briefe von Moritz Adler an Gustav Vogt [um 1868 ?]. In: Zentralbibliothek Zürich / ‚Nachlass Gustav Vogt', Nr. 2.4.

Brief von Moritz Adler an Ernst Haeckel, Wien, 28. Februar 1894. In: ‚Ernst Haeckel – Online Briefedition'. https://haeckel-briefwechsel-projekt.uni-jena.de/en/document/b_9040

Bertha von Suttner: *Memoiren.* Herausgegeben von Lieselotte von Reinken. Mit einem Geleitwort von Ava Helen Pauling und Linus Pauling. Bremen: Carl Schünemann Verlag 1965, S. 201, 334 f., 367 f. [Erwähnung und zwei Briefe M. Adlers vom 01.09.1897 & 29.08.1898].

LITERATUR ÜBER MORITZ ADLER

BRÜMMER 1913 = Franz Brümmer: Lexikon der deutschen Dichter und Prosaisten vom Beginn des 19. Jahrhunderts bis zur Gegenwart. Band 1. Sechste Auflage. Leipzig 1913, S. 33: ‚Adler, Moritz' (Personeneintrag).

FRIEDENSWARTE 1907 = „Moritz Adler † (Nachruf)". In: Die Friedens-Warte. Zeitschrift für internationale Verständigung, 9. Jahrgang, Heft 2, Zürich 1907, S. 37. – Vgl. auch ebd., S. 40: ‚Mitteilungen …' (Todesnachricht).

HEUER 1992 = Renate Heuer: „Moritz, Adler (Personen-Artikel)". In: Archiv Bibliographia Judaica. Lexikon deutsch-jüdischer Autoren, Band 1. München u. a.: Saur 1992, S. 68-69. [Einzelne Ergänzungen zur Primärbibliographie].

SCHEER 1981 = Friedrich-Karl Scheer: Die Deutsche Friedensgesellschaft (1892-1933). Organisation, Ideologie, politische Ziele. Ein Beitrag zur Geschichte des Pazifismus in Deutschland, Frankfurt a. M.: Haag + Herchen 1981, S. 121. [Erwähnung im Kontext der zahlreichen jüdischen Mitglieder der österreichischen und deutschen Friedensgesellschaft].

VOLKMER 2012* = Andreas Volkmer: Kriegsverhütung und Friedenssicherung durch Internationale Organisation. Deutsche Ideen und Pläne 1815 –1871. (= Inaugural-Dissertation zur Erlangung des Grades eines Doktors der Philosophie des Fachbereichs Geschichte und Kulturwissenschaften der Philipps-Universität Marburg). Marburg 2012, S. 240-246: ‚5. Moritz Adler'. [Online-Ausgabe: https://archiv.ub.uni-marburg.de/diss/z2014/0088/pdf/dav.pdf].

WEHBERG 1941 = Dr. Hans Wehberg: Ideen und Projekte betr. die Vereinigten Staaten von Europa in den letzten 100 Jahren. In: Die Friedens-Warte 41. Jg. (1941), Nr. 2/3, S. 49-122 (Erwähnung).

WOCHENBLATT ‚EUROPA' 1868 = Die Vereinigten Staaten von Europa. Wochenblatt – herausgegeben von der internationalen Friedens- und Freiheits-Liga in Bern, Nr. 37 vom 13. September 1868, S. 147 f. und Nr. 39 vom 30. September 1868, S. 156. [Rezension von Adlers Schrift „Der Krieg, die Congreßidee und die allgemeine Wehrpflicht"].

Ernst Toller
Nie wieder Friede

Eine bittere Komödie über Militarismus
und Antipazifismus aus dem Jahr 1936

Norderstedt: BoD 2014. – ISBN: 9783758382468
(Paperback; 140 Seiten; 7,80 Euro)

Über Nacht haben Militarismus und Kriegsertüchtigung wieder die Kon-
trolle über das öffentliche Leben übernommen. Noch gestern hatte man den
Ewigen Frieden in der Verfassung beurkundet und sich stolz gebrüstet, bei
den ‚Lehren aus der Geschichte' alle anderen zu überflügeln. Doch jetzt bläst
dieselbe Fraktion zur Hetze gegen die ‚Lumpenpazifisten', bringt Militain-
ment zur besten Sendezeit und setzt eine gigantische Aufrüstung der Waf-
fenarsenale ins Werk. Die angestrebte Weltmeisterschaft gilt nunmehr dem
Sektor der Totmach-Industrien.

Ernst Tollers bittere Komödie *„Nie wieder Friede"* (1934/36) klärt uns auf, wie
so etwas möglich ist. Das falsche Friedensplakat trug auf seiner Rückseite
immer schon die Parole für neue Kriegsabenteuer: „Man muß es nur umdre-
hen." Ob Kosmopolitismus oder nationale Weltgeltung, ob Freiheitspredigt
oder autoritäre Staatspolitik, ob Krieg oder Frieden – das entscheidet sich
stets an der jeweiligen Lageeinschätzung der Besitzenden und Herrschenden. Zu folgen ist den Einflüsterungen der Kriegsprofiteure.

Wer wird beim Experiment zur Kriegstauglichkeit der Erdenbewohner gewinnen: Soldatenkaiser Napoleon oder Franziskus aus Assisi? Der Verfasser
des hochaktuellen Bühnenstücks war linker Pazifist mit jüdischer Herkunft.
Damit passte er gleich dreimal ins Feindbildvisier der Nazis. 1933 setzte NS-
Deutschland Toller auf die allererste ‚Ausbürgerungsliste' und warf seine
Werke ins Feuer. Nach neun Jahrzehnten sollten wir die „verbrannten Bücher" wieder unter die Leute bringen, denn der Militarismus scheint unaus-
rottbar zu sein.

Zu den Beigaben dieser friedensbewegten Edition gehören acht Kapitel aus
Tollers Autobiographie „Eine Jugend in Deutschland" (1933), die Schluß-
Szene des Dramas „Hinkemann" (1923) und eine Warnung des Schriftstel-
lers vor dem deutschen Faschismus aus der ‚Weltbühne' vom Oktober 1930.

Ein Band der *edition pace*,
herausgegeben von Peter Bürger

Johann von Bloch
Die wahrscheinlichen politischen und wirtschaftlichen Folgen eines Krieges zwischen Großmächten

Neuedition der Übersetzung von 1901 mit Begleittexten von
B. Friedberg, Manfred Sapper und Jürgen Scheffran

(*Regal*: *Pazifisten & Antimilitaristen aus jüdischen Familien* 1)
Norderstedt: Bod 2024. – ISBN: 978-3-7597-2313-0
(edition pace – Paperback; 176 Seiten; 9,90 Euro)

Der russische Staatsangehörige und Eisenbahnmagnat Johann von Bloch (1836-1902), aufgewachsen in Polen als Sohn einer ärmlichen jüdischen Handwerkerfamilie, veröffentlichte 1898 in sechs Bänden sein in mehrere Sprachen übersetztes monumentales Werk über den modernen Krieg im Industriezeitalter – ein „Klassiker der Friedensforschung" (M. Sapper). Der vorliegende Band enthält eine erst nach der Jahrhundertwende erschienene kleine Arbeit *„Die ... Folgen eines Krieges zwischen Großmächten"* (Übersetzung: Berlin 1901) sowie drei ausführliche Begleittexte zu Blochs pazifistischem Wirken.

Im Juli 1919 schrieb Dr. B. Friedberg in der jüdischen Monatsschrift Ost und West rückblickend: Die Anstifter des Weltkrieges „werden sie sich nicht damit entschuldigen können, sie wären nicht gewarnt worden; denn Gott wird zu ihnen sprechen: Habe ich nicht Propheten zu euch geschickt, die euch zur Umkehr und zum Frieden mahnten ... Es war etwas ganz Neues, bis dahin Unerhörtes, als im Jahr 1899 aus den Reihen der *Wirklichkeitsmenschen*, der Führer und Organisatoren des europäischen Wirtschaftslebens dem Völkerfrieden ein mächtiger Fürsprecher, dem Kriege ein heftiger und unerbittlicher Gegner erstand, nämlich *Johann von Bloch*, der wirkliche Urheber der *Haager Friedenskonferenzen*."

In seinen Studien zum Krieg der Zukunft „wollte Bloch nicht nur beschreiben, er wollte den Gang der Geschichte auch beeinflussen. ... Die Analysen Blochs wurden mit geradezu unerbittlicher Präzision im Ersten Weltkrieg bestätigt. Viele Überlegungen zum Krieg wie zum Frieden bleiben bis heute aktuell. Die Vernichtungswirkung der Waffentechnik wurde gegenüber dem Ersten Weltkrieg ins Unermessliche gesteigert und führte zum Totalen Krieg, der ganze Gesellschaften erfasste ... Damit Krieg unmöglich wird, gilt es ..., die zum Kriege drängenden Sachzwänge zu vermeiden und alternative Entscheidungsspielräume zu schaffen. Hierzu gehört, den Bedingungen für einen neuen großen Krieg entgegen zu wirken ..." (*Jürgen Scheffran*).

Rudolf Goldscheid

Menschenökonomie, Weltkrieg und Weltfrieden.

Ausgewählte Schriften 1912 – 1926.
Herausgegeben von Peter Bürger, in Kooperation
mit dem Lebenshaus Schwäbische Alb.

(*Regal: Pazifisten & Antimilitaristen aus jüdischen Familien* 2)
Norderstedt: Bod 2024. – ISBN: 978-3-7597-7885-7
(edition pace – Paperback; 268 Seiten; 11,90 Euro)

Der Österreicher Rudolf Goldscheid (1870-1931) zählte zu den Pionieren der Soziologie im deutschsprachigen Raum und votierte für einen demokratischen Sozialismus. Der vorliegende Band erschließt zentrale pazifistische Texte aus seiner Forschungswerkstatt. Für Goldscheid waren Vernunft und Menschlichkeit keine Gegensätze, sondern notwendige Entsprechungen. Nur unter dem Vorzeichen des Friedens und eines neuartigen Internationalismus lässt sich eine Zukunft des homo sapiens überhaupt denken:

„Nichts kurzsichtiger, als zu glauben, in dem Ringen um Vermeidung von Kriegen handle es sich nur um eine politische oder gar lediglich um eine parteipolitische Angelegenheit. Hier stehen wir vielmehr vor der alles Politische weitaus überragenden Grundfrage unserer Gattung überhaupt. Zu so gewaltiger Größe hat die Entwicklung des wissenschaftlichen und organisatorischen Genius die Kriegstechnik entfaltet, dass die Kulturmenschheit sich nur vor Selbstmord zu bewahren vermag, wenn sie dafür sorgt, die selbstgeschaffene Höllenmaschine nicht in Funktion geraten zu lassen. Das sicherste Mittel hierzu ist natürlich ihr systematischer Abbau. Zu diesem schreiten heißt aber, die Friedenstechnik in noch viel vollkommenerer Weise ausbauen wie bisher die Kriegstechnik, heißt also mit glühendstem Eifer die allgemeine pazifistische Wehrpflicht verfechten, sich mit Leib und Seele in den Dienst des allumfassenden Vaterlandes friedlicher Kultur stellen. - Nie wieder Krieg, nie wieder Völkermord, nie wieder planmäßige, bestialisch organisierte Massenschlächterei !" (R. Goldscheid: Friedenswarte, 1924)

edition pace

Begründet von Thomas Nauerth & Peter Bürger

John Dear
EIN MENSCH DES FRIEDENS UND DER GEWALTFREIHEIT WERDEN
Ausgewählte Aufsätze und Reden.
Norderstedt: BoD 2018 – ISBN: 978-3-7460-8898-3

Heinrich Missalla
„GOTT MIT UNS"
Die deutsche katholische Kriegspredigt 1914-1918.
Norderstedt: BoD 2018 – ISBN: 978-3-7528-1568-9

Christian Weisner / Friedhelm Meyer / Peter Bürger (Hg.)
„GEDENKT DER HEILIGSPRECHUNG VON OSCAR ROMERO
DURCH DIE ARMEN DIESER ERDE"
Dokumentation des Ökumenischen Aufrufes zum 1. Mai 2011.
Norderstedt: BoD 2018 – ISBN: 978-3-7460-7979-0

Reinhard J. Voß
DIE KATHOLISCHE KIRCHE IN DER DR KONGO
IM KONTEXT VON GESELLSCHAFT UND ÖKUMENE.
Norderstedt: BoD 2019 – ISBN: 978-3-7481-4482-3

Matthias-W. Engelke
ZELT DER FRIEDENSMACHER
Die christliche Gemeinde in Friedenstheologie und Friedensethik.
Norderstedt: BoD 2019 – ISBN: 978-3-7494-3645-3

IM SOLD DER SCHLÄCHTER
Texte zur Militärseelsorge im Hitlerkrieg
Hg. von R. Schmid, Th. Nauerth, M.-W. Engelke, P. Bürger.
Norderstedt: BoD 2019 – ISBN: 978-3-7481-0172-7

John Dear
GEWALTFREI LEBEN
Aus dem Englischen von Ingrid von Heiseler,
herausgegeben von Thomas Nauerth.
Norderstedt: BoD 2019 – ISBN: 978-3-7494-5179-1

DIE SEELEN RÜSTEN
Zur Kritik der staatskirchlichen Militärseelsorge
Hg. von R. Schmid, Th. Nauerth, M.-W. Engelke, P. Bürger.
Norderstedt: BoD 2019 – ISBN: 978-3-7494-6804-1

Peter Bürger
OSCAR ROMERO, DIE SYNODALE KIRCHE UND ABGRÜNDE DES KLERIKALISMUS
Zum 40. Todestag des Lebenszeugen aus El Salvador.
Norderstedt: BoD 2020 – ISBN: 978-3-7504-9377-3

Ullrich Hahn
VOM LASSEN DER GEWALT
Thesen, Texte, Theorien zu Gewaltfreiem Handeln heute.
Hg. von Annette Nauerth & Thomas Nauerth.
Norderstedt: BoD 2020 – ISBN: 978-3-7519-4442-7

Wilhelm Wille
SIE SAGEN FRIEDE, FRIEDE ... Zwanzig Jahre Forum Friedensethik
in der Evangelischen Landeskirche in Baden (FFE).
Norderstedt: BoD 2020 – ISBN: 978-3-7526-2956-9

Thomas Nauerth /
Ökumenisches Institut für Friedenstheologie (Hg.)
WAS IST FRIEDENSTHEOLOGIE ? EIN LESEBUCH.
Norderstedt: BoD 2020 – ISBN: 978-3-7526-4444-9

George Pattery S.J.
GANDHI ALS GLAUBENDER. Eine indisch-christliche Sichtweise.
Aus dem Englischen von Ingrid von Heiseler.
Herausgegeben von Klaus Hagedorn & Thomas Nauerth.
Norderstedt: BoD 2021 – ISBN: 978-3-7557-0056-2

Ulrich Frey
AUF DEM WEG DER GERECHTIGKEIT UND DES FRIEDENS
Texte aus drei Jahrzehnten. Herausgegeben von Gottfried Orth.
Norderstedt: BoD 2022 – ISBN: 978-3-7543-8569-2

Thomas Nauerth / Annette M. Stroß (Hg.)
IN DEN SPIEGEL SCHAUEN
Friedenswissenschaftliche Perspektiven für das 21. Jahrhundert.
Ein Lesebuch mit Texten von Egon Spiegel.
Norderstedt: BoD 2022 – ISBN: 978-3-7562-2081-6

Jochen Vollmer
„FRIEDENSKIRCHE WERDEN – ANKOMMEN IM
POSTKONSTANTINISCHEN ZEITALTER"
Friedenstheologische Beiträge zur Entgiftung von Kirche und Glauben.
In Zusammenarbeit mit dem OekIF, hg. von Matthias-W. Engelke.
Norderstedt: BoD 2023 – ISBN: 978-3-7583-0420-0

Gottfried Orth (Hg.)
… DASS GERECHTIGKEIT UND FRIEDEN SICH KÜSSEN
Helmut Gollwitzer (1908-1993).
Norderstedt: BoD 2024 – ISBN: 978-3-7583-7214-8

Alfred Hermann Fried
GESCHICHTE DER FRIEDENSBEWEGUNG
Eine Darstellung zum Pazifismus bis 1912.
(Regal: Geschichte der Friedensbewegung 1)
Norderstedt: BoD 2024 – ISBN 978-3-7597-0334-7

Ludwig Quidde
ÜBER MILITARISMUS UND PAZIFISMUS
Vier friedensbewegte Texte aus den Jahren 1893-1926.
(Regal: Geschichte der Friedensbewegung 2)
Norderstedt: BoD 2024 – ISBN 978-3-7597-0320-0

Richard Barkeley
DIE DEUTSCHE FRIEDENSBEWEGUNG 1870-1933
Unveränderter Text der Darstellung von 1947 – Bibliographie.
(Regal: Geschichte der Friedensbewegung 3)
Norderstedt: BoD 2024 – ISBN 978-3-7597-0405-4

Eberhard Bürger
FRIEDENSBEWEGUNGEN IN DER ÖKUMENE
UM DIE ZEIT DES ERSTEN WELTKRIEGS – EIN ÜBERBLICK
(Regal: Geschichte der Friedensbewegung 4)
Norderstedt: BoD 2024 – ISBN 978-3-7597-0660-7

Dieter Riesenberger
DIE KATHOLISCHE FRIEDENSBEWEGUNG IN DER WEIMARER REPUBLIK
Neuedition der Auflage von 1976. – Mit einem Vorwort von Walter Dirks
und einem Nachruf für Dieter Riesenberger von Helmut Donat.
(Regal: Geschichte der Friedensbewegung 5)
Norderstedt: BoD 2024 – ISBN 978-3-7597-0649-2

David Low Dodge
KRIEG IST MIT DER RELIGION JESU CHRISTI UNVEREINBAR
Eine pazifistische Pionierschrift aus dem Jahr 1812,
mit einer Einführung von Edwin D. Mead –
aus dem Englischen von Ingrid von Heiseler.
(Regal: Geschichte der Friedensbewegung 6)
Norderstedt: BoD 2024 – ISBN: 978-3-7597-3038-1

Erasmus von Rotterdam
ALLE MÜSSEN DEN KRIEG VERLÄSTERN
„Die Klage des Friedens" 1517, übersetzt von Rudolf Liechtenhan –
mit einem Vorwort von Eugen Drewermann
Norderstedt: BoD 2024 – ISBN: 978-3-7583-8178-2

Johann von Bloch
DIE WAHRSCHEINLICHEN POLITISCHEN UND WIRTSCHAFTLICHEN
FOLGEN EINES KRIEGES ZWISCHEN GROßMÄCHTEN
Neuedition der Übersetzung von 1901 mit Begleittexten
von B. Friedberg, Manfred Sapper und Jürgen Scheffran
(Regal: Pazifisten & Antimilitaristen aus jüdischen Familien 1)
Norderstedt: BoD 2024 – ISBN: 978-3-7597-2313-0

Rudolf Goldscheid
MENSCHENÖKONOMIE, WELTKRIEG UND WELTFRIEDEN
Ausgewählte Schriften 1912 – 1926
(Regal: Pazifisten & Antimilitaristen aus jüdischen Familien 2)
Norderstedt: BoD 2024 – ISBN: 978-3-7597-7885-7

Moritz Adler
WENN DU DEN FRIEDEN WILLST, BEREITE FRIEDEN VOR
Texte wider den Krieg 1868 – 1899
(Regal: Pazifisten & Antimilitaristen aus jüdischen Familien 3)
Norderstedt: BoD 2024 – ISBN: 978-3-7597-9450-5

edition pace

Die hier fortgesetzte *edition pace*,
initiiert von Thomas Nauerth und Peter Bürger,
erschließt Quellentexte, Inspirationen & Forschungsbeiträge
zu folgenden Themenschwerpunkten:

Kultur der Gewaltfreiheit und des Friedens;
Persönlichkeiten, Spiritualität und Praxis
des gewaltfreien Widerstands;
Friedenstheologie, Kritik der Kriegsreligion;
Kirchliche Friedenslehren und Geschichte des
religiös motivierten Pazifismus;
Ökumenische und interreligiöse Lernprozesse
in der Bewegung für Gerechtigkeit, Frieden und
Bewahrung der Schöpfung.

Ergänzend:
Regal zur Geschichte der Friedensbewegung.

Regal: Pazifisten & Antimilitaristen
aus jüdischen Familien.

Buchausgaben:
https://buchshop.bod.de/
(Suchfunktion | Eingabe: *edition pace*)